L'EXPRESS
PERSPECTIVES FRANÇAISES

Choix de textes
présentés par
Ross Steele

Oxford University Press   1998

Publisher: Steve VanThournout
Editorial Director: Cindy Krejcsi
Executive Editor: Mary Jane Maples
Editor: Berkeley L. Frank
Director, World Languages Publishing: Keith Fry
Art Director: Ophelia M. Chambliss
Designer: Karen E. Christoffersen
Production Manager: Margo Goia
Layout and Production: PiperStudiosInc

Cover design: Karen E. Christoffersen; **Cover illustration:** Craig Aurness/WestLight; **Interior design:** Megan Keane DeSantis

Acknowledgments begin on page 185, which is to be considered an extension of this copyright.
1998 Edition published by Oxford University Press,
Great Clarendon Street, Oxford OX2 6DP, Great Britain
ISBN: 0 19 912258 X

Published by National Textbook Company,
a division of NTC/Contemporary Publishing Group, Inc.,
4255 West Touhy Avenue,
Lincolnwood (Chicago), Illinois 60646-1975 U.S.A.
© 1998 L'Express and NTC/Contemporary Publishing Group, Inc.
All rights reserved. No part of this book may be reproduced,
stored in a retrieval system, or transmitted in any form or by any means,
electronic, mechanical, photocopying, recording or otherwise,
without prior permission of the publishers.
Manufactured in the United States of America.

890 VL 0987654321

SOMMAIRE

Préface iv

Carte vi

I. C'est l'époque 1
    Le touriste a changé 2
    Dessine-moi un billet 8
    Bon courage, mesdames ! 13
    Révision des programmes 18
    Consommer moins cher 22
    Le B.A.-BA du marchandage 27

II. Portraits 30
    Une Catherine à roulettes 31
    Leïla et les justes causes 35
    Le pouvoir selon Martine 39
    Madame le Président 44
    L'écologiste 50
    Le résident secondaire 56

III. Vivre en société 60
    La France où il fait bon vivre 61
    Les femmes jugent leur ville 64
    Faut-il fuir Paris ? 70
    « Il y a une vie après le périph' » 78
    Ce que nous mangeons vraiment 82
    « Il faut civiliser le nouveau monde du travail » 88

IV. Traditions et nouvelles orientations 94
    Français, quelles sont vos racines ? Occitans 95
    et Provençaux
    La France pas tranquille 104
    Heureux... malgré tout 113
    Europe : il suffit de dire oui 117
    L'Europe contre la France ? 122
    L'avènement de l'Etat virtuel 127

V. Chemins de la communication 133
    Eloge de la langue française 134
    Le système Solaar 137
    L'espoir au bout de « La Rue » 143
    La discrète revanche du poste 149

VI. Entretiens 155
    Jean Nouvel : Je bâtis avec les mots 156
    Régine Chopinot : Je danse, donc je vis 163
    Marin Karmitz : Nos images ont une âme 169
    Toni Morrison : Le Nobel n'a pas le blues 177

Bon courage, mesdames !

Le rappeur MC Solaar: « Avec ma bonne tête, à qui ferais-je peur ? »

PRÉFACE

A l'aube du nouveau siècle, la presse écrite occupe toujours une place importante en France parmi les médias qui façonnent l'image que les Français se font d'eux-mêmes et de leur pays. A travers les pages du premier newsmagazine, *L'Express*, nous pouvons donc suivre les courants, parfois contradictoires, qui traversent actuellement la société française et annoncent la France de demain. Ces courants reflètent à la fois l'attachement à la tradition qui caractérise la France, vieille terre de culture à l'identité fortement marquée, et son dynamisme qui lui permet de s'adapter aux exigences de l'Union européenne et à la mondialisation. Le choix d'articles proposés dans *L'Express : Perspectives françaises* a par conséquent l'avantage de donner un accès direct aux comportements, aux attitudes et aux préoccupations principales des Français et des Françaises. Il en résulte un tableau authentique et contemporain de la vie française dans toute sa diversité.

L'Express : Perspectives françaises présente six dossiers intitulés *C'est l'époque* ; *Portraits* ; *Vivre en société* ; *Traditions et nouvelles orientations* ; *Chemins de la communication* ; *Entretiens*. Ces dossiers contiennent près de quarante articles, interviews et sondages d'opinion qui reflètent les comportements et les valeurs de Français appartenant à des générations et à des groupes socioculturels variés. Les nombreuses photographies, les dessins et les schémas illustrant les articles fournissent des informations complémentaires tout en proposant d'autres moyens de découvrir les réalités françaises les plus diverses.

Le premier dossier, *C'est l'époque*, se distingue de ceux qui suivent par l'attention particulière portée au développement de stratégies de lecture efficaces. Grâce à cette pratique, les étudiant(e)s seront capables de lire plus facilement, et donc de mieux apprécier, les dossiers suivants. Dans le deuxième dossier, *Portraits*, des Françaises et des Français représentatifs de milieux sociaux différents illustrent une gamme de comportements et d'attitudes qui permettent aux étudiant(e)s de voyager à l'intérieur des mentalités françaises et d'enrichir leur compétence interculturelle. Les trois dossiers suivants, *Vivre en société*, *Traditions et nouvelles orientations* et *Chemins de la communication* sont thématiques. L'évolution de la vie quotidienne des Français provoque des tensions entre divers groupes sociaux plus ou moins en faveur des changements d'habitudes résultant du progrès technologique et des décisions économiques et politiques prises par les dirigeants du pays. Les dossiers thématiques présentent les motifs et les manifestations de ces changements d'habitudes, dans les loisirs comme au travail, et dans le cadre de la maison, de la ville, de la région et de l'Union européenne. Dans le sixième dossier, *Entretiens*, il s'agit de lancer un débat d'idées sur des sujets culturels susceptibles d'animer une réflexion sur l'avenir de la société. Grâce à des interviews avec des personnalités engagées, les étudiant(e)s sont incité(e)s à réfléchir sur l'architecture, la danse moderne, le cinéma et la place même de l'écrit dans notre civilisation. Enfin une interview avec la lauréate américaine du Prix Nobel, Toni Morrison, donne aux étudiant(e)s l'occasion de réfléchir sur les rapports culturels franco-américains.

Les articles sont accompagnés d'un appareil pédagogique fournissant des notes explicatives et des activités destinées à améliorer la compréhension ainsi que l'expression orale et écrite. L'objectif pédagogique du premier dossier étant de réviser des stratégies de lecture, l'appareil pédagogique accorde plus d'importance à la compréhension qu'à l'expression. Les notes explicatives de compréhension se divisent en deux parties : *Lecture préliminaire* et *Pour mieux comprendre*. Les activités d'expression se retrouvent sous la rubrique *Vers la communication*. L'appareil pédagogique des autres dossiers se répartit entre *Aide-mémoire* et *De la compréhension à l'expression*. *Aide-mémoire*, qui a comme but de favoriser l'acquisition lexicale et les connaissances socioculturelles, commence par une présentation du vocabulaire associé au thème de l'article. Cela met en place le contexte thématique qui facilitera la compréhension de l'article. S'ensuivent les explications de connotations socioculturelles et de mots et expressions qui risqueraient de freiner la compréhension détaillée des idées.

Au cours de l'étape *De la compréhension à l'expression*, le professeur pourra insister davantage sur l'oral ou sur l'écrit selon les objectifs fixés pour le cours. Les réponses aux questions de compréhension peuvent être données soit oralement soit par écrit. Les activitités de la rubrique *Points de vue* sont conçues pour inciter les étudiant(e)s à exprimer oralement leur point de vue personnel sur les comportements, les attitudes ou les valeurs qui font le sujet de l'article. En s'exprimant à l'aide du vocabulaire et des constructions syntaxiques rencontrés dans l'article, les étudiant(e)s vont à la fois consolider les bases et agrandir le champ de leur compétence orale. Les activités à faire en petits groupes sont également l'occasion pour les étudiant(e)s de mettre en oeuvre des stratégies communicatives adaptées à une variété de situations interactives. Les activités qui se prêtent plutôt à un travail écrit figurent sous la rubrique *A votre tour*. Les étudiant(e)s y sont amené(e)s à maîtriser les techniques de la synthèse et du raisonnement logique. Le professeur choisira parmi les nombreuses activités orales et écrites proposées celles qui conviennent le mieux aux niveaux de compétence de l'étudiant(e). Si le professeur juge que les étudiant(e)s profiteront d'un entraînement complémentaire en ce qui concerne le vocabulaire, la grammaire, la construction de la phrase et les processus de l'argumentation, les exercices de la rubrique *Manières de dire* pourront être intégrés au déroulement du cours.

Afin d'inciter les étudiant(e)s à dépasser une perception ethnocentrique de la vie française, nous proposons, sous la rubrique *Ici et ailleurs*, des activités interculturelles. Celles-ci pourraient avoir lieu soit avant, soit pendant, soit après l'étude de l'article. Un travail explicite de comparaison entre la société étrangère et celle des étudiant(e)s, en liaison avec le sujet de l'article, les sensibilise à la nécessité de comprendre le pourquoi des habitudes différentes des leurs, et de relativiser les jugements stéréotypés que l'on pourrait porter sur la société étrangère. Grâce à l'éclosion d'une ouverture d'esprit et d'une attitude de curiosité envers l'autre, cette comparaison interculturelle engendre une plus grande tolérance envers la différence et une intercompréhension qui rend les rapports entre soi et les autres plus fructueux.

Des articles sélectionnés pour chaque dossier de *L'Express : Perspectives françaises* ont été enregistrés sur cassette. Leur écoute peut non seulement améliorer la compréhension auditive, mais aussi faciliter la compréhension du texte écrit. En écoutant, les étudiant(e)s peuvent saisir, grâce aux pauses et à l'intonation, l'organisation des idées et les intentions de l'auteur. Un *Guide du professeur* fournissant des notes pédagogiques et des activités supplémentaires pour chaque article est également disponible.

Ecrits dans la langue d'aujourd'hui, les articles soigneusement choisis pour *L'Express : Perspectives françaises* et la grande variété du matériel pédagogique qui les accompagne donnent à des étudiant(e)s ayant des intérêts divers et des niveaux de compétence langagière variables, l'occasion de découvrir pourquoi la France et les Français continuent à exercer un attrait indéniable sur un vaste public mondial.

C'EST L'ÉPOQUE

Le touriste a changé
Il a moins d'argent et oublie de réserver, mais il a révisé ses exigences à la hausse : il veut être surpris et s'amuser pour moins cher.
page 2

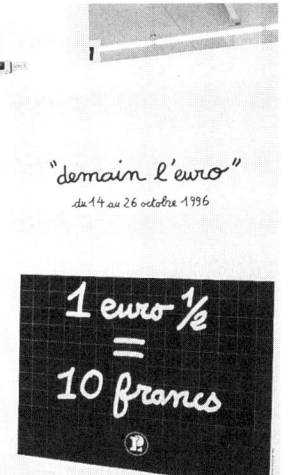

Dessine-moi un billet
page 8

Bon courage, mesdames !
page 13

Révision des programmes
page 18

Consommer moins cher
Entre les soldes, les promotions et les rabais, il faudrait être fou pour payer le vrai prix ! C'est le bon côté de la crise. Quand le pouvoir d'achat stagne ou baisse, les salariés se rattrapent ailleurs.
page 22

Le B.A.-BA du marchandage
page 27

Le touriste a changé

Il a moins d'argent et oublie de réserver, mais il a révisé ses exigences à la hausse : il veut être surpris et s'amuser pour moins cher

1. **11 heures. Sur les tables** du Cheval-Blanc, ancien relais de poste de Haute-Marne aménagé en hôtel-restaurant 2 étoiles, Odette Jerometta s'affaire à lisser le tissu de ses nappes. Du tissu, surtout pas de papier. « Même si je suis loin d'afficher complet et si les déjeuners se limitent souvent à des salades à 45 F, je ne veux pas tomber dans la cafétéria de quartier », prévient-elle. Avec raison.

2. « Si les touristes restreignent leur budget, ils sont aussi plus exigeants quand ils dépensent », avertit Françoise Toulemonde, du Centre de communication avancée (CCA), qui suit depuis plusieurs années le Français en vacances.

3. Il faut dire que l'été était mal parti. Une baisse de la fréquentation de près de 20 % a été relevée en juillet par 8 offices de tourisme sur 10, notamment sur la Côte d'Azur, la Corse et autres usines à bronzer. Cette désaffection, pourtant, ne s'explique pas uniquement par les difficultés

Le baromètre du touriste 1996 Evolution des activités de loisirs recherchées auprès des offices de tourisme (par rapport à 1995).

enquête fnotsi, juillet 1996

Engouement pour la culture, et surtout la nature. Avantage au tourisme en liberté, gratuit de préférence. Déclin des activités de groupe payantes.

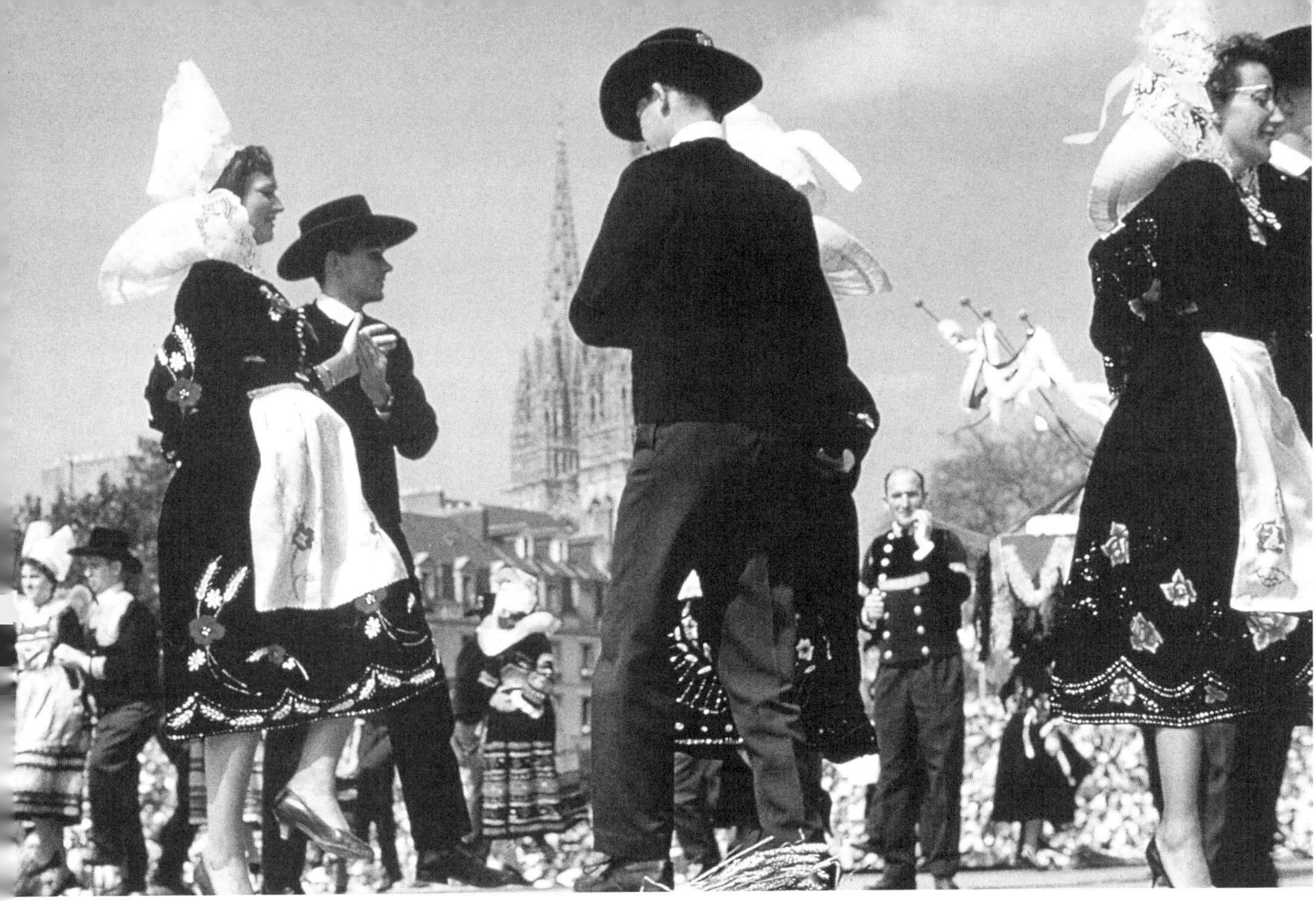

Jean Brau/French Government Tourist Office, NY

Les visiteurs se précipitent en masse aux festivals folkloriques.

Benoit Pesle/French Government Tourist Office, NY

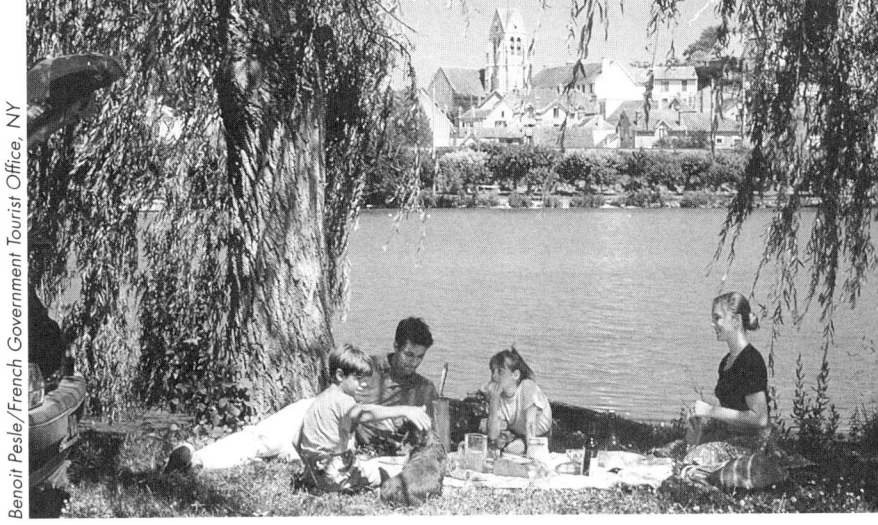

Les touristes préferènt les activités gratuites aux activités payantes.

économiques. Le touriste 1996, loin de se satisfaire du seul farniente, veut cultiver son corps et meubler son esprit. « On a maintenant affaire à des clients mieux éduqués, qui exigent qu'on leur apporte quelque chose de plus que le ciel bleu et la bonne bouffe », explique Bruno Miraglia, président de la commission tourisme pour la région Provence-Alpes-Côte d'Azur. « Le Francilien en vacances préférera découvrir le fonctionnement de la centrale thermique de Pont-à-Mousson que passer des après-midi oisifs. »

4 Observée il y a maintenant cinq ans chez les nouveaux itinérants, une avant-garde aisée qui se sert autant de ses relations que de son carnet de chèques, cette démarche a gagné toutes les catégories sociales. Tirent donc leur épingle du jeu les destinations au passé prestigieux ou celles qui promettent un événement, de préférence gratuit : 300 000 visiteurs (30 000 de plus que l'année dernière) auront goûté au Festival interceltique de Lorient, épuisant du 2 au 11 août toutes les capacités d'accueil du pays lorientais ; le bicentenaire de l'imagerie d'Epinal a vu les familles se presser en masse devant les couleurs du Chat botté ;

Visite de musée: le Centre Georges Pompidou à Paris.

80 000 visiteurs se sont précipités au 4e Festival du théâtre de rue d'Aurillac.

5 Si ce que les professionnels appellent le « tourisme d'itinérance sportif » (randonnées, balades en VTT ou excursions en canoë-kayak) a doublé cette année, ce n'est pas forcément au profit du tourisme vert, le mieux placé, en principe, pour profiter du retour à la campagne des citadins.

Le camping-car gagnant

6 A Gîtes de France, on s'explique mal « le taux d'occupation des gîtes qui n'excèdait pas 62 % au 15 août ; une baisse d'au moins 5 % par rapport à l'année dernière ». Tout juste se borne-t-on à remarquer, comme en 1995, que le niveau du franc a dissuadé les étrangers et que les nouveaux gîtes (ils sont 1 000 à ouvrir chaque année), en proposant des semaines à 3 000 F, s'éloignent peut-être trop de leur cible familiale et sportive. Grands gagnants, les camping-cars voient leurs immatriculations grimper de 28,5 % cette année.

7 Mode d'hébergement le plus touché par la mutation touristique : l'hôtel. Selon la Fédération nationale de l'industrie hôtelière, la baisse de la fréquentation atteindrait parfois 20 %. « Il faut s'adapter à cette clientèle plus exigeante et accepter les réservations de dernière minute », reconnaît cet hôtelier de Bandol (Var), qui travaille de plus en plus avec les entreprises pour des séminaires ou des formations. « C'est sûr que cela paie moins, mais, pour l'instant, cette clientèle professionnelle n'est pas en baisse », ajoute-t-il.

8 Pour le CCA, beaucoup de possibilités restent à explorer pour profiter de ce tourisme en mutation. La soif de nature et de culture en sont des exemples. Aux vendeurs d'évasion de satisfaire ces nouvelles attentes.

Guillaume Grallet ●

LECTURE PRÉLIMINAIRE

Compréhension du titre

Lisez le petit texte introductif et le titre. Qui est « il » ? Qu'est-ce que cette personne veut faire ?

Interprétation du graphique et de sa légende

1. Pour quelles activités les touristes français vont-ils (a) plus souvent, (b) moins souvent, demander des renseignements dans un office de tourisme ?
2. Selon la légende, pour quelles activités les Français en vacances se passionnent-ils ? Qu'est-ce qui caractérise les activités les plus populaires ?

A la recherche des thèmes de l'article

1. Quelles sont les nouvelles tendances du tourisme ?
2. Cherchez dans le texte des informations concernant (a) le prix, (b) les activités, (c) le logement (l'hébergement).
3. Retrouvez dans le texte quelques mots et expressions associés à chacun des thèmes ci-dessus.

POUR MIEUX COMPRENDRE

Contexte socioculturel

Les indications géographiques

1. **la Haute-Marne** département du nord-est de la France

3. **la Côte d'Azur** région qui borde la Méditerranée

la Corse île de la Méditerranée, qui fait partie de la France

la région Provence-Alpes-Côte d'Azur région du Midi de la France

les Franciliens (m. pl.) nom donné aux habitants de l'Ile-de-France, région entourant Paris

la centrale thermique de Pont-à-Mousson usine productrice d'énergie électrique située à Pont-à-Mousson, ville du nord-est de la France

4. **le Festival interceltique de Lorient** la ville de Lorient (adjectif : lorientais) est un port sur la côte atlantique de la Bretagne. La langue et les traditions celtiques se conservent surtout en Bretagne et en Irlande.

l'imagerie d'Epinal à partir du XVIIIe siècle, la ville d'Epinal, située à l'est de la France, devient un centre d'imagerie populaire. Parmi ces images, celles des personnages des contes d'enfants comme le Chat botté sont très appréciées.

Aurillac ville du centre de la France

7. **Bandol (Var)** port méditerranéen se trouvant dans le département du Var

- Parmi les endroits cités ci-dessus, lesquels se trouvent dans la région méditerranéenne où le climat ensoleillé attire la plupart des touristes ? Qu'est-ce qui incite des touristes à visiter les autres endroits cités ?

Vocabulaire d'un sondage

la hausse ; être en hausse / réviser à la hausse / augmenter / grimper

la baisse ; être en baisse / baisser / descendre

de plus de 5 % (pour cent) ; de près de 5 % ; d'environ 5 % ; d'au moins 5 % ; de moins de 5 %

par rapport à / en comparaison avec

atteindre / arriver à

doubler / multiplier par deux

excéder / dépasser / aller au-delà de

le taux de fréquentation / le pourcentage de visiteurs

- Utilisez ce vocabulaire pour interpréter les résultats du sondage au sujet des touristes français.

Vocabulaire de l'article

l' exigence (f.) (cf., exiger) ; *ici,* attente (cf., attendre)

[1] **le relais de poste** autrefois, auberge où on remplaçait les chevaux fatigués avant de continuer sa route

aménagé rénové

s'affairer à s'occuper de

lisser rendre lisse avec la main

afficher complet (cf., l'affiche [f.]) ; annoncer qu'il n'y a plus de place

tomber dans (fam.) descendre au niveau de

la cafétéria de quartier *ici,* restaurant simple et bon marché

[2] **restreindre** limiter

[3] **était mal partie** avait mal commencé

la fréquentation *ici,* présence des touristes

relever noter, remarquer

les usines (f. pl.) **à bronzer** endroits très populaires pour se bronzer

la désaffectation *ici,* baisse de popularité

le farniente passer son temps à ne rien faire

meubler *ici,* remplir

la bouffe (fam.) nourriture

oisif inactif

[4] **l' itinérant** (m.) (cf., itinéraire [m.]) ; voyageur

aisé assez riche

la démarche *ici,* façon d'agir

gagner *ici,* pénétrer

tirent... jeu sont épargnées

[5] **la balade** (fam.) promenade

le VTT vélo tout terrain

vert couleur associée à la nature et à l'écologie

le citadin habitant de la ville

[6] **Gîtes de France** organisation qui administre des logements (gîtes) en milieu rural pour des vacanciers

tout juste... remarquer c'est à peine si on remarque

la cible but

gagnant victorieux

l' immatriculation (f.) numéro ; *ici,* vente

[7] **la mutation** changement, transformation

l' entreprise (f.) société, firme

la formation stage d'entraînement

[8] **l' évasion** (f.) *ici,* vacances

L'Express

VERS LA COMMUNICATION

Compréhension

1. Quelles conclusions peut-on tirer des observations faites par (a) Odette Jerometta, (b) Françoise Toulemonde, (c) l'hôtelier de Bandol ?

2. Le manque d'argent des Français en vacances est-il suffisant pour expliquer les observations de ces trois témoins ?

3. Quel est le point de vue de Bruno Miraglia ?

4. Quelles sont les nouvelles destinations des Français en vacances ?

5. Qu'est-ce qui distingue le « tourisme d'itinérance sportif » et le « tourisme vert » ?

6. Pourquoi le gîte et l'hôtel attirent-ils moins de vacanciers ?

7. Au dernier paragraphe, quels exemples illustrent la nouvelle tendance du tourisme français ?

Discussion

1. Comparez le touriste français de maintenant et celui d'avant.

2. Pourquoi le rapport qualité-prix est-il devenu une considération importante pour les vacanciers d'aujourd'hui ?

3. Proposez de nouvelles formules de vacances qui pourraient satisfaire les attentes des touristes français.

4. A votre avis, les bonnes vacances sont-elles toujours soit culturelles, soit écologistes, ou préférez-vous passer vos vacances à ne rien faire ? Donnez vos raisons.

Rédaction

Résumez les changements qui caractérisent les préférences des touristes français.

Ici et ailleurs

1. A votre avis, est-ce que les objectifs des touristes étrangers en France sont similaires à ceux des touristes français du sondage ?

2. Comparez l'évolution du tourisme français et celle du tourisme dans votre pays.

Le billet de 50 F : le « Saint-Exupéry »

Dessine-moi un billet

Des assignats à la nouvelle coupure de 50 F, la fabrication du papier-monnaie est devenue un art hexagonal. Et nourrit la passion des collectionneurs. Un placement haut en couleur.

[1] Fini, les billets doux ! Avec le nouveau billet de 50 F émis par la Banque de France, le fluo a définitivement effacé une tradition centenaire de coupures aux tons pastel. Pour illustrer cette nouvelle monnaie, dédiée aux XXe siècle, la Banque de France a procédé à une enquête auprès du public. Les couleurs vives et gaies ont été, paraît-il, plébiscitées. Résultat : le Saint-Exupéry rappelle étrangement les devises du Monopoly ou les bons points de l'école primaire. Autre revendication des Français : un billet infalsifiable. Et, dans ce domaine, la banque centrale a tenté l'impossible ! Que de trouvailles ! Le « strap » (système de transfert réfléchissant antiphotocopie), qui aveugle tout système de reprographie ou d'analyse optique, et la transvision, qui permet aux deux images recto verso du Petit Prince de se juxtaposer parfaitement afin que l'enfant blond apparaisse, par transparence, entièrement vêtu de vert. Pas de pitié pour les faussaires ! La Banque de France a également utilisé une encre à effet optique variable, qui fait passer le dessin du bleu au vert selon l'inclinaison. « Dessine-moi un mouton ! » a dit le Petit Prince. La Banque de France a obtempéré, en reproduisant un petit animal presque transparent qui change de couleur sous un éclairage ultraviolet.

[2] Sans parler du secret du billet : un message invisible à l'œil nu. Pour faire sauter cette série de verrous, les faux-monnayeurs devront se recycler. Après Saint-Ex suivront Auguste et Louis Lumière (200 F), puis

Le revers du « Saint-Exupéry »

Pierre et Marie Curie (500 F). Chefs-d'œuvre de technologie, ces billets ont cependant un coût de revient raisonnable : 60 centimes pour près de 1 F en 1988 !

[3] Ces prouesses ne font pas rêver les collectionneurs français. Qui excluent d'ores et déjà le Saint-Ex de leurs catalogues. Car la finesse de la gravure et plus généralement l'esthétique constituent des critères importants dans le choix d'un billet ancien. Pour ces amateurs exigeants, seules les coupures émises par la Banque de France — présentent de grandes qualités artistiques — sont dignes d'être collectionnées. Malheureusement, celles qui ont été mises en circulation avant 1870 sont très peu nombreuses. Et les quelques spécimens restants se négocient souvent au prix fort : une rareté de 1848, retrouvée en bon état dans un vieux livre par une Bretonne, a été vendue, cette année, 80 000 F.

[4] Les billets anciens ne sont pas tous aussi chers. Si 2 % d'entre eux se négocient de 20 000 à 100 000 F, 98 % oscillent entre 5 F et 20 000 F. Pour Alain Weil, expert, le plus beau billet français est le 5 000 F dessiné par Flameng en 1918. Emis seulement deux années, il vaut aujourd'hui entre 3 000 et 12 000 F. Ceux des anciennes colonies sont également recherchés. Ils sont à la fois beaux et abordables : ainsi, le fameux 5 000 F Union française, émis de 1945 à 1947, vaut entre 300 et 500 F. Les billets étrangers ne sont pas à écarter pour autant. Ils sont souvent bien moins onéreux que les français : « Pour 30 F, vous pouvez vous offrir de superbes "indonésiens" », affirme Alain Eleb, marchand au Louvre des antiquaires.

[5] Mais avant de choisir un billet, il faut surtout vérifier son état. Le prix en dépend directement. L'idéal est de l'acheter à l'état neuf, qu'il craque quand on le manipule. Le prix d'un billet peut varier de 1 à 10 selon sa qualité. Ouvrez bien l'œil avant d'investir. Et attention aux pliures et épinglages, aux injures ou défauts, quand, par exemple, il manque un morceau, quand la coupure est trouée, déchirée, tachée de rouille. Méfiez-vous des marchands qui repassent les billets ou rebouchent les trous avec de la pâte à papier, ou encore qui mettent du Scotch invisible. Victime d'une flambée en 1988-1989, le marché du billet ancien s'est aujourd'hui stabilisé. C'est donc le moment de s'y intéresser.

[6] En attendant, adoptez le réflexe des collectionneurs : gardez 10 billets neufs de 50 F Quentin de La Tour, qui vont bientôt disparaître au profit du Saint-Ex. La démonétisation peut leur donner de la valeur, mais de façon, il est vrai, aléatoire : si le 5 F à l'effigie de Victor Hugo vaut aujourd'hui 500 F, le 50 F Racine ne cote encore que 70 F...

Corinne Scemama ●

LECTURE PRÉLIMINAIRE

Compréhension du titre

1. Lisez le petit texte introductif. Qu'est-ce qu'il nous apprend sur la fabrication des billets de banque et sur les collectionneurs ?

2. Lisez le titre. De quel type de billet s'agit-il ? Ce titre fait aussi allusion à une phrase prononcée par le Petit Prince, personnage imaginé par Saint-Exupéry. Cherchez cette phrase dans le premier paragraphe.

A la recherche des thèmes de l'article

1. Le dessin des billets de banque a-t-il évolué ?

2. Comment la banque centrale peut-elle fabriquer du papier-monnaie afin de décourager les faux-monnayeurs ?

3. Pourquoi collectionner des billets anciens est-il un moyen de s'enrichir ?

4. Y a-t-il des règles à suivre pour devenir collectionneur / collectionneuse ?

POUR MIEUX COMPRENDRE

Contexte socioculturel

Saint-Exupéry et Le Petit Prince

Antoine de Saint-Exupéry (1900–1944) : était pilote d'avion et écrivain. Dans ses romans inspirés par l'aviation, il s'intéresse surtout aux valeurs morales. Son récit symbolique, écrit dans un style poétique pour enfants, *Le Petit Prince* (1943), raconte les réactions d'un jeune enfant qui arrive d'une autre planète et rencontre Saint-Exupéry dans le désert. Voyez sur le billet de 50 F (page 8) la tête de Saint-Exupéry. L'avion de celui-ci, le Petit Prince debout sur sa planète et l'éléphant mangé par un boa sont aussi dessinés sur le billet.

Autres personnalités célèbres figurant sur les billets de banque :

[2] **Les frères Lumière, Auguste (1862–1954) et Louis (1864–1948) :** inventent le cinéma en France.

Pierre Curie (1859–1906) et sa femme, Marie (1867–1934) : découvrent le radium.

[6] **Maurice Quentin de La Tour (1704–1788) :** est un peintre de portraits au pastel.

Victor Hugo (1802–1885) : est un écrivain célèbre d'inspiration romantique.

Jean Racine (1639–1699) : est l'auteur des plus grandes tragédies classiques.

Vocabulaire de l'argent

la Banque de France / la banque centrale
l'argent (m.) / la monnaie / la devise
le franc
le papier-monnaie / un billet (de banque)
un billet / une coupure de 50 francs
un assignat (papier-monnaie créé sous la Révolution française)
une pièce (de monnaie)
émettre (des billets) / mettre en circulation
démonétiser / retirer de la circulation

un nouveau billet ; un billet ancien
un billet neuf ; un billet usagé ; un billet fatigué
un billet infalsifiable (cf., falsifier)
un faux-monnayeur / un faussaire
un prix fort (très cher)
un produit onéreux (cher)
un prix abordable (accessible à tous)
placer / investir son argent ; un placement / un investissement

Vocabulaire de l'article

hexagonal français (la France a la forme d'un hexagone)

[1] **le billet doux** petite lettre d'amour ; *ici*, billet de banque imprimé aux couleurs pastel
le fluo couleur très vive
centenaire qui dure depuis cent ans
plébisciter approuver à une forte majorité
les bons points (m. pl.) *ici*, récompense pour un(e) élève qui a fait un très bon devoir
la revendication demande
la trouvaille idée astucieuse
la reprographie reproduction photographique
recto verso de chaque côté
vêtu habillé
obtempérer obéir

[2] **faire sauter** briser, démolir
le verrou ce qui ferme une porte à clé
se recycler suivre un entraînement différent, adopter une stratégie différente
le coût de revient prix coûtant, prix de la production

[3] **la prouesse** exploit
d'ores et déjà à partir de maintenant
la Bretonne femme née en Bretagne

[4] **se négocier** se vendre
écarter *ici*, négliger
pour autant pour cette raison

[5] **craquer** faire un bruit sec
la pliure (cf., plier) ; un pli
l'épinglage (m.) (cf., épingler) ; une épingle
tachée de rouille couverte de petites marques rousses
repasser ici, enlever les pliures à l'aide d'un fer à repasser
la flambée augmentation rapide de prix

[6] **aléatoire** incertain
l'effigie (f.) portrait
coter avoir la valeur de

VERS LA COMMUNICATION

Compréhension

1. Pourquoi le nouveau billet de 50 F est-il si nouveau aux yeux des Français ?

2. Qu'est-ce que l'enquête faite par la Banque de France auprès du public a révélé ?

3. Qu'est-ce qui rend le nouveau billet infalsifiable ?

4. Pourquoi ce billet n'intéresse-t-il pas les collectionneurs ?

5. Quel conseil la journaliste donne-t-elle aux collectionneurs débutants ?

Discussion

1. L'Union Européenne aura dès 1999 sa propre monnaie appelée « l'euro ». Les quinze pays membres de l'Union ont choisi comme dessin de cette monnaie des images architecturales au lieu d'effigies représentant des personnalités de l'histoire européenne. Qu'est-ce que vous auriez proposé comme dessin ? Pourquoi ?

2. Vous êtes marchand(e) de billets anciens. Une personne entre dans votre boutique et vous demande de l'aider à devenir collectionneur / collectionneuse. Qu'est-ce que vous lui conseillez ?

3. Pourquoi des gens deviennent-ils collectionneurs ? Qu'est-ce que vous aimeriez collectionner vous-même ?

4. A quoi sert l'argent ? Est-il indispensable au bon fonctionnement de la société ? Justifiez vos opinions.

Rédaction

Si vous deviez dessiner une nouvelle série de billets de banque, qu'est-ce que vous mettriez dessus ? Pourquoi ?

Ici et ailleurs

1. Le papier-monnaie de votre pays, diriez-vous qu'il est beau ? Comment est-il dessiné ? Y a-t-il des effigies dessus ?

2. Collectionner est-il une activité répandue dans votre pays ? Pourquoi ? Quels sont les objets de collection les plus populaires ?

Les sondages sont formels : il faudrait plus de femmes aux postes de commandement. Mais du rêve à la réalité...

Bon courage, mesdames !

[1] Les femmes accèdent-elles plus facilement qu'il y a vingt ans aux postes de direction en entreprise ? « Il n'y a eu aucun progrès, assène Gabrielle Rolland, vice-présidente de l'Institut européen du leadership. Et la crise actuelle n'a pu que détériorer la situation : aujourd'hui plus qu'hier, aucun homme n'accepte de nous faire la courte échelle. » Devinette. Le CNPF vient de lancer sa campagne « Ils se sont engagés pour les jeunes » en publiant les photos de 24 patrons : parmi eux, combien de femmes ? Une seule !

[2] Pourtant, les mentalités ont visiblement évolué : 69 % des Français déclarent qu'« il est souhaitable que les femmes prennent plus de pouvoir dans les entreprises », selon un sondage de la Sofres publié

Une femme cadre. Elle doit être, aujourd'hui encore, plus compétente, énergique et professionnelle qu'un homme pour obtenir le même poste.

Bon courage, mesdames ! 13

à l'occasion de la remise à Geneviève Lethu du prix Veuve-Clicquot de la femme d'affaires 1993. Un parfum d'optimisme ? Pas vraiment. Simplement, pour paraître moderne et branché, il est devenu naturel d'affirmer que les femmes doivent parvenir davantage aux leviers de commande.

3 C'est le grand écart entre les intentions et la réalité. D'ailleurs, les sondés affirment que seules les responsabilités de directeur de la communication ou du marketing sont mieux remplies par des femmes. Et, pour une majorité d'entre eux — et ce quel que soit le poste — le sexe n'est pas un critère de choix. Or à quel naïf fera-t-on croire qu'avec un marché de l'emploi malade, où il y a tant d'appelés et si peu d'élus, les femmes auraient les mêmes chances que les hommes ? « Il ne faut pas rêver, répond Rose-Marie Van Lerberghe, la toute nouvelle directrice générale des relations humaines de BSN. Aujourd'hui encore, une femme doit être plus compétente, énergique et professionnelle qu'un homme pour obtenir le même poste. Avec, en outre, une obligation : un emploi du temps beaucoup mieux organisé, pour concilier vie professionnelle et vie familiale. » Même son de cloche dans l'étude réalisée par l'ESC Nantes-Atlantique : pour se faire une place, une femme cadre doit savoir s'imposer, s'affirmer, avoir du caractère, une forte personnalité ; bref, on lui demande de faire plus ses preuves qu'un homme. « Leur principal handicap, c'est qu'elles ne fréquentent pas les réseaux (franc-maçonnerie, Lions ou Rotary, chambre de commerce, club de golf ou amicale des enseignants de Dauphine...), souligne Gabrielle Rolland. Les femmes n'accèdent pas au pouvoir, car leur double journée [au bureau, puis au

Nommée en 1997 garde des Sceaux et ministre de la Justice dans le gouvernement de Lionel Jospin, **Elisabeth Guigou** est la première femme à assumer ces fonctions.

domicile] ne leur laisse pas le temps de s'investir dans les cercles périphériques de l'entreprise. » Question de priorité. Et les hommes n'ont pas leur pareil pour culpabiliser leurs collègues du beau sexe : « Comment parvenez-vous à concilier votre carrière et l'éducation de vos enfants ? »

4 Et, après avoir gagné une fonction de pouvoir, ont-elles un mode de commandement différent ? Une majorité des personnes interrogées par la Sofres pense que non. Surprenant. L'enquête réalisée l'an dernier par l'ESC Rouen auprès d'une douzaine de dirigeantes identifie, elle, une forme spécifiquement féminine de management : « Elles cherchent à convaincre, à obtenir l'adhésion, alors que les hommes ont un fonctionnement plus autoritaire. » Un sentiment partagé par Françoise Mirlink, présidente du directoire de Tellite Direct (compagnie d'assurances du groupe Suez) : « En tant que manager, j'ai un rôle d'animateur d'équipe, où je délègue beaucoup. Plus sensibles, plus humaines, les femmes sont de meilleures communicantes, plus à l'écoute, savent mettre à l'aise, débloquer les situations. Avec du charme, de la courtoisie, de la gentillesse, le sourire... et de l'humour. »

5 Selon Rose-Marie Van Lerberghe, concernant les rarissimes cadres dirigeants, le management participatif n'est pas une qualité féminine : « Elles se sont tellement battues pour en arriver là qu'elles ont parfois tendance à foncer seules. Et elles deviennent souvent très exigeantes avec leurs subordonnés, comme elles ont dû l'être avec elles-mêmes pour être promues. Parce que leur arrivée au sommet est encore toute neuve, elles se montrent aussi plus courageuses et plus naturelles que les hommes. »

François Koch ●

LECTURE PRÉLIMINAIRE

Compréhension du titre

1. Lisez le titre. Dans quelles situations dit-on à quelqu'un « Bon courage ! » ? A qui souhaite-t-on « Bon Courage ! » ici ?

2. Lisez le petit texte introductif. Dans quel contexte les femmes ne sont-elles pas à égalité avec les hommes ? Précisez alors le sens négatif du titre (= La route est encore longue...).

A la recherche des thèmes de l'article

1. Aujourd'hui il est encore difficile pour les femmes d'obtenir des postes de direction dans les entreprises. Pourquoi ?

2. Cette réalité reflète-t-elle l'opinion publique ? Qu'est-ce qui influence l'opinion publique ? (deuxième paragraphe)

3. Quelles sont les qualités requises pour une femme qui voudrait occuper un poste de direction ? Ces qualités sont-elles les mêmes pour un homme ?

4. Les femmes qui se retrouvent à la tête d'une entreprise ont-elles un style de commandement différent de celui des hommes ?

POUR MIEUX COMPRENDRE

Vocabulaire de l'entreprise

une entreprise (une firme, une société)

un poste (un emploi)

un homme d'affaires / une femme d'affaires

le management / la gestion

un manager / un(e) gestionnaire

le pouvoir dans l'entreprise :

accéder à / arriver à / obtenir / occuper

un poste de direction / un poste de commandement / un poste de responsabilité / une fonction de pouvoir

parvenir aux leviers de commande

les responsabilités hiérarchiques :

un patron / une patronne

(le CNPF : Conseil national du patronat français)

un dirigeant / une dirigeante

un cadre / une (femme) cadre

un employé / une employée (les subordonnés)

le directeur / la directrice du marketing, de la communication, des relations humaines

Vocabulaire de l'article

[1] **asséner** *ici*, répondre avec conviction
faire la courte échelle *ici*, aider
la **devinette** (cf., deviner); question enfantine

[2] **à l'occasion de la remise du prix à** à l'occasion du prix donné à
branché à la mode

[3] l' **écart** (m.) distance
le **sondé** personne interrogée pendant un sondage
le **marché malade** *ici*, situation difficile
l' **appelé** (m.) *ici*, candidat
l' **élu** (m.) *ici*, personne qui trouve un emploi
BSN nom d'une grand entreprise de fabrication de verre
en outre en plus
le **son de cloche** *ici*, opinion
ESC Ecole supérieure de commerce

se faire une place trouver un emploi stable
faire ses preuves montrer qu'on est capable
le **réseau** *ici*, association
Dauphine nom de l'université de Paris VIII où les études commerciales sont très réputées
s'investir dans se consacrer à
n'ont pas leur pareil sont spécialistes
culpabiliser donner un sentiment de culpabilité à
le **beau sexe** les femmes

[4] l' **adhésion** (f.) accord, participation
sensible proche des sentiments
débloquer résoudre

[5] **rarissime** très rare
foncer aller droit au but
être promu recevoir une promotion

VERS LA COMMUNICATION

Compréhension

Vrai ou faux ? Dites si les affirmations suivantes sont vraies ou fausses. Justifiez votre réponse en citant une expression du texte.

1. Les femmes obtiennent plus facilement aujourd'hui des postes de direction dans les entreprises, selon Gabrielle Rolland.

2. La crise économique actuelle facilite l'arrivée des femmes aux postes de direction.

3. Selon un sondage, une majorité des Français souhaite que les femmes occupent moins de postes de responsabilité que les hommes.

4. Les hommes remplissent toutes les responsabilités de direction mieux que les femmes.

5. Selon Rose-Marie Van Lerberghe, les femmes doivent posséder plus de qualités que les hommes pour obtenir le même poste.

6. L'enquête réalisée par l'ESC Nantes-Atlantique arrive à la même conclusion que Rose-Marie Van Lerberghe.

7. Les femmes ont plus de temps que les hommes à consacrer à des activités associées à leur vie professionnelle.

8. Les hommes soupçonnent leurs collègues féminines de négliger leurs responsabilités familiales.

Discussion

1. Du rêve à la réalité… Proposez des moyens susceptibles de réduire l'écart entre le pourcentage d'hommes et celui de femmes aux postes de direction.

2. Les hommes et les femmes ont-ils les mêmes priorités concernant la vie professionnelle et la vie familiale ? Pourquoi ?

3. Vous êtes chargé(e) de recruter un(e) responsable de marketing pour une entreprise. Les deux meilleurs candidats sont un homme et une femme. Quels seraient vos critères pour choisir l'homme ou la femme ?

4. Deux modèles de commandement sont évoqués dans cet article : le management participatif et le management autoritaire. Recherchez dans le texte des expressions qui caractérisent le comportement des dirigeant(e)s selon le tableau suivant :

Le management participatif	Le management autoritaire
Expressions :	Expressions :

Selon vous, les femmes seraient-elles disposées à pratiquer l'un des modes de commandement plutôt que l'autre ? Quels sont les différents points de vue à ce sujet ?

Rédaction

Faites le portrait d'une dirigeante. Qu'est-ce qu'elle a dû faire pour arriver à son poste de direction ? Comment est son mode de commandement ?

Ici et ailleurs

1. Dans votre pays, une femme doit-elle « être plus compétente, énergique et professionnelle qu'un homme pour obtenir le même poste » ?

2. Dans votre pays, comment sont les attitudes des hommes envers les femmes qui souhaitent être promues à la tête d'une entreprise ?

Révision des programmes

Faut-il multiplier les leçons de grammaire ou les lectures et les rédactions ?

Pour que la rentrée en sixième soit douce aux 300 000 enfants concernés, inspecteurs, universitaires, enseignants, syndicats et associations savantes ont planché sur une remise à plat de l'enseignement

[1] Doit-on entraîner les élèves de sixième à résoudre des divisions avec virgule ou réserver aux ordinateurs ces basses tâches ? En cours d'histoire, est-il indispensable d'initier les gamins aux mystères de l'Empire byzantin ? Pour améliorer leur expression écrite, est-il préférable de multiplier les leçons de grammaire ou les lectures et rédactions ?

[2] Pour la première fois depuis dix ans, de nouvelles réponses ont été apportées, lors de cette rentrée, à des questions qui concernent la vie quotidienne de 300 000 enfants. Les programmes de sixième viennent, en effet, de subir un sérieux lifting. Et ceux des classes suivantes seront renouvelés dans les trois prochaines années.

[3] « L'objectif est de mieux hiérarchiser les connaissances que l'on souhaite transmettre », explique Pierre Saget, secrétaire général du Conseil national des programmes (CNP). « La culture familiale des collégiens actuels n'a plus rien à voir avec la culture scolaire classique. Les jeunes veulent savoir pourquoi ils sont obligés d'étudier ceci ou cela », analyse-t-il.

Des programmes au millimètre

[4] En langues étrangères, la priorité est donc désormais plus explicite : les petits de sixième doivent apprendre à communiquer. Finie la grammaire à tout va. Les topos culturels viendront aussi plus tard. En histoire, une quinzaine de repères chronologiques ont été choisis : la civilisation égyptienne, du IIIe au Ier millénaire ; Auguste, Ier siècle ; l'apogée de l'Empire romain, IIe siècle. Inutile de farcir de dates le crâne des collégiens. Question math, les fameuses divisions n'entraîneront plus de nuits blanches. En revanche, on essaiera d'initier rapide-

ment les enfants aux joies des démonstrations, véritable cœur des sciences mathématiques.

5   Le CNP aurait voulu aller plus loin dans les changements. Mais les pesanteurs sont fortes. Inspecteurs, universitaires, enseignants, syndicats, associations savantes... tous ont été consultés. Tous ont dit leur mot. Tous ont fait valoir des intérêts parfois contradictoires. Et c'est à l'issue de centaines de compromis que l'on a déterminé finalement ce que les collégiens devaient apprendre.

6   « Les profs réclament tous un allégement des programmes, mais, dans le même mouvement, ils exigent des ajouts qui vont dans un sens diamétralement opposé », observe un inspecteur général. Exemple d'arbitrage douloureux : l'Empire byzantin. Le CNP l'aurait volontiers éliminé des manuels de sixième. Les historiens ont fait valoir que la religion orthodoxe était née à cette occasion. « Un point indispensable pour comprendre le conflit yougoslave », ont-ils plaidé. Et ils ont obtenu gain de cause. Autre exemple : en 1994, le directeur des lycées et collèges voulait fondre la biologie et la technologie en une seule matière, les sciences expérimentales. Relativement logique d'un point de vue scientifique, un tel changement était trop dérangeant pour les profs. Les syndicats et les inspecteurs ont obtenu le statu quo. Tant pis pour les gamins qui préfèrent avoir des enseignants moins nombreux mais qui les connaissent davantage.

7   Les universitaires aussi compliquent parfois les choses. En géographie, la communauté scientifique est divisée en chapelles qui se détestent, raconte un enseignant. « Les mots sont piégés. Il faut rédiger les programmes au millimètre pour ne froisser personne », observe-t-il.

8   Mais les conflits opposent parfois aussi universitaires et profs de base. En sciences de la vie et de la Terre, les premiers souhaitaient généraliser les dissections de souris en cinquième pour que les gamins, nourris d'images, acquièrent au moins une perception concrète des organes. Les enseignants, soucieux des réactions de leurs écolos d'élèves, ont refusé de laisser massacrer 300 000 souris par an. La faculté s'est inclinée.

Agnès Baumier ●

LECTURE PRÉLIMINAIRE

Compréhension du titre

Lisez le petit texte introductif et le titre. « Révision » a un sens similaire à quelle expression du texte introductif ? De quels « programmes » s'agit-il ?

A la recherche des thèmes de l'article

1. Lisez rapidement les deux premiers paragraphes. Le premier paragraphe se compose de trois questions. Quel est le thème de ces questions ? Quel événement cité au deuxième paragraphe apporte une réponse à ces questions ?

2. Lisez rapidement le cinquième paragraphe. La révision des programmes scolaires a-t-elle été facile ? (Remarquez la répétition de « tous ».)

POUR MIEUX COMPRENDRE

Contexte socioculturel

Le système scolaire français

l'école primaire (les élèves)

l'enseignement secondaire :

le collège (les élèves / les collégiens) : classes de sixième, cinquième, quatrième et troisième (la 6ᵉ, la 5ᵉ,...) ; les élèves de 6ᵉ sont âgés de onze ans

le lycée (les élèves / les lycéens) : classes de seconde, première et terminale (le baccalauréat)

l'enseignement supérieur :

l'université / la faculté (les étudiants)

les enseignants / les professeurs / les universitaires

les syndicats ils défendent les conditions de travail des enseignants.

la rentrée le commencement de la nouvelle année scolaire après les grandes vacances d'été

la centralisation de l'enseignement en France au ministère de l'Education nationale on établit les programmes scolaires qui sont les mêmes pour tous les élèves partout en France.

l'objectif de la vie scolaire en France les programmes scolaires sont plus orientés vers la théorie que vers la pratique. Les élèves sont en classe pour apprendre à raisonner. C'est sérieux et il faut travailler dur. On ne va pas en classe pour s'amuser !

Vocabulaire de l'enseignement

enseigner ; l'enseignement (m.) ; un(e) enseignant(e)

un manuel / un livre scolaire

les programmes scolaires (ce que les élèves doivent apprendre)

les connaissances / le savoir

les matières : les langues étrangères ; l'histoire (les historiens) ; les mathématiques (les mathématiciens) ; la biologie (les biologistes) ; la technologie (les techniciens) ; la géographie (les géographes) ; les sciences (les savants)

Vocabulaire de l'article

doux *ici*, sans problème

plancher travailler dur

la remise à plat réorganisation

[1] **la division avec virgule** en français les nombres décimaux s'écrivent avec une virgule, par ex. 54,326 divisé par 4,83

la tâche activité

[2] **le lifting** rajeunissement

[3] **hiérarchiser** classer par importance

[4] **au millimètre** très précis

à tout va de façon excessive

le topo exposé

farcir le crâne (fam.) remplir la tête

la nuit blanche nuit passée sans dormir

[5] **la pesanteur** (cf., peser) ; *ici*, obstacle

dire son mot donner son opinion

faire valoir *ici*, exprimer

l' issue (f.) fin

[6] **réclamer** demander

l' allégement (m.) (cf., léger) ; *ici*, réduction

l' ajout (m.) (cf., ajouter) ; addition

l' arbitrage (m.) **douloureux** décision difficile

faire valoir *ici*, démontrer

obtenir gain de cause gagner

dérangeant *ici,* nouveau
tant pis pas de chance
7 **en chapelles** en groupes ayant des opinions différentes
sont piégés *ici,* ont des sens cachés
froisser fâcher

8 **de base** *ici,* de collège
acquérir posséder
soucieux inquiet
les écolos (m. pl.) **d'élèves** élèves influencés par l'écologie

VERS LA COMMUNICATION

Compréhension

1. En quelle classe a-t-on commencé à réformer les programmes scolaires ?
2. Pourquoi cette réforme était-elle nécessaire ?
3. Qu'est-ce qui a limité cette réforme ?
4. Complétez le tableau ci-dessous :

	Réforme proposée	Objection	Qui objecte ?
Langues étrangères			
Histoire			
Mathématiques			
Biologie			
Sciences de la vie et de la Terre			

Discussion

1. La modernisation des programmes scolaires est-elle nécessaire ? Justifiez votre réponse.
2. Imaginez le programme idéal pour la première année de l'enseignement secondaire. Certaines matières devraient-elles être obligatoires ?

Rédaction

Racontez vos souvenirs de votre première année à l'école secondaire.

Ici et ailleurs

Comparez l'enseignement secondaire chez vous et en France d'après les informations données dans le texte.

Les Centres Leclerc : Apprendre l'euro et consommer moins cher à la fois.

Consommer moins cher

Entre les soldes, les promotions et les rabais, il faudrait être fou pour payer le vrai prix ! C'est le bon côté de la crise. Quand le pouvoir d'achat stagne ou baisse, les salariés se rattrapent ailleurs.

[1] Le nouveau consommateur triomphe. Il éclipse l'acheteur boulimique des années 80. Devenu fin économiste, il sait exactement ce qu'il veut : de la qualité, et pas cher. Le beurre et l'argent du beurre ! Il plébiscite les produits de base très bon marché (les « premiers prix ») et les promotions. Mais ne s'interdit pas les coups de folie. Selon une récente étude du Credoc (Centre de recherche pour l'étude et l'observation des conditions de vie), 56 % des Français cèdent à leurs envies vestimentaires ou alimentaires. Le plaisir d'acheter n'est pas mort. Surtout quand on peut le satisfaire à bon compte. Le « manège à bijoux » des centres Leclerc (dix jours de joaillerie au prix du toc) a fait tourner les têtes : entre le paquet de riz à 4,50 francs le kilo et l'essuie-tout à 8,40 francs les quatre rouleaux, on a casé des petits cœurs en or (200 francs pièce) et des boucles d'oreilles ornées de perles fines (265 francs).

[2] On n'avait jamais vu ça depuis la Libération : en près de deux ans, le prix du poisson, du poulet, des fruits et des légumes a baissé de 15 %. Celui du champagne, de 30 % ! Les « hard-discounters » sont devenus un véritable phénomène de société. Les Aldi, Lidl, Ed ou Leader Price ont conquis la France avec leurs « premiers prix ». Les hypermarchés classiques (Auchan, Carrefour, Leclerc, Continent et les autres) se sont alignés. Au total, de 400 à 600 produits de base interpellent agressivement la clientèle. « Ils représentent plus du quart de nos ventes dans l'alimentation », remarque Michel-Edouard Leclerc. Et sont devenus indélogeables : pourquoi payer davantage pour du papier toilette ou des nouilles ? Surtout quand l'économie est substantielle et que le budget des ménages se rétrécit.

[3] Le consommateur se jette aussi sur les promotions : « 25 jours Auchan », les « 3 J », les « Olymprix », les foires aux vins ou aux surgelés, les jours de « java » ou « Très Bon Marché ». Payer plein tarif devient incongru. « Les gens ont l'impression de se faire avoir quand ils n'obtiennent pas de rabais »,

22 L'EXPRESS

observe Alain Catillon, directeur marketing à La Redoute. Alors, pour convaincre, on affiche kermesse tous les jours. Les prétextes ne manquent pas : on fête le printemps et l'été. Mais aussi l'automne et bientôt l'hiver. Le client se laisse faire. Anny Courtade, directrice des centres Leclerc du Cannet et de Saint-Raphaël, note : « C'est extraordinaire : les gens viennent acheter les produits qu'ils ont préalablement cochés sur les prospectus distribués dans les boîtes aux lettres. » A priori, tout le monde est content : l'acheteur, qui fait des économies, le vendeur, qui gonfle son chiffre d'affaires.

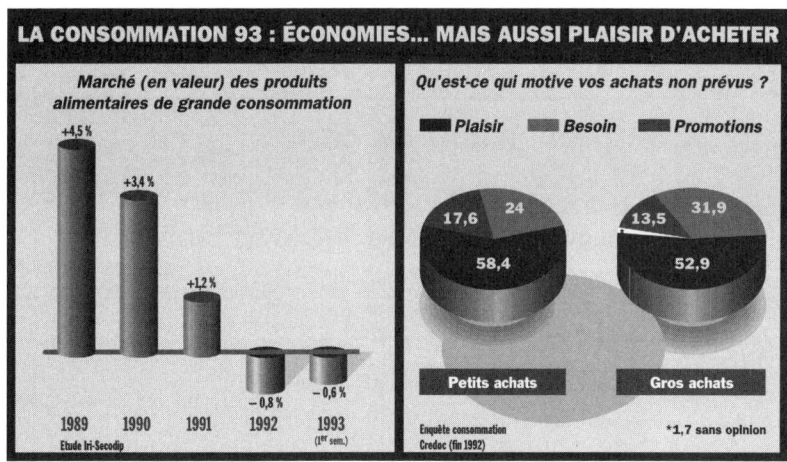

La réponse des industriels

4 Mais ce recours systématique aux promotions n'est pas tenable. Il nourrit un dangereux cercle vicieux ! Le consommateur devient de plus en plus exigeant. « Avec 10 % de démarque, nous n'avons plus aucun retour. Il faut au moins du 20 % pour qu'il saisisse son téléphone », avoue Alain Catillon, de La Redoute. Pis : devant une telle surenchère à la baisse, il ne se laisse plus tenter, croyant en permanence trouver moins cher ailleurs.

5 Les industriels essaient clairement de freiner le mouvement. Ils poursuivent leur politique de remise — ils y sont bien obligés par la concurrence — mais inventent de nouvelles astuces. Comme le « 2 en 1 », mélange de deux produits complémentaires dans un même conditionnement. Dash a ouvert le feu, en mariant sa lessive à un adoucissant. Monsavon, lui, mixe gel et lait. Encombrement minimum, achat optimum, dit en substance la publicité. Mais tarif supérieur à celui d'un produit moins sophistiqué : il n'est pas sûr que l'acheteur s'y retrouve. La démarche de BSN, qui vient de lancer le « bingo des marques », paraît plus intéressante. Cette opération permet aux ménages acquérant 40 produits phares (Danone, Heudebert, Evian, Lesieur, etc.) de récupérer 500 francs chaque fois qu'ils en auront déboursé 1 500. Le groupe joue à fond sur l'aspect ludique, et des milliers de clients font déjà la course aux étiquettes. Il devrait augmenter ses parts de marché sans baisser — formellement, du moins — ses prix.

6 Mais le changement de comportement des consommateurs est tellement profond que ces opérations ponctuelles ne suffisent pas. Antoine Riboud, PDG de BSN, veut devenir un « low cost producer ». En clair, un producteur au meilleur prix : pas forcément le plus bas, mais celui qui permet d'offrir la qualité d'une vraie marque. L'Oréal a pris de l'avance sur ce terrain en créant Plénitude, une ligne de produits de beauté bon marché, vendue en grandes surfaces. Réputée efficace, elle a rapidement grignoté des parts de marché chez les Auchan, Carrefour, Promodès, etc.

7 Les industriels doivent relever ce nouveau défi pour éviter les dangers d'une baisse des prix qui se prolongerait. Comme le souligne Olivier Géradon de Vera, directeur général adjoint d'Iri-Secodip, société d'études de la consommation : « Ce que le client croit gagner en achetant moins cher, il le paie en hausse des impôts. Car la déflation nourrit le chômage. Celui-ci provoque la dégradation de nos comptes sociaux et explique, en partie, l'augmentation de la Contribution sociale généralisée. » La solution est notamment entre les mains des entrepreneurs. Pour peu qu'ils aient de l'imagination.

Corinne Scemama

LECTURE PRÉLIMINAIRE

Compréhension du titre

1. Lisez le petit texte introductif et le titre. Qu'est-ce qui permet à l'acheteur de ne pas payer le vrai prix ?

2. Quel est l'avantage de la crise économique pour le consommateur ?

Interprétation du graphique

1. Selon le sondage (page 23), qu'est-ce qui incite le plus le consommateur à acheter sans réfléchir à l'avance ?

2. Est-il surprenant que le besoin incite les gens à acheter moins que les promotions ?

3. Pourquoi le besoin est-il plus important quand il s'agit de grosses dépenses ?

4. Pourquoi le plaisir est-il moins important dans les mêmes cas ?

5. Qu'est-ce qui pourrait expliquer que les promotions faites avec beaucoup de publicité annonçant des rabais ont plus de succès en ce qui concerne les petits achats ?

A la recherche des thèmes de l'article

1. Qu'est-ce qui caractérise le comportement de l'acheteur quand la société traverse une crise économique ?

2. Est-ce que les prix ont tendance à augmenter ou à baisser pendant la crise ? Pourquoi ?

3. Quels moyens sont utilisés pour attirer les consommateurs et pour les inciter à dépenser leur argent ?

4. Quelles sont les conséquences sociales du nouveau comportement des consommateurs ?

POUR MIEUX COMPRENDRE

Vocabulaire de la consommation

consommer ; acheter (un achat) ; marchander (le marchandage)

échanger (l'échange [m.]) / troquer (le troc)

un consommateur / une consommatrice ; un acheteur / une acheteuse ; un(e) client(e) ; la clientèle

faire les courses / faire le marché

un supermarché / un hypermarché / une grande surface

un produit ; les produits de base ; les produits (très) bon marché / à bon compte une marque ; une étiquette

une promotion ; une braderie ; les soldes (m. pl.)

un rabais (vendre au rabais) ; une démarque ; une remise (de prix) ; une réduction (de prix)

baisser les prix (de 10 %) ; augmenter les prix

la baisse des prix ; la hausse des prix

un prix supérieur ; un prix inférieur ; un prix bas ; un prix incroyable

le vrai prix ; le meilleur prix

payer plein tarif

le paquet de riz coûte / vaut 4,50 F ; le paquet de riz est à 4,50 F

chaque cœur (pendentif) coûte 200 F / les pendentifs coûtent 200 F pièce

la qualité ; le rapport qualité / prix

le pouvoir d'achat des ménages (familles) ; le budget des ménages

dépenser / débourser son argent ; faire des économies

la publicité ; un panneau publicitaire ; une affiche ; un prospectus

Vocabulaire de l'article

[1] **boulimique** *ici*, excessif
fin expert
plébisciter approuver, applaudir
le **coup de folie** achat cher qui fait plaisir
le **manège** *ici*, stand de forme circulaire autour duquel on tourne
le **toc** faux et ayant peu de valeur
faire tourner les têtes attirer l'attention, étonner
l' **essuie-tout** (m.) (cf., essuyer) ; serviettes en papier
caser placer astucieusement

[2] la **Libération** fin de la Seconde Guerre mondiale
s'aligner *ici*, faire la même chose
interpeller appeler
indélogeable impossible à déplacer, permanent
les **nouilles** (f. pl.) pâtes
l' **économie** (f.) argent économisé
se rétrécir diminuer

[3] les **surgelés** (m. pl.) produits gelés (contraire : produits frais)
la **java** danse populaire ; *ici*, fête
incongru absurde
se faire avoir être dupe
La Redoute la plus grande société française de ventes par correspondance

la **kermesse** fête
préalablement à l'avance
gonfler *ici*, augmenter

[4] l' **industriel** (m.) fabricant de produits en grande quantité
le **recours** utilisation
tenable supportable
exigeant difficile
n'avons... retour n'attire plus aucun client
la **surenchère** *ici*, augmentation

[5] **freiner** ralentir
la **concurrence** compétition
l' **astuce** (f.) *ici*, solution habile
ouvrir le feu commencer
s'y retrouver *ici*, faire des économies
phare *ici*, notoire
jouer à fond sur exploiter complètement
ludique associé au jeu
la **part** *ici*, pourcentage

[6] **ponctuel** de temps en temps
le **PDG** président-directeur général
grignoter *ici*, obtenir en petite quantité

[7] **relever** faire face à
les **comptes** (m. pl.) *ici*, budget
la **Contribution sociale généralisée (CSG)** impôt destiné à aider les chômeurs
pour peu qu'ils aient s'ils ont un peu

Consommer moins cher **25**

VERS LA COMMUNICATION

Compréhension

1. Quand le nouveau consommateur fait un achat, il a deux considérations. Lesquelles ?

2. Qu'est-ce qu'un produit de base ? Donnez des exemples.

3. Dans quel domaine est-ce que le phénomène des « premiers prix » a eu beaucoup de succès ?

4. Quelles stratégies utilisent les magasins pour attirer les clients ? Pourquoi les saisons sont-elles importantes ?

5. Qu'est-ce qui montre qu'acheter moins cher est devenu une obsession ?

6. Comment les industriels réagissent-ils devant ce comportement des consommateurs ?

7. Est-ce que les industriels réussissent à « tromper » le consommateur ? Pourquoi ?

8. Quel rapport y a-t-il entre les produits moins chers, le plus grand nombre de licenciements et le chômage ? A votre avis, est-ce un cercle vicieux ?

Discussion

1. Aimez-vous faire des courses ? Qu'est-ce que vous aimez acheter ?

2. Pour acheter, pour manger, pour s'habiller, pour la santé et pour les loisirs, proposez des idées qui permettent de consommer sans dépenser trop d'argent.

3. Pourquoi consommer moins cher ? Est-il possible de consommer moins cher en gardant le plaisir de consommer ?

4. Pourquoi l'acheteur est-il devenu consommateur ? Quelles conséquences ont été entraînées par cette évolution ?

Rédaction

Imaginez des publicités pour une promotion de produits de votre choix. N'oubliez pas d'ajouter des slogans publicitaires concernant les prix.

Ici et ailleurs

1. Est-ce que la consommation a évolué de la même façon dans votre pays ? Justifiez votre réponse.

2. Comparez les techniques utilisées en France et dans votre pays pour attirer les clients.

Le B.A.-BA du marchandage

Marchander est un moyen d'acheter moins cher : les règles sont à apprendre…

Tout les prix se discutent. « Je vous fais les bouquets à 45 francs au lieu de 50. »

[1] Les uns me disaient : « Pour marchander, il faut ob-ser-ver. » Les autres me soufflaient : « Tu verras, ça marche à tous les coups, les commerçants sont étranglés. » Les premiers avaient raison : gagner à ce nouveau jeu pour temps frileux demande du travail, du culot et une bonne connaissance de la concurrence. Plus vous achetez cher, plus les marges sont importantes et les remises, possibles. Sinon, essayez le coup de la sympathie. Ou ce truc, classique mais efficace : le paiement échelonné sur plusieurs mois. Récit d'un parcours d'initiation à la négociation…

[2] Samedi 23 octobre, 16 heures. Marché Saint-Quentin, rue de Chabrol, à Paris.

« S'il vous plaît, 400 grammes de viande des Grisons. » Le boucher me soigne, il prend un temps fou à découper finement les tranches. Je m'apprête à demander une ristourne. Mais cet homme-là doit lire dans les pensées :

« Allez, ça fera 150 francs », me dit-il, alors que la balance en affiche 168 ! Je n'ai pas eu le temps de broncher. Premier essai, première victoire.

[3] Le lendemain, après le ciné, chez le traiteur Flo, avenue de la Grande-Armée.

« Une bouteille de champagne !

— Vous ne voulez pas des petits fours ? Ils sont très bons. » J'esquisse une légère moue. Et voilà la marchande qui... marchande :

« Je vous les fais à moitié prix ? » Décidément, ça marche.

4 Mercredi, 14 heures, à la pâtisserie Stohrer, rue Montorgueil.

« J'ai très envie d'un éclair, mais je n'ai que 10 francs (le gâteau en coûte 13).

— Je ne peux pas le couper en trois.

— Donnez-moi le plus petit, alors.

— Bon, d'accord. Café ou chocolat ? »

5 Une heure plus tard, chez un fleuriste de la rue Saint-Roch. Devant moi, une dame enveloppée d'un vison, sa Golf GTI garée sur le trottoir, mégote sur le prix des bouquets.

« Je vous en prends plusieurs, vous pouvez bien me faire quelque chose. » La vendeuse s'exécute. Vient mon tour. Je prononce trois petits mots :

« Et pour moi ?

— Je vous fais les coloquintes à 45 francs au lieu de 50. » Efficace, non ?

6 Un jeu d'enfant, jusque-là. Je m'attaque à Petrossian. Gentiment, cela va sans dire, et au téléphone.

« Je voudrais le prix du caviar en boîte de 500 grammes.

— Lequel ? me demande une voix charmante.

— Velocitra. (J'ai bien révisé mon sujet.)

— Il est à 2 600 francs.

— Si je vous en prends 10 boîtes, pourriez-vous me faire la boîte à 2 500 francs ?

— Avez-vous une idée des prix de la concurrence ?

— Non. (Je sèche lamentablement.)

— Regardez donc, et venez me voir ensuite. On comparera. » Bonne commerçante avant tout, elle me lance, rassurante : « Ne croyez surtout pas que je vous ferme la porte. » A mon avis, c'est négociable...

7 La fortune me sourit, j'appelle le Ritz : « Je voudrais une chambre double pour une semaine. Quels sont les tarifs, s'il vous plaît ?

— La chambre double, c'est 2 600 francs.

— Vous n'avez rien de moins cher ?

— Désolée, non.

— Et si je vous paie en espèces ?

— C'est 2 600 francs, quel que soit le moyen de paiement », répond-elle, choquée. Le vent tourne, changeons de quartier.

8 Chez Sacha, chausseur, rue Etienne-Marcel, près des Halles. Coup de foudre pour des bottes à 1 490 francs.

« Vous me les faites à 1 400 ?

— Non, vraiment, je ne peux pas.

— Mais si j'en prends deux paires ?

— On va jusqu'à 10 % pour les bonnes clientes. »

9 Je téléphone chez Hertz, au central des réservations :

« Bonjour, je voudrais une voiture pour deux jours.

— Quelle catégorie ?

— La première.

— Alors, c'est 1 685 francs, TTC, kilométrage illimité.

— Mais vous proposez 820 francs pour le week-end !

— Oui, car il s'agit d'un tarif spécial. Demandez donc à l'agence Saint-Ferdinand (je suis censée habiter le même arrondissement), ils pourront peut-être faire quelque chose. » Mais ils n'ont rien fait !

K. S. ●

POUR MIEUX COMPRENDRE

Vocabulaire de l'article

le **B.A.-BA** (prononcé « bé-a-ba ») ; règles

1 **marchander** (cf., le marchandage ; un(e) marchand(e)) ; discuter le prix avec le vendeur

souffler dire à voix basse

à tous les coups chaque fois

étranglé *ici*, en grave difficulté financière

frileux où l'on prend froid ; *ici*, instable

le **culot** (fam.) audace

- **la concurrence** compétition
- **la marge** *ici*, différence entre le prix d'achat et le prix de vente
- **la remise** réduction de prix
- **le coup** stratégie
- **le truc** (fam.) moyen
- **échelonné** réparti
- **le parcours** chemin

2
- **soigner** *ici*, servir bien
- **la ristourne** (fam.) réduction de prix
- **broncher** réagir

3
- **le traiteur** magasin qui prépare des repas de bonne qualité à emporter
- **le petit four** petit biscuit
- **j'esquisse... moue** l'expression de mon visage révèle l'indécision

- **décidément** vraiment

5
- **le vison** manteau de fourrure
- **la Golf GTI** voiture à la mode
- **mégoter** (fam.) discuter pour faire des économies
- **me faire quelque chose** réduire le prix
- **s'exécuter** *ici*, obéir
- **la coloquinte** fleur

6
- **sécher** (fam.) ne pas savoir la réponse
- **lancer** dire

8
- **le chausseur** marchand de chaussures
- **le coup de foudre** passion immédiate
- **vous me les faites** vous me les vendez

9
- **TTC** toutes taxes comprises
- **je suis censée habiter** on pense que j'habite

VERS LA COMMUNICATION

1. Complétez le tableau ci-dessous :

	On y marchande ? oui / non	Qui propose le marchandage ?	Avec quel résultat ?
Chez le boucher			
Chez Flo			
A la pâtisserie			
Chez le fleuriste			
Chez Petrossian			
A l'hôtel Ritz			
Chez le chausseur			
Chez Hertz			

2. Qu'est-ce qui distingue les endroits où on accepte de marchander et ceux où on refuse ? Dans quels endroits est-ce qu'on parle une langue familière ? Dans quels endroits est-ce qu'on parle de façon plus polie ?

3. **Jeu de rôles.** Par groupes de deux, jouez les scènes décrites par la journaliste et inventez la suite chez Petrossian et chez Hertz.

4. Est-ce que le marchandage est une coutume chez vous ? Dans quelles conditions est-il acceptable de marchander ? Imaginez un scénario et jouez-le avec un(e) partenaire.

PORTRAITS

Une Catherine à roulettes
page 31

Leïla et les justes causes
page 35

Le pouvoir selon Martine
page 39

Madame le Président
Marianne Grunberg-Manago a réussi là où Marie Curie avait échoué : entrer dans l'Académie des sciences. Et devenir la première femme à diriger l'institution. Une audace ?
page 44

L'écologiste
page 50

Le résident secondaire
page 56

Une Catherine à roulettes

1. Petite, elle rêvait devant les pubs à la télé. Elle s'imaginait de l'autre côté de l'écran, pas tout à fait actrice, pas complètement mannequin, jouer les petites saynètes qui vantent les mérites des produits ménagers. Aujourd'hui, à 24 ans, Catherine Tissiez est animatrice publicitaire. Vous l'avez sûrement croisée devant un magasin qui inaugure, montée sur patins à roulettes (les rollers), en uniforme rigolo, en train de distribuer des prospectus, le visage souriant. Forcément souriant.

2. « C'est la consigne : faire abstraction de ses problèmes personnels, rouge à lèvres et sourire vingt-quatre heures sur vingt-quatre. » Depuis qu'elle a obtenu son brevet de technicien hôtelier, en 1988, elle est allée, comme ça, de petit boulot en petit boulot, d'un contrat à durée déterminée à l'autre. Elle récapitule : hôtesse à bord du TGV (Paris-Berne et Paris-Nice), hôtesse-téléphoniste dans un journal médical, animatrice dans les hypermarchés, animatrice pour enfants, tournée dans les Yvelines à bord du camion publicitaire de France Télécom, VRP, démarcheuse au téléphone pour des porcelaines de Limoges, colleuse d'affiches sur les vitrines, etc. Elle en oublie. Elle ne sait plus.

Son rêve sera-t-il réalisé ? Le beau mariage et la fin des petits boulots.

3. Elle en a marre aussi, Catherine, de vivre comme ça, à 400 francs la journée, grosso modo. « Le boulot est sympa, sauf l'hiver quand il gèle. On se fait draguer, mais j'envoie balader. Certains mois, je gagne 5 000 francs, d'autres 15 000. On ne peut pas faire de projets dans ces conditions, prévoir ses vacances, ses sorties. C'est dur de se demander : qu'est-ce que je vais faire le mois prochain ? Est-ce que je vais avoir du boulot ? C'est stressant à la fin. » Les autres filles sont souvent des étudiantes qui gagnent leur argent de poche. Elles sont de passage. Pas elle. Catherine ne demande pas le Pérou, simplement un emploi stable. Salarié. Quelque chose dans la communication, où on voit des gens. « J'ai besoin de m'enrichir au contact d'autrui. J'aime parler. J'aime rire. J'aime voyager. » Hôtesse de l'air ? Pas douée pour les langues étrangères. Son nom figure dans les fichiers de toutes les agences de placement. « Mais on finit toujours par travailler avec les mêmes. Parce qu'on se connaît bien. » D'autant qu'elle a une spécialité très demandée qui lui facilite les choses : le roller, grâce au patin à glace, que, gamine, elle pratiquait.

4. Son fantasme d'enfant continue pourtant de lui trotter dans la tête. Catherine s'est constitué un book qu'elle a laissé chez AB Production, les producteurs des émissions de Dorothée et du feuilleton « Hélène et les garçons ». Un rôle de figurante ? Son regard brille plus fort. Mais elle n'ose pas les relancer. Par peur de l'échec ? De la déception ? « Peut-être bien... Faut pas rêver ! »

5. Dans son sommeil lui viennent des images flashs qui ressemblent à des films. Elle est dans une grande maison avec piscine, au bord de la mer, et des enfants autour d'elle. Les siens. Le mariage ? « Oui. Et, s'il gagne 40 000 francs par mois, j'arrêterai de travailler... Ou alors à mi-temps. » Catherine est fiancée à Pascal, un chauffagiste qui vient d'avoir de la promotion. Ce furent de vraies fiançailles en présence des familles, son père, steward aux Wagons-Lits, et sa mère, d'origine sicilienne, gérante d'un commerce. Au doigt, elle porte sa bague : trois anneaux entrelacés qu'elle regarde, émue. L'été prochain, elle ira peut-être en vacances à Sète chez ses futurs beaux-parents. Demain, elle chaussera ses patins, mettra son costume pour faire la promo d'un nouveau Bistro romain. Hier, une voyante lui a dit, pour 100 francs, qu'elle ferait carrière dans la publicité. Catherine est Taureau ascendant Sagittaire. Elle croit en son étoile.

Jacques Buob •

AIDE-MÉMOIRE

Vocabulaire thématique

un animateur / une animatrice publicitaire
la publicité
faire la promotion d'un produit / vanter les mérites d'un produit
distribuer un prospectus ; coller une affiche
porter un uniforme ; avoir une spécialité

un emploi / un boulot (fam.)
un emploi à plein temps ; à mi-temps
un contrat permanent (à durée indéterminée) ; un contrat à durée déterminée
un petit boulot (fam.) / un travail intermittent qui ne dure pas

Connotations socioculturelles

[2] **le TGV** : le train à grande vitesse
Berne : capitale de la Suisse
Nice : ville de la Côte d'Azur
les Yvelines : département proche de Paris
le VRP : voyageur, représentant, placier ; représentant commercial ; vendeur porte à porte

Limoges : ville du centre de la France, réputée pour sa fabrication de porcelaine fine
[5] **Sète** : ville méditerranéenne près de Montpellier
Taureau, Sagittaire : signes astrologiques

Mots et expressions

[1] **la saynète** petit sketch
vanter qqch *ici*, faire la publicité de quelque chose
ménager de la maison
croiser rencontrer
inaugurer *ici*, ouvrir pour la première fois ses portes ; faire une promotion
rigolo (fam.) amusant, drôle
forcément obligatoirement
[2] **la consigne** instruction formelle
faire abstraction de éliminer
le brevet diplôme
la tournée itinéraire
la démarcheuse vendeuse
la colleuse cf., coller
[3] **en avoir marre** (fam.) en avoir assez
grosso modo en moyenne
se faire draguer (fam.) être abordé(e) par des hommes désirant vous séduire

envoyer balader qqn (fam.) se débarrasser de qqn
demander le Pérou *ici*, demander beaucoup
autrui les autres
le fichier dossier
le placement *ici*, travail
d'autant que surtout parce que
la gamine jeune enfant
[4] **le fantasme** rêve
trotter dans la tête (fam.) venir à l'esprit
l' émission (f.) programme de télévision
relancer retéléphoner
[5] **le chauffagiste** spécialiste de l'installation du chauffage central
la gérante responsable
émue avec émotion
chausser mettre des chaussures
la voyante astrologue

L'Express

DE LA COMPRÉHENSION À L'EXPRESSION

Questions et réponses

1. Pourquoi les animatrices publicitaires sont-elles obligées de sourire tout le temps ?

2. Catherine veut-elle continuer de travailler comme animatrice publicitaire ? Pourquoi ?

3. Qu'est-ce que Catherine ferait si elle épousait un homme très riche ?

4. Catherine est-elle heureuse d'être fiancée ? Justifiez votre réponse.

5. Qu'est-ce qui a pu inciter Catherine à aller voir une voyante ? Qu'est-ce que la voyante prédit ? Quelle réaction cette prédiction provoque-t-elle chez Catherine ?

Portrait de Catherine

D'après les informations données dans le texte, faites le portrait de Catherine :

a. son physique

b. son âge

c. ses vêtements

d. ses parents et leur situation

e. sa propre situation familiale

f. son caractère

g. son éducation

h. son travail

i. ses talents

j. les avantages / désavantages de son travail

k. ses projets d'avenir

Points de vue

1. Quelle influence la télévision a-t-elle exercé sur la vie de Catherine ?

2. Faites le contraste entre les rêves de Catherine et sa réalité quotidienne. Pourquoi la réalité est-elle difficile à accepter ?

3. En lisant ce texte, que pouvez-vous en conclure au sujet du marché de l'emploi en France ? Pensez-vous que Catherine soit un cas unique ?

A votre tour

1. **Interview.** Avec un(e) partenaire vous jouez la scène suivante : Votre partenaire joue le rôle d'une personne qui fait l'un des petits boulots ou des emplois mentionnés dans le texte. Vous êtes journaliste et vous posez des questions à votre partenaire.

2. Avez-vous eu un petit boulot ? Comment est-ce que vous l'avez obtenu ? Aviez-vous envie de faire autre chose ? Donnez vos raisons.

3. Connaissez-vous quelqu'un qui fait un petit boulot ? Faites son portrait.

Manières de dire

1. *La langue familière.* Complétez le tableau ci-dessous :

Langue standard	Langue familière
[1] la publicité la télévision amusant [2] le travail [3] sympathique [5] la promotion	
	[3] J'en ai marre. Il aime draguer. Elle envoie balader les dragueurs. [4] Ce projet me trotte souvent dans la tête.

2. Relevez dans le texte les expressions interrogatives qui indiquent une question posée par le journaliste. Reformulez ces expressions en une phrase interrogative complète.

Ici et ailleurs

Comment est le marché de l'emploi chez vous ? Y a-t-il beaucoup de petits boulots ? Qui les fait ? Pourquoi ?

Leïla et les justes causes

[1] C'est à peine croyable, un tel mélange d'énergie et de réserve, de réussite et de modestie. Grande, fine, les yeux bruns brillants d'intelligence, avocate et collaboratrice depuis deux années d'un important cabinet d'affaires parisien. Leïla Kerchouche, 29 ans au printemps, aurait toutes les raisons de se mettre en avant. Au contraire, elle n'est pas du tout convaincue de l'intérêt de parler d'elle-même. Elle semble y consentir surtout par courtoisie. Mais elle le fait sérieusement, posément, avec beaucoup de soin, comme tout ce qu'elle entreprend.

[2] Leïla collectionne les diplômes : maîtrise d'AES (administration économique et sociale), DESS de gestion de l'emploi, double maîtrise juridique (droit des affaires et carrières judiciaires), DEA de droit privé et, pour finir, le Capa, bien sûr, décerné un beau jour de décembre 1991, inoubliable, dans la première chambre de la cour d'appel, où elle a prêté serment au milieu de la foule des jeunes avocats. Ah ! non, elle n'est pas près d'oublier cette majestueuse salle d'audience du palais de justice. C'est là, à peine quelques mois plus tard, qu'elle a plaidé pour la première fois, avec un trac intense au moment d'« entrer en scène ».

Palais de Justice. Cérémonie de prestation de serment des avocats.
Gilles Saussier/Gamma Liaison

[3] La vie de Leïla est faite de défis relevés, qu'elle escamote gentiment pour ne pas avoir l'air de la ramener. « Je n'aime pas l'esbroufe », explique la jeune beur, que sa famille appelait « Lilas », une fleur à l'éclat doux, mais au parfum prenant. Au début, ils s'entassent à cinq dans une seule pièce, à Saint-Ouen (Seine-Saint-Denis), où elle est née. En 1968, bien que le père ait décroché une place d'éboueur à Paris, tout le monde déménage jusqu'à Ozoir-la-Ferrière (Seine-et-Marne), qui n'était pas encore Marne-la-Vallée, dans une cité HLM, qui n'était pas encore un ghetto, avec attribution d'un « vrai » appartement, des arbres sous les fenêtres et des voisins français ou portugais.

[4] Les parents, qui suivent des cours d'alphabétisation, poussent les enfants, qui ne parlent pas l'arabe et à peine le kabyle. Après Leïla, ses trois frères seront bacheliers. « On avait de bons profs, attentifs et motivants, souligne-t-elle, les classes étaient mélangées. Toute la ville s'y retrouvait. Aujourd'hui, la cité s'est refermée sur ses problèmes, on a construit une école dedans, et les Blancs sont partis. » Leïla est régulièrement au tableau d'honneur. A 12 ans, elle est l'« écrivain » de la maison, pour les papiers de la Sécu, les lettres administratives, etc. La séparation de ses parents n'interrompt pas sa progression. Explication : « Je n'ai pas rencontré beaucoup de difficultés. » Réflexion : « C'est plus dur pour les garçons. » Confidence : « On va dire : "Celle-là, elle est bizarrement passée entre les mailles du filet." » Aveu : « Dans notre famille, il n'y a pas de faibles femmes. » Veuve, à 36 ans, d'un maquisard FLN, sa grand-mère a élevé seule ses enfants. Divorcée, sa mère est devenue assistante maternelle à Ozoir, tout en veillant à l'éducation des benjamins.

[5] Maintenant, Leïla veut apprendre l'arabe. Elle respecte les usages de l'islam, mais « le pratique très peu ». Elle a deux passeports, mais « l'algérien est périmé ». Elle s'inquiète du sort des siens restés là-bas. Elle n'a rien renié, mais elle a choisi d'aller au bout de son rêve, un rêve très « républicain » : défendre les justes causes. Spécialiste de gestion immobilière, elle voudrait faire plus de droit social. Toujours discrète, elle ne raconte pas que, commise d'office, elle a tiré une vieille dame des griffes de promoteurs sans scrupules. Elle voudrait plaider plus et mieux. Elle s'est lancée dans le théâtre. Insaisissable Inès dans « Huis clos », de Sartre, elle répète : « On n'attrape pas les pensées avec les mains. »

Florent Leclercq

AIDE-MÉMOIRE

Vocabulaire thématique

la justice ; le pouvoir judiciaire
le palais de justice ; la salle d'audience
la cour ; le tribunal
le juge ; un(e) magistrat(e)
juger un procès ; le jugement
un(e) avocat(e)

faire des études de droit
plaider ; une plaidoirie
un(e) avocat(e) plaide pour son client / sa cliente
un(e) accusé(e) ; un(e) plaignant(e)

Connotations socioculturelles

les diplômes

à la fin du lycée : le baccalauréat (être bachelier / bachelière)

à l'Université : la licence (à la fin de trois ans d'études)

la maîtrise

le diplôme d'études approfondies (DEA)

le doctorat

les concours : pour être admis(e) à exercer certaines professions, il faut être reçu(e) à un concours (examen sélectif) ; par exemple, pour devenir avocat(e) il faut obtenir le Capa (Certificat d'aptitude professionnelle d'avocat)

les immigrés musulmans en France : La plupart des immigrés musulmans, qui parlent arabe, sont des travailleurs immigrés originaires du Maghreb (le Maroc, la Tunisie et l'Algérie) en Afrique du Nord. En Algérie une guerre civile a opposé les Algériens rassemblés dans le FLN (Front de libération nationale) et les Français depuis 1954 jusqu'à l'indépendance du pays en 1962. Une proportion notable des Algériens sont des Kabyles ayant leur langue (le kabyle) et leurs propres traditions berbères. Les travailleurs immigrés sont par la suite venus s'installer en France avec leurs familles. Leurs enfants nés en France s'appellent « beurs ».

la banlieue et les cités : L'augmentation rapide de la population pendant les années soixante a incité la construction de grands immeubles d'HLM (habitations à loyer modéré) dans la banlieue des grandes villes. Des HLM groupées ensemble s'appellent « une cité ». Un fort pourcentage de familles d'immigrés musulmans se sont logés dans les cités. Beaucoup de cités sont devenues aujourd'hui des ghettos où la délinquance juvénile et la dégradation de l'environnement rendent la vie difficile.

[3] **Seine-Saint-Denis :** département au nord de Paris

Seine-et-Marne : département de l'ouest de Paris ; Marne-la-Vallée est la partie dynamique et modernisée du département

[4] **la Sécu :** la Sécurité sociale ; organisme d'Etat qui garantit la protection financière des Français en cas de maladie

[5] **un rêve républicain :** la devise de la République française est « Liberté, Egalité, Fraternité »

Jean-Paul Sartre (1905–1980) : les trois personnages (Inès, Olga et Garcin) de sa pièce en un acte *Huis clos* (1944) démontrent que « l'enfer, c'est les autres »

Mots et expressions

1. **le cabinet** (m.) bureau
   se mettre en avant se vanter
   posément calmement
2. **la gestion** administration
   décerner attribuer
   prêter serment prononcer en public un engagement solennel
   le trac peur irraisonnée
3. **relever un défi** faire face à une situation difficile
   escamoter cacher
   la ramener (fam.) s'imposer
   l' esbroufe (f.) vantardise
   s'entasser (cf., un tas [m.]) vivre dans un espace trop étroit
   décrocher obtenir
   l' éboueur (m.) personne qui nettoie les rues
4. **le cours d'alphabétisation** cours où l'on apprend à lire et à écrire
   être au tableau d'honneur recevoir un prix d'excellence
   la maille trou
   le filet réseau servant à capturer des animaux
   le maquisard combattant clandestin
   veiller à surveiller
   le benjamin jeune enfant
5. **l' usage** (m.) coutume
   être périmé ne plus être valable
   les siens (m. pl.) membres de sa famille
   là-bas *ici*, en Algérie
   commise d'office désignée automatiquement
   les griffes (f. pl.) *ici*, intentions frauduleuses

DE LA COMPRÉHENSION À L'EXPRESSION

Questions et réponses

1. Qu'est-ce qui caractérise le comportement de Leïla quand elle doit parler d'elle-même ?
2. Comment Leïla est-elle arrivée à faire carrière d'avocate ?
3. Qu'est-ce qui a impressionné Leïla à l'occasion de la cérémonie où elle a été admise à exercer les fonctions d'avocate ?
4. Quelle émotion a-t-elle éprouvée le jour où elle a plaidé pour la première fois ?
5. A quel milieu social appartient la famille de Leïla ?
6. Qu'est-ce qui distingue le logement de Saint-Ouen et celui d'Ozoir-la-Ferrière ?
7. Quel rôle joue l'école dans la vie de la famille ?
8. Comment les enfants ont-ils ressenti la séparation des parents ? Qu'est-ce que la mère est devenue ?
9. Quelles sont les activités de Leïla en tant qu'avocate ?
10. Comment voudrait-elle que ces activités évoluent ?

Leïla et les justes causes

Portrait de Leïla

D'après les informations données dans le texte, faites le portrait de Leïla :

a. son physique

b. son âge

c. l'origine de son nom

d. ses parents et leur situation

e. sa vie familiale

f. son caractère

g. son éducation

h. son travail

i. sa conception du travail

j. ses projets d'avenir

k. ses loisirs

Points de vue

1. Quelle attitude ont les parents de Leïla envers le pays où ils ont choisi de vivre ? Quelle attitude a Leïla envers ses racines culturelles ? Comment pourrait-on expliquer ces attitudes ?

2. « Celle-là, elle est bizarrement passée entre les mailles du filet. » (« Celle-là » a ici une valeur péjorative.) Pourquoi cette remarque est-elle raciste ? La réussite de Leïla est-elle attribuable à la chance ou à l'effort et au mérite ?

3. Leïla aurait raison d'être très fière de sa réussite professionnelle, mais elle choisit la modestie. Quelle façon de se comporter est préférable : se mettre en avant ou s'exprimer avec modestie ?

A votre tour

1. « Dans notre famille, il n'y a pas de faibles femmes. » Qu'est-ce qui justifie cette affirmation de Leïla ? Les femmes jouent-elles un rôle plus important que les hommes dans une famille ?

2. Leïla voudrait « défendre les justes causes ». Quelles sont les justes causes que vous aimeriez défendre ? Pourquoi ?

Manières de dire

On dit que plaider, c'est faire du théâtre. Recherchez dans le texte les mots et expressions utilisés à propos de Leïla qui est avocate et, pendant ses loisirs, actrice.

Ici et ailleurs

Fille d'une famille pauvre d'immigrés, Leïla a fait son ascension sociale et professionnelle grâce aux études. La même évolution est-elle fréquente chez les enfants d'immigrés dans votre pays ? Y a-t-il d'autres moyens d'évoluer avec succès ? Donnez des exemples.

Le pouvoir selon Martine

[1] « Ce qui m'intéresse, c'est de faire, pas de paraître. » Tailleur BCBG, foulard, escarpins, Martine Aubry, 43 ans, est ce qu'on appelle une femme carrée. Elle s'est imposée sans tapage, mais avec autorité, parmi la génération montante des superwomen socialistes de la politique, comme Elisabeth Guigou ou Ségolène Royal. Un club où elle incarne l'image de l'intransigeance morale et l'exemple du grand serviteur (peut-on dire servante ?) de l'Etat. « Un moine en jupons », susurrent les mauvaises langues, qui ne prisent pas toujours sa franchise et son humour parfois acerbe. « J'ai l'habitude de dire en face aux gens ce que je pense et j'apprécie qu'on fasse la même chose avec moi », explique-t-elle.

[2] Une détermination de bulldozer. « Elle a la tête presque aussi dure que moi », dit son père, Jacques Delors. Un père qu'elle admire, mais dont elle supporte mal d'être sans cesse désignée comme la fille. Ce qui explique sa volonté obstinée de démontrer que c'est au mérite et non à la naissance qu'elle doit sa place. A l'ENA, d'où elle sort à la sixième place. Au ministère du Travail, où elle entre comme haut fonctionnaire, avant de devenir ministre dans les gouvernements d'Edith Cresson et de Pierre Bérégovoy. Un parcours sans fautes de grand commis de l'administration, mâtiné d'une incartade de deux ans dans le privé comme directrice générale adjointe du groupe Pechiney, chargée des affaires sociales et du nucléaire, où elle s'est retrouvée seule femme au milieu de 400 cadres ! « On m'appelait parfois monsieur le Directeur en réunion. »

[3] Paradoxe : elle s'est battue pour se faire un nom, mais fuit les projecteurs. « Je n'étale pas ma vie privée dans les magazines, prévient-elle, je déteste l'esbroufe et les mondanités. » Discrète, la femme publique préserve avec un soin jaloux son entourage de la curiosité médiatique. On ne sait presque rien de son mari, Xavier Aubry, expert-comptable, qu'elle a connu à Sciences po en 1970. On cherche en vain des photos de sa fille, Clémentine, 15 ans, sa « principale passion ».

[4] La politique, elle est tombée dedans quand elle était petite, lorsque défilaient dans l'appartement familial les grandes figures comme Mendès France, Rocard ou Edmond Maire. Depuis, elle s'est taillé, au Parti socialiste, une place d'empêcheuse de tourner en rond, aussi impitoyable pour ses adversaires que pour les errements de son propre camp. « Nous n'avons pas été assez rigoureux. Nous avons fabriqué deux France, celle qui gagne et celle qui perd de plus en plus. »

[5] S'il est, pour elle, un combat à mener aujourd'hui, ce n'est plus celui du féminisme : « On peut dire que les femmes ont conquis, en gros, la place qui leur revient dans la société. » Non, l'important, désormais, c'est la lutte contre l'exclusion. « On trouve jusqu'au fond de l'Aude ou du Morvan des quartiers ravagés par la drogue et des gens qui ne sont plus dans aucun circuit. C'est de cela qu'il faut s'occuper d'urgence si l'on ne veut pas que cette société explose. » Avec l'appui d'une quinzaine de chefs d'entreprise, dont ceux d'Axa, de Casino, Renault ou Darty, elle a monté une fondation, la Face, qu'elle dirige aujourd'hui aussi consciencieusement qu'un ministère. Objectif : trouver de nouveaux emplois de services dans les banlieues, lancer des initiatives de soutien scolaire ou d'animation de quartiers, bref, « aider les gens à se prendre en charge ». Reste à cette bonne élève de la politique à conquérir ce qui lui manque encore : un mandat électif. « J'y songe, confie-t-elle, mais ce n'est pas encore le moment. » Fidèle à sa méthode : ne jamais rien entreprendre qui soit voué à l'échec.

Gilbert Charles

AIDE-MÉMOIRE

Vocabulaire thématique

la politique
une personnalité / une grande figure politique
un parti politique
la gauche (le Parti socialiste) ; la droite
le socialisme / un(e) socialiste
un(e) adversaire
le gouvernement
un(e) ministre ; un ministère

être responsable / chargé(e) des affaires sociales
un homme public / une femme publique
l'Etat
l'administration ; le pouvoir administratif
un(e) fonctionnaire
une entreprise publique ; une entreprise privée
un chef d'entreprise
un directeur / une directrice

Connotations socioculturelles

[1] **Martine Aubry (née en 1950) :** a été haut fonctionnaire avant d'être nommée ministre du Travail (du 16-5-1991 au 21-3-1993) dans deux gouvernements socialistes. A l'occasion des élections municipales de 1995, elle a été élue à la Mairie de Lille où elle est devenue adjointe au maire. Quand le Parti socialiste a remporté les élections législatives de 1997, Martine Aubry a été nommée numéro deux du gouvernement et ministre du Travail et de la Solidarité.

[2] **Jacques Delors (né en 1925) :** père de Martine Aubry, il a été d'abord employé de banque et syndicaliste chrétien CFDT. Conseiller du Premier ministre Jacques Chabran-Delmas (1969–1972), ministre socialiste de l'Economie et des finances (1981–1984), il a joué un rôle clé dans la nouvelle Europe comme président de la Commission des Communautés européennes (1985–1995). Très sollicité par le Parti socialiste pour être son candidat aux élections présidentielles françaises de 1995, Jacques Delors a préféré prendre sa retraite.

le Parti socialiste : a été au pouvoir pendant la présidence de François Mitterrand (1981–1995). Pendant le deuxième septennat (1988–1995), les Premiers ministres socialistes ont été Michel Rocard (1988–1991), Edith Cresson (1991–1992) et Pierre Bérégovoy (1992–1993).

la vie politique : le Président nomme le Premier ministre qui nomme les ministres (le gouvernement). On peut être nommé ministre sans avoir été élu au Parlement.

l'administration de l'Etat : est exécutée par les fonctionnaires. Au sommet de cette catégorie d'employés se trouvent les hauts fonctionnaires, appelés aussi les grands serviteurs ou les grands commis de l'Etat.

le secteur public et le secteur privé : constituent la vie économique du pays. Les travailleurs se partagent entre ceux qui sont employés par l'Etat dans les entreprises publiques et ceux des entreprises privées dont certaines sont citées dans le texte. Bien que les hauts fonctionnaires aient la possibilité de prendre congé de leur poste dans l'administration pour entrer dans l'équipe dirigeante d'une grande entreprise privée (ce qu'a fait Martine Aubry pendant deux ans chez Péchiney), la plupart d'entre eux préfèrent rester au service de l'Etat.

[3] **la vie privée :** en France, on respecte les droits privés de l'individu. Les médias français parlent beaucoup moins que les médias américains de la vie privée des personnalités publiques.

Sciences po et l'ENA : les études supérieures peuvent se faire soit à l'Université, soit dans un institut supérieur comme l'Institut d'études politiques, soit dans une grande école comme l'Ecole nationale d'administration (ENA) qui forme les hauts fonctionnaires. Il est plus facile d'être admis à l'Université que dans les autres établissements où il faut être reçu à un concours d'entrée difficile.

4 « **La politique, elle est tombée dedans** » : allusion à Obélix (personnage célèbre des bandes dessinées *Astérix*) qui, étant tombé dans la potion magique, n'a plus besoin de boire la potion pour être fort.

Pierre Mendès France (1907–1982) : homme politique socialiste et ministre réputé pour son intégrité morale

Edmond Maire (né en 1931) : secrétaire général du syndicat socialiste, la Confédération française démocratique du travail (CFDT)

5 **l'Aude** : département du Midi sur la côte méditerranéenne

le Morvan : région agricole de la Bourgogne

Mots et expressions

1 le **tailleur BCBG** costume bon chic bon genre, de style bourgeois

l' **escarpin** (m.) chaussure à talon

carrée décidée, franche

le **tapage** grand bruit, tumulte

le **moine en jupons** curé habillé en femme

susurrent... langues murmurent les médisants

priser apprécier

acerbe blessant

2 **avoir la tête dure** être obstiné(e)

le **parcours** *ici*, carrière

mâtiné mélangé

l' **incartade** (f.) comportement inhabituel

le **cadre** gestionnaire

3 les **projecteurs** (m. pl.) *ici*, médias (cf., médiatique)

étaler exposer

l' **esbroufe** (f.) action de se donner des airs importants pour impressionner qqn

les **mondanités** (f. pl.) divertissements superficiels

4 **défiler** se suivre

se tailler se créer

l' **empêcheuse** (f.)... **rond** personne qui pose des questions difficiles

les **errements** (m. pl.) actions blâmables

nous *ici*, les socialistes au pouvoir pendant la présidence de François Mitterrand (1981–1995)

5 **s'il est** s'il y a

leur revient leur est dû

l' **exclusion** (f.) pauvreté des exclus de la société, par ex. les chômeurs, les sans-domicile-fixe

ne sont plus... circuit ont perdu leurs points d'attache

l' **appui** (m.) aide, soutien

monter créer

se prendre en charge devenir responsable de son propre avenir

le **mandat électif** depuis la publication de cet article, Martine Aubry a été élue au conseil municipal de la grande ville de Lille dans le nord de la France et, en 1997, député à l'Assemblée nationale

songer penser

voué destiné

DE LA COMPRÉHENSION À L'EXPRESSION

Questions et réponses

1. A quel parti politique appartient Martine Aubry ?
2. Quelle est son image à l'intérieur de ce parti ?
3. Pourquoi est-elle souvent comparée à son père ?
4. Qu'est-ce qui a permis à Martine de devenir haut fonctionnaire ?
5. Pourquoi son comportement vis-à-vis des médias peut-il paraître paradoxal ?
6. Comment a-t-elle connu très jeune le monde politique ?
7. Martine Aubry critique les erreurs des gouvernements socialistes des années 1980 qui ont créé une société française à deux vitesses. Comment sa fondation, la Face, peut-elle y remédier ?
8. Quelle méthode est-ce que Martine Aubry a adopté afin de réussir ?

Portrait de Martine

D'après les informations données dans le texte, faites le portrait de Martine :

a. son âge
b. ses vêtements
c. ses rapports avec son père
d. sa propre situation familiale
e. son caractère
f. son éducation
g. son travail
h. sa vie politique
i. sa conception de la société
j. ses projets d'avenir

Points de vue

1. « Ce qui m'intéresse, c'est de faire, pas de paraître », dit Martine Aubry. Qu'est-ce qui dans sa vie illustre cette règle de conduite qu'elle s'est fixée ? Une telle attitude est-elle habituelle dans le monde politique ? Justifiez votre réponse.
2. Dressez la liste des raisons qui peuvent expliquer la réussite de Martine Aubry. Parmi ces raisons, laquelle vous paraît la plus importante ? Pourquoi ?
3. Pourquoi est-ce que Martine Aubry dit que le combat du féminisme n'est plus le combat le plus important aujourd'hui ? Etes-vous d'accord ?
4. Y a-t-il une différence entre ce que le public a le droit d'attendre (a) des administrateurs de l'Etat et (b) des élus politiques ? Donnez vos raisons.

A votre tour

1. Dressez la liste des adjectifs utilisés dans le texte pour décrire le caractère et le comportement de Martine Aubry. Faites ensuite son portrait moral.
2. Si vous en aviez la possibilité, choisiriez-vous de faire une carrière dans l'administration de l'Etat, dans le secteur privé ou dans la politique ? Pourquoi ?
3. Est-ce que la vie privée des personnalités publiques doit être révélée au public par les médias ? Donnez vos raisons.

Manières de dire

Les appellations féminines. Dans certaines professions dominées autrefois par les hommes, l'appellation des femmes pose des problèmes pour des raisons sociales et linguistiques. Qu'est-ce qui peut surprendre dans les exemples suivants ?

[1] « l'exemple du grand serviteur (peut-on dire servante ?) de l'Etat »

[2] « où elle entre comme haut fonctionnaire »

[2] « On m'appelait parfois monsieur le Directeur »

Ici et ailleurs

Quelle place occupent les femmes dans la vie politique de votre pays ? Sont-elles à égalité avec les hommes dans l'attribution des postes au gouvernement ? Comparez Martine Aubry et les femmes qui occupent une place importante dans la vie politique ou dans l'administration de votre pays.

Marianne Grunberg-Manago a réussi là où Marie Curie avait échoué : entrer dans le saint des saints de la communauté scientifique. Et devenir la première femme à diriger l'institution. Une audace ?

Madame le Président

[1] Russe dans l'âme, Française d'adoption, scientifique par passion, elle vient de décrocher un poste qu'aucune femme n'avait occupé avant elle. Le 1er janvier 1995 Marianne Grunberg-Manago, biologiste moléculaire, a succédé à une longue lignée de plus de 200 hommes et est devenue la première présidente de l'Académie des sciences. Trois cent vingt-huit ans exactement après la création de la noble institution par Colbert. Un creuset du savoir que cette Académie à laquelle ont appartenu Laplace, Cuvier, Coulomb, Gay-Lussac, Becquerel, Poincaré, de Broglie, etc. « Je suis la revanche de Marie Curie et de sa fille Irène Joliot-Curie », s'exclame Marianne, de sa voix claironnante. Marie, la « mère » de la radioactivité, prix Nobel de physique en 1903 et de chimie en 1911, professeur à la Sorbonne, la plus célèbre scientifique de son époque, ne fut jamais admise à en franchir le seuil. Irène, elle aussi prix Nobel en 1935, directrice de l'Institut du radium, s'est vu par deux fois refuser l'accès à l'institution. Il faut attendre 1979 pour qu'une femme mathématicienne, Yvonne Choquet-Bruhat, ait enfin le droit de s'asseoir dans l'un des fauteuils du cénacle, qui ne compte aujourd'hui que 4 femmes pour 132 hommes.

[2] Oui, elle peut être fière, Marianne Grunberg-Manago. Sa vie atypique et son caractère de fonceuse ne la prédestinaient guère aux ors de l'Académie. Lorsqu'en 1921 Marianne naît à Saint-Pétersbourg, la ville ne s'appelait pas encore Leningrad. Sa mère termine ses études d'architecture. Une prouesse dans la Russie du début du siècle, dévastée par la révolution, confrontée à la famine et à la désorganisation complète de l'économie. Très vite, toute la famille décide de fuir ce pays à l'avenir incertain et dangereux, traverse l'Europe et s'installe à Paris. « Nous n'avions pas le sou, se rappelle Mme la Présidente, mais mes parents s'entendaient à merveille et je n'ai pas souvenance de tristesse à la maison. » Pour survivre, l'ex-architecte devient mannequin puis fait des ménages, et Monsieur Père se transforme en sertisseur de pierres précieuses, en violoncelliste, en figurant de cinéma, avant de participer à l'édition de livres d'art. Le reste de la famille, émigré à la même époque, se reconvertit aussi dans des métiers artistiques : un oncle imprésario,

Marianne Grunberg-Manago : « Un chercheur doit être un créateur. Comme un peintre. »

44 L'Express

Marie Curie (à gauche) et **Irène Joliot-Curie** (à droite). Jamais admises à l'Académie.

un cousin danseur étoile. Une vie plutôt bohème. Attiré par le soleil, le clan se retrouve à Nice. « Nous étions tellement fauchés, se souvient Marianne, qui avait alors 12 ans, que les professeurs me prêtaient les livres — les dictionnaires surtout — car nous n'avions pas de quoi nous les acheter. » Brillante, la blonde jeune fille décroche le bac maths et philo à 17 ans. Et ne sait quelle voie choisir. Pas question pour ses parents de l'influencer. Elle rêve de voyages lointains et hésite entre le grand reportage, l'archéologie et la critique d'art. Mais commence par passer un certificat de littérature comparée, puis entre dans une école d'architecture. La guerre l'empêche de poursuivre. Elle s'en va remplacer des enseignants de maths et de sciences naturelles dans un cours complémentaire, près de Nîmes. Un épisode qui déclenche son intérêt pour cette dernière discipline, et la voilà inscrite en licence de sciences naturelles. « Mais, comme j'avais très envie de travailler au bord de la mer, je me suis débrouillée pour me faire accepter au laboratoire de biologie marine de Roscoff. » C'est là qu'elle découvre la recherche, une passion qui ne la lâchera plus. Elle passe sa thèse en chimie biologique. Audacieuse, elle décide de partir travailler dans des labos aux Etats-Unis. Et, son mari à son bras — peintre « primitif » renommé, connu sous le nom d'Armand Guérin — elle s'installe à Urbana, près de Chicago. « C'est de là, au beau milieu de l'Illinois, que mon époux peignait ses toiles sur Paris. » Puis, en 1954, elle rejoint, à New York, le service de Severo Ochoa, un biologiste moléculaire de réputation mondiale. Penchée sur ses éprouvettes et ses flacons de verre, Marianne fait un travail d'importance : une enzyme particulière qui allait permettre de mieux comprendre la structure de l'ADN, la grande molécule de l'hérédité. Cinq ans après, le New-Yorkais reçoit le prix Nobel, en partie grâce aux travaux de la Française. En garde-t-elle une amertume ? « Pas vraiment. D'abord, j'étais jeune ; ensuite, tout le monde connaissait mon apport à ces recherches. Je considérais qu'Ochoa avait obtenu ce prix pour l'ensemble de sa carrière et

A QUOI SERT L'ACADÉMIE

Formée de 136 scientifiques et de membres associés, l'Académie est totalement apolitique, ne distribue pas de crédits de recherche et n'a de comptes à rendre à personne. Les trois quarts de ses membres ont plus de 60 ans. Elle est partie intégrante de l'Institut de France, qui a fêté son bicentenaire en 1995.

L'institution a un rôle de consultant auprès des ministres et des directeurs des organismes de recherche. Ses avis sont très écoutés.

■ Elle fait des rapports, à la demande du gouvernement, des centres de recherche, sur des sujets importants (espace, informatique, etc.).

■ Elle rencontre régulièrement les patrons de l'industrie qui souhaitent recueillir l'avis des académiciens.

■ Elle soutient les institutions soeurs étrangères afin qu'elles conservent leur indépendance, et elle aide les scientifiques en difficulté dans les pays peu démocratiques.

■ Elle distribue des prix pour récompenser les chercheurs.   F.H.-M.■

Madame le Président

qu'il le méritait. » Bonne joueuse, Marianne ! A partir de là, le succès n'a plus quitté la battante. Première femme prof à Harvard. Première à être admise au club très fermé des « fellows » de la prestigieuse université. Première encore à diriger l'Union internationale de biochimie. Et aujourd'hui, directeur de recherche honoraire au CNRS et toujours à la tête d'une équipe de biologistes, elle planche sur l'étude de l'expression et de la régulation des gènes. Au fil de sa vie, Marianne s'est forgé une éthique de la recherche « qui ne doit surtout pas être programmée ; les plus grandes découvertes se font toujours par hasard, là où on les attend le moins. Ce fut le cas des oncogènes, des enzymes de restriction et même du virus du sida ! » clame Mme la Présidente, qui ne conçoit pas que la science se fasse sans passion. « Un chercheur, affirme-t-elle, doit être un créateur, comme un peintre, mais il lui faut avoir les nerfs solides — car on fait si souvent fausse route avant de savourer le bonheur d'une découverte — et posséder une bonne dose d'intuition, une grande honnêteté et une formidable rigueur. » La chercheuse artiste regrette aussi la rigidité des études en France. « Pourquoi n'existe-t-il aucune passerelle, chez nous, entre les formations ? Faire de la littérature puis du cinéma avant d'opter pour les sciences, c'est plus enrichissant qu'un parcours linéaire. Les acquis en dehors d'un cursus précis ne sont pas pris en compte. Ici, vous devez choisir votre voie dès le lycée. C'est aberrant. » A n'en pas douter, Marianne, dont le surnom est « Faites d'abord, voyez si c'est permis ensuite », ne va pas jouer les figurantes à la tête de la très sérieuse Académie des sciences.

Françoise Harrois-Monin ●

AIDE-MÉMOIRE

Vocabulaire thématique

les sciences (f. pl.) physiques ; les sciences mathématiques ; les sciences naturelles

une discipline scientifique

la physique ; un(e) physicien(ne)

la chimie ; un(e) chimiste

la biologie ; un(e) biologiste

le radium ; la radioactivité

un(e) savant(e) ; un(e) scientifique

la recherche ; un chercheur / une chercheuse

diriger une équipe de chercheurs

un institut de recherche

un laboratoire

une éprouvette ; un flacon de verre

découvrir / faire une découverte

une enzyme ; un gène ; une molécule ; un virus

le CNRS : le Centre national de la recherche scientifique, créé en 1939, se trouve à Paris

Connotations socioculturelles

[1] **L'Académie des sciences** : fondée en 1666 comme l'Académie royale des sciences, est l'une des cinq Académies qui constituent l'Institut de France. Les quatre autres en sont l'Académie française (fondée en 1634 par Richelieu), l'Académie des beaux-arts, l'Académie des inscriptions et belles-lettres et l'Académie des sciences morales et politiques. Le palais de l'Institut, distingué par sa coupole achevée en 1677, se trouve sur la rive gauche de la Seine, en face du Louvre, à Paris.

Jean-Baptiste Colbert (1619–1683) : intendant des finances du roi Louis XIV

Pierre Laplace (1749–1827) : mathématicien et astronome

Georges Cuvier (1769–1832) : naturaliste

Charles de Coulomb (1736–1806) : physicien

Louis Joseph Gay-Lussac (1778–1850) : physicien et chimiste

Henri Becquerel (1852–1908) : physicien qui a partagé le prix Nobel de physique de 1903 avec Pierre et Marie Curie

Henri Poincaré (1854–1912) : mathématicien

Louis de Broglie (1892–1987) : physicien

Marie Curie (1867–1934) : physicienne, d'origine polonaise, elle a épousé Pierre Curie (1859–1906). Ensemble ils ont reçu le prix Nobel de physique en 1903. Marie a reçu un deuxième prix Nobel en 1911. En avril 1995, à l'occasion du transfert officiel de ses cendres au Panthéon, Marie Curie est devenue la première femme à reposer dans ce monument dont la façade porte l'inscription « Aux grands hommes, la Patrie reconnaissante ».

Irène Joliot-Curie (1897–1956) : physicienne, fille de Pierre et Marie Curie, elle a reçu avec son mari Frédéric Joliot-Curie (1900–1958) le prix Nobel de chimie en 1935.

[2] **Nice :** ville située sur la côte méditerranéenne

Nîmes : ville du midi de la France

Roscoff : port de Bretagne

Les études de Marianne Grunberg-Manago :

le baccalauréat : examen de fin d'études au lycée

un certificat de littérature comparée : à l'époque, la licence (premier diplôme universitaire) se composait de quatre certificats

Mots et expressions

l' **audace** (f.) (cf., audacieux) ; hardiesse ; impertinence

[1] **décrocher** obtenir

le **creuset du savoir** mine de connaissances

je suis la revanche de je répare l'injustice faite à

claironnante forte

franchir le seuil traverser la porte

l' **accès** (m.) entrée

le **cénacle** assemblée (de l'Académie)

[2] la **fonceuse** personne qui se précipite vers un objectif

les **ors** (m. pl.) *ici*, honneurs

la **prouesse** exploit

pas le sou pas d'argent

s'entendre à merveille avoir des rapports merveilleux

avoir souvenance se souvenir

le **sertisseur** bijoutier

le **figurant / la figurant(e)** acteur / actrice dont le rôle est muet ; personne qui joue un rôle secondaire

se reconvertir apprendre un nouveau métier

fauchés (fam.) pauvres

avoir de quoi avoir les moyens de

la **voie** chemin ; orientation

le **grand reportage** (cf., reporter [m.]) ; journalisme

la **guerre** *ici*, la Deuxième Guerre mondiale (1939–1945)

le **cours complémentaire** école privée

déclencher provoquer

se débrouiller pour trouver le moyen de

lâcher quitter

renommé réputé

penchée *ici*, travaillant avec application

l' **amertume** (f.) rancœur, ressentiment

l' **apport** (cf., apporter) ; contribution

la **battante** femme ambitieuse

plancher (fam.) travailler dur

clamer dire à voix haute, avec énergie

faire fausse route se tromper

la **rigueur** exactitude, précision

la **passerelle** petit pont

la **formation** entraînement (littéraire ou artistique ou scientifique)

les **acquis** (m. pl.) connaissances

le **cursus** programme d'études

ici c'est-à-dire, en France

aberrant absurde

à n'en pas douter c'est certain

le **surnom** nom inspiré par le caractère d'une personne et substitué au vrai nom

Madame le Président **47**

DE LA COMPRÉHENSION À L'EXPRESSION

Questions et réponses

1. A quel poste est-ce que Marianne Grunberg-Manago a été désignée ?

2. Pourquoi est-ce un événement si exceptionnel ?

3. Est-ce que Marie Curie et Irène Joliot-Curie ont été admises à l'Académie des sciences ? Pourquoi est-ce qu'elles auraient mérité d'y être admises ?

4. Pourquoi la famille de Marianne Grunberg-Manago a-t-elle quitté la Russie ?

5. Comment était la vie de cette famille à Paris et à Nice ?

6. Est-ce que Marianne Grunberg-Manago a décidé au lycée de faire une carrière scientifique ? Comment est-elle arrivée à choisir cette carrière ?

7. Qu'est-ce qui la passionne surtout ?

8. Quelles ont été les conséquences de son séjour aux Etats-Unis ?

9. Pourquoi est-ce qu'elle critique le système des études en France ?

Portrait de Marianne Grunberg-Manago

D'après les informations données dans le texte, faites le portrait de Marianne Grunberg-Manago :

a. sa date de naissance

b. son pays d'origine

c. ses parents et leur situation

d. sa propre situation familiale

e. son caractère

f. sa façon de parler

g. son éducation

h. son travail

i. sa conception du travail

j. les raisons de sa célébrité

Points de vue

1. Quelle conception a Marianne Grunberg-Manago de la recherche scientifique ? Quelles qualités doivent posséder les jeunes chercheurs ? Quel rôle joue le hasard ?

2. Quel est le surnom de Marianne Grunberg-Manago ? A votre avis, qu'est-ce qui peut expliquer ce surnom ? D'une façon générale, est-ce que cette règle de conduite est valable pour tout le monde ? Justifiez votre réponse.

3. Marianne Grunberg-Manago critique la rigidité des études qui empêche de passer d'une formation à l'autre. Croyez-vous qu'il faut faire des études dans différents domaines avant de se spécialiser ou qu'il faut se spécialiser très tôt ? Donnez vos raisons.

A votre tour

1. A votre avis, est-ce que Marianne Grunberg-Manago peut être fière de sa vie ? Pourquoi ?

2. Faites le portrait d'une femme que vous admirez dans le domaine scientifique, littéraire ou artistique. A-t-elle eu une vie difficile ? A-t-elle connu des échecs ? A-t-elle dû s'imposer dans un domaine dominé par les hommes ? Quelles sont les raisons de sa réussite ?

3. « Un chercheur doit être un créateur, comme un peintre. » Que pensez-vous de cette affirmation ? Quels sont pour vous les ingrédients de la créativité ? Et quels sont pour vous les plus beaux résultats de la créativité ?

Manières de dire

1. *Masculin ou féminin*. Dans le texte de l'article, la journaliste se réfère à « la première présidente de l'Académie des sciences » et à « Madame la Présidente ». Cependant l'article s'intitule « Madame le Président ». Qu'est-ce qui peut expliquer l'utilisation du masculin dans le titre ?

2. Les abréviations sont fréquentes dans la langue familière. Quels mots correspondent aux abréviations suivantes ?

    a. le bac

    b. les maths

    c. la philo

    d. le labo

    e. le / la prof

Ici et ailleurs

Quelle place occupent les femmes dans les disciplines scientifiques chez vous ? Quel rôle jouent-elles dans la recherche ? Ont-elles connu les mêmes honneurs que les hommes ? Pourquoi ?

L'écologiste

[1] Il ne dissimule plus le tigre qui lui sert de moteur. Il roule au carburant vert. Un beau jour, il a jeté ses bons sentiments et ses mains bien propres dans la poubelle recyclable et récupéré deux pognes de combat. Sans honte, sans pitié. Elles lui ont d'abord servi à se frayer un chemin de campagne parmi ses copains. Il y avait beaucoup de candidats à la candidature. Et, pantalon de velours, veste couleur d'automne et cravate assortie, style Vieux Campeur, il a ensuite sillonné sa circonscription au volant de son Espace. Avec sa femme – mignonne, sympa – et ses enfants – mignons, sympas – car la famille, c'est comme l'écologie, c'est à la mode. Tout le monde en redemande, ou presque. Le Palais-Bourbon, il a longtemps rêvé. Dommage, ce sera pour la prochaine fois.

[2] Cette fameuse vague verte, c'est parce qu'il y avait cru qu'il s'est propulsé dans la mouvance écolo. Un as ! Il n'avait pas son pareil pour surfer sur les querelles claniques et repérer, en bon observateur de la nature... humaine, une niche électorale où déployer ses ambitions. De toute façon, sauver la planète, il est pour, changer la ville, il est pour. Et améliorer son propre destin grâce à l'écologie, il est aussi absolument pour. Sans états d'âme, il s'est métamorphosé en écolo électoral.

[3] Rien à voir avec le pur beurre, son célèbre cousin. Celui-là a toujours été contre la politique. Il est aussi contre le nucléaire, contre le ministère de l'Environnement – « Il faut de l'écologie partout » – contre le business vert – les pin's pour les baleines ou les tee-shirts pour les pandas, contre les bagnoles, contre le TGV, contre les autoroutes,

Militante écologiste, antinucléaire et antibéton, Dominique Voynet a été candidate des Verts aux élections présidentielles de 1995. En 1997, grâce à sa nomination de ministre de l'Aménagement du territoire et de l'Environnement, les écologistes siègent pour la première fois au gouvernement de la France.

Ministère des Affaires Etrangères, Chicago

contre les pluies acides, contre le déboisement, contre la pollution, contre les métaux lourds. Il a toujours milité « à la base », loin des calculs politiciens. L'écologie, c'est sa vie. Il ne prêche pas, il croit. Fidèle lecteur de « La Hulotte », la bible des amis de la nature, il connaît par cœur le dédale des associations qui marnent sans gloire depuis des lustres pour rattraper par la queue les espèces en voie de disparition. Et Dieu sait s'il y en a ! L'ours des Pyrénées, le lynx, le loup, la chouette effraie, le busard, le balbuzard, le gypaète barbu, le percnoptère, l'œdicnème criard, la couleuvre à échelons, la musaraigne aquatique, le moineau friquet, l'alouette lulu, l'apollon arverne, l'omble chevalier... Sans parler, bien sûr, des dauphins. Mais, là, il a reçu ces dernières années un sacré coup de main du film culte de Luc Besson, « Le Grand Bleu ». Toute une génération s'est soudain sentie plus proche de ce photogénique mammifère marin que de son voisin de palier. C'est aussi ça, la conscience planétaire.

4 L'écolo pur est cool. Il n'arbore jamais cet air affairé et mystérieux qui caractérise l'écolo électoral. Il vit au rythme des saisons. Ne porte pas de montre. Comme cela, il souligne clairement que lui n'est pas dans la course. Il n'a même pas de 4 L pourrie. Il prend toujours son vieux vélo, avec un siège bricolé sur le porte-bagages pour le petit dernier, véritable bébé Dolto, que personne, mais alors personne, n'a jamais contrarié. Il se ravitaille chez des potes alternatifs qui connaissent toujours une tribu de fermiers bio. Pas de pesticides sur les légumes, pas d'hormones dans le veau, pas de nitrates dans l'eau, pas de batteries pour les poulets. L'écolo pur ne rate aucune occasion de s'en prendre au progrès qui ne manque pas de faire rage. Extralucide quant au sort de la couche d'ozone, il n'a pas encore compris qu'il est lui-même devenu une espèce menacée.

5 Cet écolo pur et dur disparaît irrémédiablement. Son successeur s'affiche dans tous les magazines. Il sent bon le terroir et la modernité, l'authentique et le virtuel, le plaisir et la sagesse. Adepte du fax et du micro-ondes, de la cueillette des cèpes et de la pêche à la mouche, c'est un phénomène d'époque. Le grand gagnant des années 90. Au hit-parade des valeurs qui montent, il a tout juste. Enfoncés les yuppies aux dents longues, les quadras branchés, les superwomen. Voici Super-Ecolo et sa sympathique tribu. Il aime parler vrai, manger vrai, s'habiller vrai. Il se veut virtuose de la ressource humaine. Il pratique le cocooning vert. Le vélo en famille dans la France profonde. Et rêve secrètement du Montana, où les stars milliardaires agacent les truites et comptent les bisons.

6 Il entend consommer intelligent tout en donnant un supplément d'âme à une décennie morose. Il a réussi : sauver la Terre devient l'impératif catégorique d'une génération déboussolée. Aux dernières élections, il a voté pour le type au pantalon de velours. Avec un petit pincement au cœur, l'écolo électoral a été parachuté à la place du brave type du coin qui se crève à la tâche depuis plus de quinze ans. Mais il faut bien vivre avec son temps...

Sylvie O'Dy •

AIDE-MÉMOIRE

Vocabulaire thématique

l'écologie ; le mouvement écologique / écolo (fam.) / vert

un(e) écologiste / un(e) écolo (fam.) ; les verts

être un(e) ami(e) de la nature ; une association de défense de l'environnement

améliorer la qualité de la vie

recycler (les déchets ; le verre) ; le recyclage

protéger la nature ; la protection de l'environnement

sauver la Terre / la planète ; avoir la conscience planétaire

le surchauffement de la planète ; la couche d'ozone

être contre la pollution ; le nucléaire ; les pluies acides ; le déboisement des forêts

sauver les animaux / les espèces en voie de disparition

la vie alternative

vivre au rythme des saisons ; vivre près du terroir

manger les légumes bio / biologiques / sans pesticides

la campagne électorale :

un(e) candidat(e) ; poser sa candidature

faire campagne pour, contre...

militer pour, contre... ; un(e) militant(e)

voter pour, contre...

les élections législatives :

être élu(e) député / à l'Assemblée nationale / au Palais-Bourbon

la circonscription d'un député

être nommé(e) ministre du gouvernement

le ministère de l'Environnement

Connotations socioculturelles

Le mouvement écologiste en France :

L'agriculture a toujours joué un rôle primordial dans l'économie française. Les valeurs paysannes ont fortement influencé la société française traditionnelle. Aujourd'hui beaucoup de citadins ont encore des racines campagnardes. Cela pourrait expliquer l'attachement général des Français à l'environnement. Cependant les écologistes français n'ont pas réussi à constituer un grand mouvement politique et se sont divisés entre plusieurs partis écologistes. Au premier tour des élections présidentielles de 1995, la candidate écologiste, Dominique Voynet, a obtenu 3,32 % des voix exprimées.

[1] **le Vieux Campeur :** magasin spécialisé dans les vêtements et les équipements pour le camping et les loisirs de plein air

[3] **« La Hulotte » :** magazine dont le titre est un oiseau nocturne

[4] **le bébé Dolto :** bébé élevé selon les principes de la psychologue Françoise Dolto

[5] **la France profonde :** la campagne française, loin des grandes villes, où les habitants préservent les valeurs traditionnelles

Mots et expressions

[1] **le tigre... moteur** allusion à une publicité qui compare une marque d'essence pour voiture à un tigre ; *ici*, son énergie

rouler (cf., une voiture roule) ; avancer

la pogne (fam.) main

se frayer se faire

la campagne campagne électorale

le velours textile confortable

sillonner traverser dans tous les sens

l' Espace (f.) voiture Renault spacieuse

[2] **la vague** mouvement grandissant

se propulser se jeter

l' as (m.) *ici*, expert

ne pas avoir son pareil être le plus fort

clanique (cf., clan [m.]) ; de petit groupe

la niche *ici*, endroit

déployer développer

être pour qqch être en faveur de qqch

sans états d'âme sans regrets

[3] **le pur beurre** (cf., un biscuit fait avec le beurre, non avec la margarine) ; *ici*, vrai, authentique

la baleine (cf., dauphin [m.]) ; mammifère marin

la bagnole (fam.) voiture

le TGV train à grande vitesse

le déboisement destruction des forêts

« à la base » *ici*, pour des principes fondamentaux

le dédale labyrinthe

marner travailler dur

depuis des lustres depuis très longtemps

un sacré coup de main une grande aide

de palier du même étage (de son immeuble)

[4] **arborer** montrer avec ostentation

une 4 L pourrie petite voiture Renault très abîmée

contrarier qqn s'opposer aux actes de qqn

se ravitailler acheter des provisions

le pote (fam.) copain

la tribu groupement de familles

la batterie ferme industrielle

s' en prendre s'attaquer

faire rage s'amplifier, augmenter

extralucide doué d'une vision supérieure

[5] **pur et dur** véritable

irrémédiablement sans qu'on puisse l'empêcher

sentir bon respirer

le micro-ondes four à micro-ondes (dans la cuisine)

le cèpe espèce de champignon

il a tout juste il vient d'y figurer

enfoncé en baisse

aux dents longues ambitieux

les quadras (m. pl.) **branchés** la génération des gens âgés de quarante ans qui vivent selon la dernière mode

le cocooning vie de famille

agacer irriter ; *ici*, pêcher

la truite poisson

[6] **la décennie** période de dix ans

morose mélancolique

déboussolée désorientée

le pincement au cœur sentiment douloureux

se crever à la tâche (fam.) travailler très dur

L'écologiste

DE LA COMPRÉHENSION À L'EXPRESSION

Questions et réponses

1. Quelle image est créée par les vêtements de l'écologiste électoral ?
2. Pourquoi est-ce que sa famille est importante pendant la campagne électorale ?
3. Est-ce que l'écologiste est élu au Palais-Bourbon ?
4. Pourquoi est-ce qu'il s'était présenté comme candidat ?
5. Citez trois exemples de différence entre l'écologiste pur et l'écologiste électoral.
6. Comment est-ce que le film « Le Grand Bleu » a aidé la cause des écologistes ?
7. Citez trois caractéristiques du style de vie de l'écologiste pur.
8. Pourquoi est-ce que l'écologiste pur est en train de disparaître ?
9. Qu'est-ce qui caractérise le « Super-Ecolo » ?
10. Quel thème écologique est devenu une nécessité absolue pour les nouvelles générations ?

Portraits d'écologistes

D'après les informations données dans le texte, faites le portrait des trois types d'écologistes. Classez d'abord dans les trois colonnes les mots et expressions utilisés dans le texte pour décrire leurs attitudes et leurs convictions. Ensuite dressez la liste des idées qu'ils partagent et qui les opposent.

Ecolo électoral	Ecolo pur	Super-Ecolo
Mots et expressions	*Mots et expressions*	*Mots et expressions*
Pour / contre	*Pour / contre*	*Pour / contre*
Idées partagées	*Idées partagées*	*Idées partagées*
Idées différentes	*Idées différentes*	*Idées différentes*

Points de vue

1. A partir de la liste des idées écologistes que vous avez dressée en faisant les portraits d'écologistes, chaque étudiant(e) dit s'il (si elle) est pour ou contre chaque idée. La classe se divise alors en deux groupes dont les membres expliquent pourquoi ils (elles) sont pour ou contre.

2. Lequel des trois types d'écologistes vous semble le mieux représenter le mouvement écologique ? L'écologiste pur et dur est-il « devenu une espèce menacée » ? Donnez vos raisons.

3. Quelles sont les mesures prioritaires qu'il faudrait prendre pour « sauver la Terre » ? Quels sont les meilleurs moyens de mener ce combat écologique ?

A votre tour

1. Pensez aux nombreuses espèces animales menacées par l'homme. Imaginez une affiche et un slogan pour une campagne de protection d'un animal en voie de disparition.

2. Lequel des trois types d'écologistes trouvez-vous le plus sympathique ? Lequel change vraiment la vie ? Justifiez votre opinion.

3. « La famille, c'est comme l'écologie, c'est à la mode. » Etes-vous d'accord ? Pourquoi ?

4. Vous décidez d'adopter un style de vie écologique. Décrivez votre façon de vivre.

Manières de dire

1. *L'infinitif + adjectif.* Retrouvez les expressions « parler vrai, manger vrai, s'habiller vrai » et « consommer intelligent ». Précisez le sens de chaque expression. Ensuite utilisez ces expressions dans des phrases.

2. Dans ce texte la journaliste se moque un peu du comportement des écolos et s'exprime avec une certaine ironie. Retrouvez des phrases qui illustrent cette ironie.

Ici et ailleurs

Les habitants de votre pays sont-ils concernés par l'écologie ? Y a-t-il chez vous une « vague verte » ? Les mesures prises contre la pollution et pour protéger l'environnement sont-elles suffisantes ? Donnez des exemples.

Le résident secondaire

[1] C'est l'histoire d'un mec qui voulait se mettre au vert. Il avait des alibis : il avait fait le tour des week-ends à Paris, les gosses avaient besoin de la mer, là-bas, il passerait ses vacances. Il cultiverait ses racines, en même temps que des rosiers. Et, sur ses vieux jours, il pourrait peut-être s'y retirer... En fait, il conjuguait une overdose de congestion urbaine et un vieux rêve de Sam'Suffit. Un genre franchouillard qui fleurit dans les années 70. Ce fut la flambée, l'enthousiasme, la ruée vers la Normandie, la Bretagne ou le Périgord.

[2] Après avoir franchi beaucoup de clôtures, déchiré trois pantalons, échappé à quelques chiens, il trouva enfin une vieille grange sans confort, mais avec « charme, poutr. app. et nb. poss. ». Lui qui n'avait même pas de principale accéda à la propriété secondaire, à crédit. L'homme devint un migrant. Il a bien fait. Dites-moi à quoi, sans lui, serviraient les autoroutes ? Il s'y déplace en colonie, tous les vendredis soir, à la vitesse d'une tortue au moment de la ponte. Au retour, il a un bouquet du jardin sur la plage arrière. Mais il n'admettra jamais qu'il est fané à l'arrivée. Le résident secondaire évite les embouteillages : il a des raccourcis, des itinéraires bis, des horaires décalés. Il parle un sous-dialecte hexagonal, où il est question de « porte-à-porte » et de « vol d'oiseau ».

[3] En semaine, on le reconnaît à ce qu'il raconte par le menu ses problèmes de tuiles ou de tondeuse. Parfois, il ne dit rien. C'est qu'il a attrapé un tour de reins. Car le voilà devenu plombier, terrassier, décorateur. madame s'est mise à la soudure. Ensemble, ils ont fait du ciment. Les enfants ont baptisé l'endroit le « goulag ». « Le bricolage, c'est sain », résume-t-il, la mine battue, tous les lundis matin.

[4] Passé l'euphorie des premiers temps, la transhumance hebdomadaire est synonyme d'obligation. Plus question d'escapade au ski, il faut rentabiliser l'investissement. Il a planté des géraniums ? Il revient les arroser. Evidemment, il a voulu un potager. Il n'a récolté que quatre tomates et un ongle retourné. Il n'a peint que la moitié des volets. Bref, il a espacé ses visites. Officiellement, les enfants ont grandi et, le samedi, ils ont des boums et du boulot. En vérité, il en avait marre de se geler dans une maison pas chauffée. Les voisins ont déserté. Trois fois, sa bicoque a été cambriolée. Depuis, gentiment il la prête aux copains. Il la vendrait bien. Mais le marché s'est effondré.

Marylène Dagouat ●

Michel Renaudeau/Gamma Liaison

AIDE-MÉMOIRE

Vocabulaire thématique

une maison à la campagne :

le jardin ; la clôture entoure le jardin

jardiner ; cultiver la terre ; planter ; arroser

le potager (jardin de légumes) ; récolter des tomates

la pelouse ; tondre (couper l'herbe de) la pelouse ; la tondeuse

les fleurs fraîches ; les fleurs fanées

un bouquet de fleurs

une rose ; un rosier

un géranium

les travaux de rénovation d'une maison :

souder (joindre deux éléments en métal) ; la soudure

cimenter ; le ciment

le bricolage (les petits travaux de réparation et d'entretien comme peindre les volets des fenêtres)

les artisans :
le plombier (la plomberie)
le terrassier (le terrassement ; la terrasse)
le décorateur (la décoration)

Connotations socioculturelles

la résidence secondaire : en France 55 % des Français sont propriétaires de leur résidence principale. La proportion de ménages propriétaires d'une résidence secondaire (un ménage sur dix) est une des plus élevées dans les pays de l'Union Européenne. 80 % des résidences secondaires sont des maisons (très souvent avec un jardin) situées à la campagne, à la mer ou à la montagne. Ces résidences sont souvent d'anciennes maisons de ferme rénovées. Leur caractère ancien ou rustique est mis en valeur par les petites annonces de vente comme celle du texte qui souligne « le charme, les poutres apparentes et les nombreuses possibilités de rénovation ».

les propriétaires citadins : ont l'habitude de passer le week-end et une partie des vacances dans leur résidence secondaire. C'est pourquoi les routes principales menant des grandes villes à la campagne sont particulièrement encombrées le vendredi soir et le dimanche soir. Pour éviter les embouteillages et réduire le temps passé en voiture, les résidents secondaires essaient d'établir un autre itinéraire qui suit des petites routes.

[1] **« C'est l'histoire d'un mec… » :** c'est ainsi que commençaient les sketches très populaires du comique Coluche (1944–1986)

Sam'Suffit : c'est l'orthographe prononcé de « Ça me suffit ». Ce nom est assez souvent donné à leur petite maison par des habitants de banlieue.

franchouillard(e) (fam.) : très caractéristique des Français traditionalistes et chauvins

la Normandie : cette région (à l'ouest de Paris), la Bretagne (péninsule ouest de la France) et le Périgord (au sud-ouest, près de Bordeaux) sont parmi les régions qui attirent le plus grand nombre de résidents secondaires.

Mots et expressions

1. **le mec** (fam.) homme
   se mettre au vert (fam.) partir à la campagne
   faire le tour *ici,* en avoir assez
   le/la gosse (fam.) enfant
   cultiver ses racines retrouver ses origines
   conjuguer *ici,* associer
   fleurir *ici,* se développer
   la flambée *ici,* popularité soudaine
   la ruée course

2. **franchir** passer à travers
   la grange bâtiment de ferme
   la principale propriété (maison) principale
   à crédit en empruntant de l'argent
   en colonie *ici,* en groupe nombreux
   la ponte action de pondre un œuf
   la plage arrière surface à l'intérieur de la voiture, derrière la vitre arrière
   le raccourci chemin plus court
   l' itinéraire (m.) **bis** route conseillée par la sécurité routière pour éviter les embouteillages
   décalés *ici,* qui évitent les heures de grande foule
   hexagonal *ici,* limité à la France

   à vol d'oiseau en ligne droite

3. **par le menu** en détail
   la tuile élément qui sert à constituer le toit d'une maison
   attraper un tour de reins se faire mal au dos
   le goulag camp de travail forcé
   avoir la mine battue avoir l'air fatigué

4. **passé** *ici,* après
   la transhumance (cf., le déplacement des troupeaux de moutons vers les prairies) ; migration
   hebdomadaire chaque semaine
   rentabiliser rendre profitable
   l' ongle (m.) **retourné** ongle cassé d'un doigt
   espacer rendre moins fréquent
   la boum (fam.) soirée dansante
   le boulot (fam.) *ici,* devoirs scolaires
   en avoir marre (fam.) en avoir assez
   se geler avoir très froid
   la bicoque (fam.) maison peu confortable
   cambriolée pillée par des voleurs
   le marché s'est effondré la vente des maisons est devenue difficile

DE LA COMPRÉHENSION À L'EXPRESSION

Questions et réponses

1. Comment est-ce que le résident secondaire justifie son désir d'acheter une maison à la campagne ? Citez plusieurs raisons.

2. Quel genre de résidence a-t-il trouvé ?

3. Pourquoi est-ce que cet achat a changé le rythme de sa semaine ?

4. Comment sont les week-ends des parents dans la résidence secondaire ?

5. Qu'est-ce que les enfants pensent de cet endroit ?

6. Quelles raisons officielles sont avancées pour expliquer que la famille va moins souvent dans la résidence secondaire ?

7. Quelles sont en fait les vraies raisons ?

Portrait du résident secondaire

D'après les informations données dans le texte, faites le portrait du résident secondaire :

a. la vie à Paris
b. le rêve d'une résidence secondaire
c. le type de résidence qu'il achète
d. les conditions de la migration hebdomadaire
e. la transformation de la maison
f. la création d'une pelouse et d'un potager
g. l'attitude de la famille
h. les loisirs
i. la routine
j. la déception

Points de vue

1. Comparez le début et la fin du texte. L'achat de cette résidence secondaire est-il un succès ? Qu'est-ce qui incite les gens à partir pour la campagne le week-end ? Evaluez les avantages et les inconvénients de posséder une résidence secondaire.

2. Faites la liste des situations évoquées par la journaliste dans la description de la vie du résident secondaire. Cette description est-elle objective ? neutre ? exagérée ? comique ? ironique ?

A votre tour

1. Imaginez un week-end que vous passez avec la famille du résident secondaire.

2. Vous avez décidé d'acheter une résidence secondaire. Dans quel endroit voudriez-vous l'acheter ? Comment serait la maison de vos rêves ? Quelle vie y mèneriez-vous ?

Manières de dire

Les temps des verbes

1. Au deuxième paragraphe, dressez la liste des verbes au passé simple. Aux troisième et quatrième paragraphes, dressez la liste des verbes au passé composé. Comparez l'utilisation des deux temps.

2. Au premier paragraphe, quels verbes sont au conditionnel ? Pourquoi ? Au quatrième paragraphe, il y a un verbe au conditionnel. Pourquoi ?

Ici et ailleurs

Existe-t-il dans votre pays comme en France le phénomène des résidences secondaires ? Les gens ont-ils la même habitude de quitter la ville pour passer le week-end à la campagne ?

VIVRE EN SOCIÉTÉ

La France où il fait bon vivre
page 61

Les femmes jugent leur ville
page 64

Faut-il fuir Paris ?
Moins 100 000 habitants en vingt ans : les familles et les retraités fuient une capitale devenue trop chère et font place aux célibataires diplômés. Restent les touristes. Cela fait-il une ville ?
page 70

« Il y a une vie après le périph' »
page 78

Ce que nous mangeons vraiment
Serions-nous allés trop vite et trop loin dans l'industrialisation de notre alimentation ? Des légumes aux animaux de boucherie, L'Express a remonté les filières.
page 82

« Il faut civiliser le nouveau monde du travail »
page 88

La France où il fait bon vivre

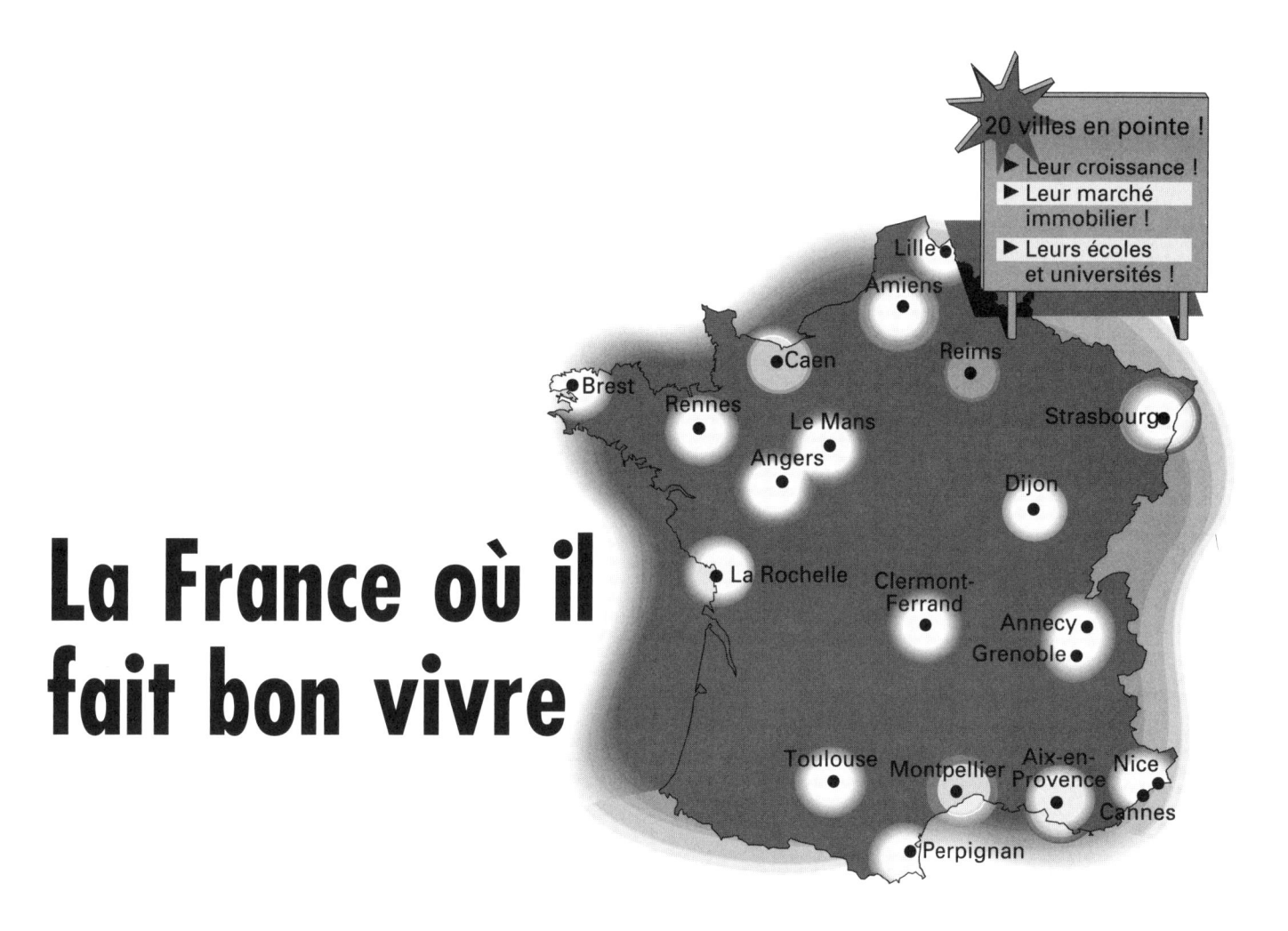

20 villes en pointe !
▶ Leur croissance !
▶ Leur marché immobilier !
▶ Leurs écoles et universités !

[1] Le bien-vivre se démontre-t-il ? Au-delà des sondages ou des palmarès sur le coût de la vie, peut-on faire la carte de la bonne vie ? De Nice à Caen, de Toulouse à Lille, de Dijon à Angers, L'Express a pris ses repères auprès d'une vingtaine de villes. Ni banc d'essai ni classement, le tableau ci-dessus identifie des villes témoins — et non des villes phares. Pour déceler des tendances, illustrer ce qui aujourd'hui — et peut-être plus encore demain, à l'horizon 2015 — participe et participera du bonheur d'être français, nous avons retenu et croisé trois paramètres forts d'attractivité sur lesquels toutes les agglomérations présentées se retrouvent peu ou prou.

• Le marché immobilier. L'attachement du Français à la valeur pierre est une constante. Grâce aux données statistiques réunies par le Crédit foncier, il est ainsi possible de suivre dans plus de 50 villes le prix des logements anciens et leur évolution depuis 1990. Un critère qui positionne Perpignan et Amiens sur la carte.

• Les courants de population, tels que l'Insee les met en évidence au travers de ses enquêtes recensement et, plus récemment, de son étude Projections démographiques.

• La sphère éducation-enseignement. Réussite scolaire, capacité à garder ses étudiants, voire à en attirer d'autres — un point fort de Strasbourg, Rennes et Lille — offre de formations, autant d'éléments d'une géographie du savoir qui contribuent à l'attractivité d'une académie ou d'un campus.

² Qu'en ressort-il ? Essentiellement la montée en puissance des villes du Sud et notamment du Sud-Est. Après Paris et le désert français, l'héliotropisme joue à plein. Mais pas uniquement. La croissance démographique a aussi sa part dans la dynamique du bien-être. Ainsi retrouve-t-on sur notre échiquier 8 villes de plus de 100 000 habitants où la population a augmenté de plus de 0,5 % entre 1982 et 1990. Des sudistes, bien sûr (Montpellier, Cannes, Nice et Toulouse), mais d'autres aussi, à l'image d'Annecy, d'Angers, de Dijon ou de Rennes. Seront-elles au rendez-vous dans vingt ans ? Pour l'Insee, c'est autour des pôles dynamiques de la Haute-Savoie et de l'Ain, mais également des Pyrénées-Orientales et de l'Hérault ou de la Haute-Garonne et de Tarn-et-Garonne que l'on devrait enregistrer des progressions démographiques importantes : plus de 30 % à l'horizon 2015.

La ville de Caen, en Normandie.

La ville de Grenoble, près des Alpes.

AIDE-MÉMOIRE

Connotations socioculturelles

[1] **le Crédit foncier** : organisme bancaire spécialisé dans les biens-fonds

l'Insee : Institut national de la statistique et des études économiques

une académie : sur le plan administratif, l'enseignement en France est organisé selon 27 académies.

[2] **Paris et le désert français** : avant la politique de décentralisation introduite en 1982, on comparait la domination de Paris sur le reste de la France à une capitale entourée d'un désert.

la Haute-Savoie et l'Ain : départements de la région Rhône-Alpes

les Pyrénées-Orientales et l'Hérault : départements de la région Languedoc-Roussillon

la Haute-Garonne et Tarn-et-Garonne : départements de la région Midi-Pyrénées

Mots et expressions

où il fait bon vivre où il est agréable de vivre

les villes (f. pl.) **en pointe** villes qui réussissent mieux que les autres

[1] **le palmarès** classement

le repère *ici*, critère

le banc d'essai *ici*, évaluation

les villes (f. pl.) **phares** villes qui sont à la tête du classement

déceler découvrir

croiser *ici*, comparer

l'agglomération (f.) concentration urbaine

peu ou prou plus ou moins

62   L'Express

le marché immobilier achat et vente d'immeubles et de maisons

la valeur pierre prix des immeubles et des maisons

le recensement évaluation officielle de la population

voire et même

la formation préparation à une carrière

le savoir ce qui constitue la connaissance

ressortir résulter

l' héliotropisme joue à plein l'attrait exercé sur les Français par le climat ensoleillé du Sud est très puissant

l' échiquier (m.) *ici*, tableau

les sudistes (f. pl.) *ici*, villes du sud

à l'image de comme

au rendez-vous présentes

DE LA COMPRÉHENSION À L'EXPRESSION

Questions et réponses

1. Quels ont été les trois critères de sélection de ces villes ?
2. Regardez la carte. Quelles villes se trouvent :
   a. dans la partie de la France au nord de la Loire ?
   b. dans la partie de la France au sud de la Loire ?
   c. au nord-ouest de la France ?
   d. à l'est de la France ?
   e. près de la Méditerranée ?
3. Quels rôles jouent le climat et la population dans le succès présent et futur de ces villes ?

Points de vue

1. Qu'est-ce qui rend la qualité de la vie meilleure dans une ville que dans une autre ?
2. Qu'est-ce qui pourrait influencer l'amélioration ou la dégradation de la qualité de la vie dans une ville ?
3. Dans quelle ville de votre pays aimeriez-vous vivre ? Pourquoi ?

A votre tour

1. Si vous alliez vivre en France, dans quelle partie du pays aimeriez-vous vivre ? Pourquoi ?
2. Aimeriez-vous vivre à Paris ou dans une des villes citées ici ? Pourquoi ?
3. Quelles sont les caractéristiques que vous rechercherez dans la ville où vous déciderez de vous installer ?
4. Préparez une brochure publicitaire pour une ville « où il fait bon vivre ».

Les femmes jugent leur ville

Les citadines classent les plus grandes métropoles françaises. Une première.

La ville de Nantes : Concours international de la rose parfumée.

[1] Vingt-deux millions de Françaises vivent en ville en cette fin du XXe siècle. 22 millions de femmes installées dans la cité, avec leurs attentes, leurs difficultés, leurs colères, leurs bonheurs. Qu'en sait-on ? Pas grand-chose.

[2] Pour la première fois, un sondage donne la parole aux femmes sur leur ville. Il concerne les sept plus grandes métropoles françaises, toutes de plus de 100 000 habitants : Paris, Lyon, Marseille, Toulouse, Lille, Strasbourg et Nantes.

Consultées, les femmes s'expriment en toute liberté sur cet univers urbain qui fait leur existence quotidienne. A l'occasion de la Journée internationale de la femme, c'est vers la multitude de ces citoyennes, actives ou inactives, célibataires, mariées, concubines ou divorcées, mères ou grand-mères, que L'Express se tourne pour une photographie inédite de la France des villes au féminin.

[3] Nantes sort vainqueur de la revue de détail de notre sondage. Notant leur cité à partir de 19 critères, qui vont du nombre de crèches à l'accueil dans les services publics, en passant par l'emploi des femmes, l'égalité des salaires, la qualité des soins à l'hôpital, les transports en commun, la pollution, etc., les femmes couronnent cette ville, juste devant Strasbourg, Toulouse, Lille et Lyon ex aequo, Paris et Marseille.

[4] Toulouse se révèle la cité la mieux gérée et Marseille,

Nantes, première au hit-parade

Equipements, emploi, qualité de la vie, etc. Pour L'Express, les habitantes des 7 plus grandes métropoles ont noté leur ville de 1 à 10. Voici le classement général établi à partir de la moyenne des notes décernées sujet par sujet.

1re Nantes 6,3
2e Strasbourg 6,1
3e Toulouse 5,9
4e Lille 5,8
4e Lyon 5,8
6e Paris 5,7
7e Marseille 5,5

Par thèmes	La mieux notée	La plus mal notée
Education	Nantes	Paris
Travail	Strasbourg	Marseille
Sécurité	Paris	Lille
Aide sociale	Strasbourg	Marseille
Soins à l'hôpital	Lille	Paris
Vie associative	Strasbourg	Marseille
Entretien de la ville	Nantes	Marseille
Transports en commun	Nantes	Marseille
Pollution	Nantes	Lyon
Espaces verts	Nantes	Lille

la moins bien. Les plus dynamiques : Toulouse et Nantes. Strasbourg — coup de chapeau à Catherine Trautmann — est celle où les citadines se considèrent comme le mieux représentées et qui prend le mieux en compte leur vie.

Cette radiographie de la ville au féminin est passionnante à plus d'un titre. Par ce qu'elle dit, bien sûr, mais aussi par ce qu'elle sous-entend. Les Marseillaises crient clairement leur malaise. Les Nantaises, les Toulousaines, les Strasbourgeoises affirment, elles, leur bien-être, même si la place des femmes au conseil municipal leur semble insuffisante, comme dans toutes les villes, Strasbourg exceptée. On voit bien là en filigrane l'une des revendications des femmes, que l'expérience réussie de Catherine Trautmann à Strasbourg renforce : être mieux associées à la gestion municipale.

Sylvie O'Dy ●

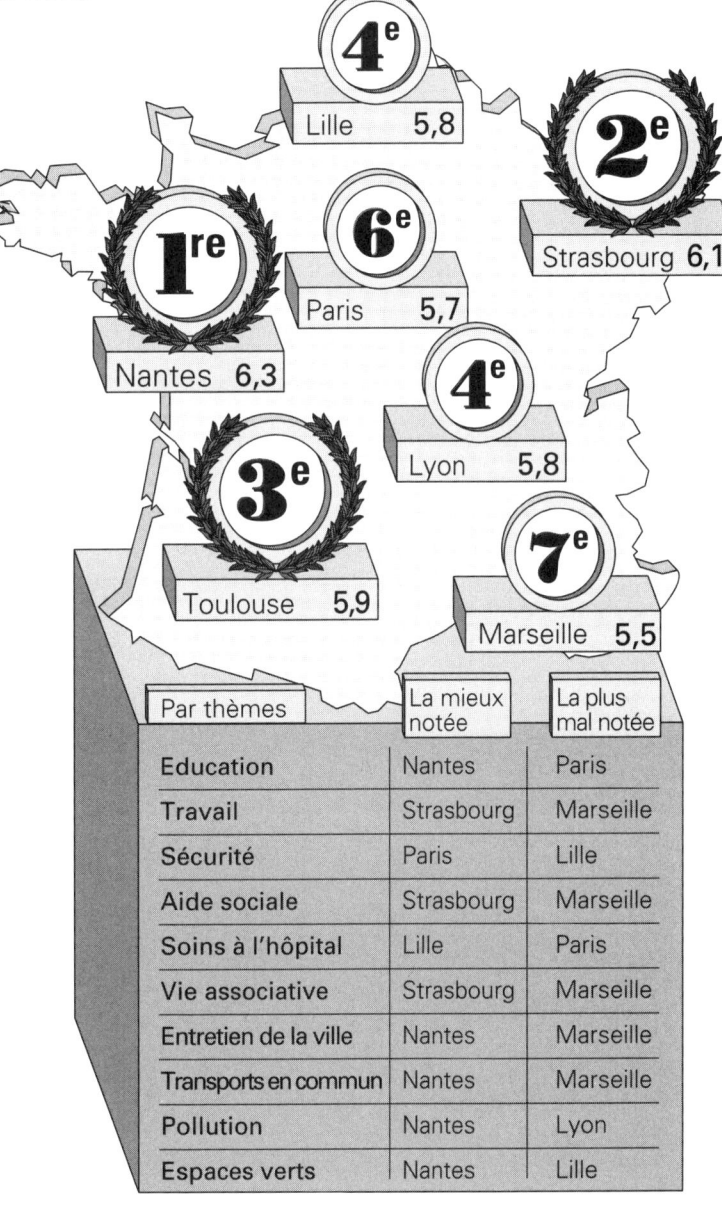

Enquête réalisée par Ipsos Opinion pour L'Express et Canal +, du 11 au 13 février 1997, auprès de 1 400 femmes, âgées de 15 ans et plus, à raison de 200 dans chacune des 7 villes suivantes : Paris, Lyon, Marseille, Toulouse, Strasbourg, Lille et Nantes. Les échantillons, construits selon la méthode des quotas, sont représentatifs, dans chacune des villes.

Associées à Strasbourg

Catherine Trautmann, maire de Strasbourg (1989–1997) avant d'être nommée ministre de la Culture et de la Communication.

[1] Ce n'est pas par hasard que plus de 1 Strasbourgeoise sur 2, selon notre sondage, estime que la vie des femmes est bien prise en considération dans la ville. Depuis 1989, le maire de Strasbourg est une femme : Catherine Trautmann (PS). « Cela contribue à la prise en compte d'éléments pratiques. Des petits plus qui améliorent le quotidien », explique Cathy Laurent, déléguée régionale aux droits des femmes.

[2] Mais les Strasbourgeoises savent aussi se prendre en main elles-mêmes. La vie associative est ici particulièrement riche. La Maison des associations en dénombrait 273 à sa création, en 1991 ; puis 530 en 1994. Elles sont environ 800 aujourd'hui et pèsent de plus en plus lourd dans la vie de tous les jours. Un exemple : la mairie n'a pas la gestion directe des crèches ni de la majorité des haltes-garderies — et c'est une spécificité strasbourgeoise. « Beaucoup d'associations prennent donc en charge des fonctions d'utilité publique, explique Charazad Allam, éducatrice spécialisée et déléguée à la toxicomanie de la municipalité. Le domaine social et caritatif en Alsace a toujours été réservé aux femmes. » Elles savent ce que sont la solidarité et les situations difficiles. Strasbourg compte plus d'une cinquantaine d'associations féminines. ●

La façade gothique de la cathédrale de Strasbourg.

AIDE-MÉMOIRE
Les femmes jugent leur ville

Connotations socioculturelles

5 **le conseil municipal :** élu au suffrage universel, le conseil municipal représente les habitants de la ville. Les conseillers municipaux (dont la plupart sont traditionnellement des hommes) élisent le maire. La mairie (appelée dans les grandes villes l'« hôtel de ville ») est l'édifice où se trouvent le conseil municipal et les services administratifs de la ville.

Mots et expressions

1 **la cité** (cf., un[e] citadin[e] : personne habitant une ville)

l' attente (f.) espoir

2 **actives** qui ont un travail

concubine femme qui vit avec un homme sans être mariée

3 **la crèche** endroit où on garde pendant la journée des enfants de moins de trois ans

couronner donner la première place à

4 **gérer** (cf., la gestion) ; administrer

le coup de chapeau félicitations

5 **la radiographie** *ici,* tableau

à plus d'un titre pour plusieurs raisons

en filigrane de façon implicite

la revendication réclamation

DE LA COMPRÉHENSION À L'EXPRESSION

Interprétation du sondage

1. Dans quelle partie de la France se trouve chacune des sept villes ?
2. Quels sont les thèmes sur lesquels les femmes ont été interrogées ? (Relisez également le deuxième paragraphe du texte.)
3. Classez les thèmes du sondage entre ceux qui ont un intérêt général pour les habitants de la ville et ceux qui ont un intérêt particulier pour les femmes.

Points de vue

1. Pourquoi est-il important de demander aux femmes leurs opinions sur la ville qu'elles habitent ?
2. Les femmes attendent-elles autre chose de l'administration de leur ville que les hommes ? Justifiez votre réponse.
3. Serait-il souhaitable qu'un plus grand nombre de femmes soient élues au conseil municipal ? Expliquez pourquoi.
4. Quelles sont les similarités et les différences entre la vie des citadines et la vie campagnardes (femmes habitant la campagne) ?

AIDE-MÉMOIRE
Associées à Strasbourg

Connotations socioculturelles

[1] **Catherine Trautmann (née en 1951) :** maire de Strasbourg de 1989 à 1997, Catherine Trautmann était l'unique femme maire d'une ville de plus de 100 000 habitants. Après les élections législatives de 1997, elle a été nommée ministre de la Culture et porte-parole du gouvernement socialiste.

le PS : le Parti socialiste

[2] **l'Alsace :** région de l'est de la France ; Strasbourg en est la ville principale.

Mots et expressions

[2] **dénombrer** compter

la halte-garderie (f.) endroit où on surveille les enfants

la déléguée à la toxicomanie femme responsable du service qui s'occupe des personnes habituées aux drogues dures

caritatif charitable

DE LA COMPRÉHENSION À L'EXPRESSION

Points de vue

1. Comment est-ce qu'une femme maire peut influencer la vie quotidienne des citadines ?
2. Quel rôle est-ce que la vie associative peut jouer dans le fonctionnement d'une ville ?
3. Comment est-ce que la vie associative peut améliorer la qualité de la vie des citadines ?

Vous et votre ville

En utilisant les thèmes du sondage, posez des questions sur leur ville à vos camarades de classe et, si possible, aux habitants de la ville. Les opinions des femmes et des hommes sont-elles différentes ? Y a-t-il des thèmes qui intéressent plus les femmes que les hommes ? Ensuite demandez à vos camarades de classe dans quelle ville de votre pays ils aimeraient habiter. Pour quelles raisons ?

Moins 100 000 habitants en vingt ans : les familles et les retraités fuient une capitale devenue trop chère et font place aux célibataires diplômés. Restent les touristes. Cela fait-il une ville ?

Faut-il fuir Paris ?

[1] Paris vaut-il toujours la peine ? La peine de surveiller ses toux grasses à chaque pic de pollution ? La peine, pour les banlieusards qui viennent y travailler sur quatre roues, de perdre quelque trois cent mille heures par an dans les embouteillages ? Pour les Astérix de l'intérieur du périphérique – 2,1 millions d'âmes, soit 100 000 de moins en vingt ans – le malaise sera fiscal. Le régime de faveur de la capitale va en effet décroissant : en mars, la taxe d'habitation, qui a déjà grimpé de 40 % entre 1992 et 1995, risque une nouvelle poussée de 6 à 8 %...

[2] Paris, fille aînée de l'Etat, Paris superlatif avec son Grand Louvre, sa Grande Arche et sa « très grande » Bibliothèque nationale de France s'est rapetissée économiquemcnt. Les sièges sociaux continuent de filer vers les Hauts-de-Seine, et le crash des prix de l'immobilier parisien ne lui permet pas de retrouver de sa compétitivité sur le marché des bureaux : « Trop exigus, moins modernes qu'à Levallois ou à Nanterre », confie-t-on à la direction régionale de l'équipement.

[3] Et puis, Paris n'est plus Paname. Le peuple artisan et ouvrier gouailleur ? Saisi à la gorge par la spéculation foncière, il a pris ses cliques et ses claques. Ne restent que quelques poches d'irréductibles dans l'est et les icônes de pacotille vendues place du Tertre pour entretenir le mythe des poulbots. Ou encore la Médiathèque des Halles pour célébrer l'hôtel du Nord d'Arletty, quand les hôtels meublés, les vrais, sont en voie de disparition : 3 000 en 1970, moins de 900 aujourd'hui. Les familles ? Elles aussi lèvent le camp depuis quinze ans, choisissant la petite ou la grande couronne dès que le second enfant voit le jour. Les retraités ? Ils se débranchent de la Ville lumière. Pour émigrer vers des terres où les feux clignotants

Arnaud LeGrain/Agence Vu

Les Parisiens aujourd'hui

Moins nombreux
Evolution de la population (en millions)

1962 : 2,8
1968 : 2,6
1975 : 2,3
1982 : 2,17
1990 : 2,15

Le peuple artisan et ouvrier gouailleur ? Etranglé par la spéculation foncière, il a pris ses cliques et ses claques.

Plus vieux
Répartition par tranches d'âge (en %)

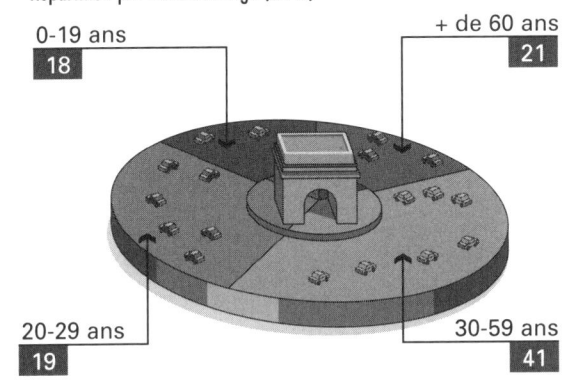

- 0-19 ans : 18
- 20-29 ans : 19
- 30-59 ans : 41
- + de 60 ans : 21

Plus aisés
Répartition par catégories socioprofessionnelles

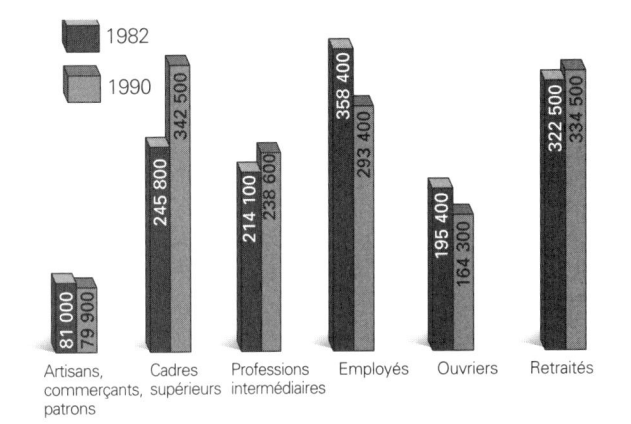

Catégorie	1982	1990
Artisans, commerçants, patrons	81 000	79 900
Cadres supérieurs	245 800	342 500
Professions intermédiaires	214 100	238 600
Employés	358 400	293 400
Ouvriers	195 400	164 300
Retraités	322 500	334 500

Sur les Champs-Elysées.

Faut-il fuir Paris ?

Touristes devant le Sacré-Cœur.

Moins d'entreprises, moins d'emplois
Transferts de sièges sociaux, de 1988 à 1993
(entreprises réalisant plus de 5 millions de chiffre d'affaires)

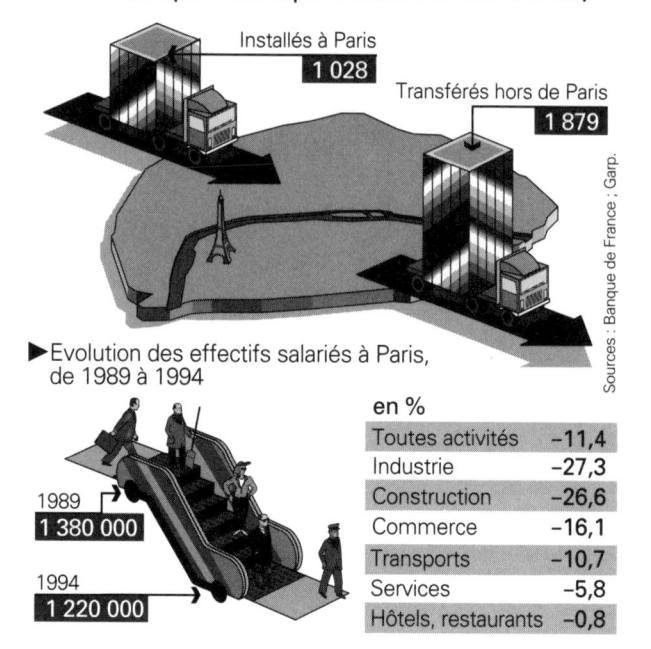

Installés à Paris : 1 028
Transférés hors de Paris : 1 879

Evolution des effectifs salariés à Paris, de 1989 à 1994
1989 : 1 380 000
1994 : 1 220 000

en %	
Toutes activités	−11,4
Industrie	−27,3
Construction	−26,6
Commerce	−16,1
Transports	−10,7
Services	−5,8
Hôtels, restaurants	−0,8

Sources : Banque de France ; Garp.

sont moins stressés. Dans un sondage publié par Le Nouvel Observateur en 1991, 57 % des Parisiens se disaient déjà « prêts à aller habiter ailleurs ».

4   Sans le babillage des enfants ni la mémoire des anciens, Paris n'est déjà plus vraiment dans Paris. Cœur refroidi d'une mégalopole de 10,5 millions d'habitants, la capitale tend peu à peu à ressembler à son centre historique : une salle des pas perdus pulsée par le RER, bientôt Eole, cisaillée d'axes rouges. Un échangeur de flux venant de toujours plus loin : les déplacements de une heure et demie sont passés de 300 000 à 450 000 entre 1982 et 1990 ! L'adolescence bariolée de la Seine-Saint-Denis déboule gare du Nord ou aux Halles, mais repart sans s'accrocher. Surreprésentés en revanche, les jeunes actifs célibataires très diplômés mettent pied à terre le temps de se placer dans les allées du pouvoir.

5   Parlons-en, du pouvoir. Du périmètre sacré des VIIe et VIIIe arrondissements, héritiers de la vocation éminemment politique du Paris universel. Une scène malade de son impuissance. Une scène qui, si l'on additionne les résultats, au premier tour de la présidentielle, des candidats issus des familles politiques représentées au Parlement, n'a rassemblé… que 50,6 % des Français en âge de voter. Les autres (49,4 %) ont voté blanc, Le Pen ou Laguiller, se sont abstenus ou n'étaient pas inscrits ! A-t-on remarqué que le candidat longtemps maire de Paris, Jacques Chirac, sentant la fronde contre l'establishment, n'a donné aucune interview à la presse quotidienne parisienne durant sa campagne ? Autre première : l'automne dernier, le boycottage de Paris par les manifestants des banlieues proches. Les protestataires de Bobigny défilaient à Bobigny. Ceux de Créteil à Créteil… Grève du pavé parisien qui en dit plus que tous les sondages. Si la « ville décor », la « ville muséifiée » reste universelle, c'est de plus en plus pour ses nuitées d'hôtel et pour son patrimoine pris d'assaut par la planète monde des tour-opérateurs. Attention : sous Paris-land, la braise du Paris magique et canaille est encore tiède ! Une étincelle suffirait à repeupler le théâtre d'ombres.

Guillaume Malaurie ●

AIDE-MÉMOIRE

Vocabulaire thématique

Paris ; les Parisiens ; (un Parisien / une Parisienne)

la capitale ; la ville ; la mégalopole (ville énorme)

les habitants de la ville ; la population urbaine ; le centre de la ville

la banlieue ; un(e) banlieusard(e) (habitant[e] de banlieue)

les moyens de transport :

les transports publics ; les transports en commun

une voiture particulière ; un conducteur / une conductrice

la circulation ; un embouteillage (de voitures)

une route ; une autoroute ; une route périphérique

une rue ; un trottoir ; un pavé ; un piéton / une piétonne

les élections :

voter ; le vote

voter blanc : ne pas se prononcer en votant

s'abstenir : ne pas voter

avoir l'âge de voter (18 ans) ; avoir le droit de voter

être inscrit(e) sur la liste électorale

les élections législatives : élire un député au Parlement

les élections présidentielles : élire le Président

la campagne électorale d'un(e) candidat(e)

Connotations socioculturelles

Paris : le contexte administratif

La centralisation a fait de Paris, capitale de la France, le centre politique, économique et culturel du pays. (Une politique de décentralisation depuis 1982 a donné aux 22 régions de France certains pouvoirs de décision.) La ville de Paris est constituée de vingt arrondissements à l'intérieur d'un boulevard périphérique. Elle est entourée d'une banlieue composée de trois départements formant la petite couronne : Hauts-de-Seine (ville principale : Nanterre) ; Seine-Saint-Denis (ville principale : Bobigny) ; Val-de-Marne (ville principale : Créteil). Ces départements sont entourés de quatre départements qui forment la grande couronne. Paris et les sept départements constituent l'Ile-de-France.

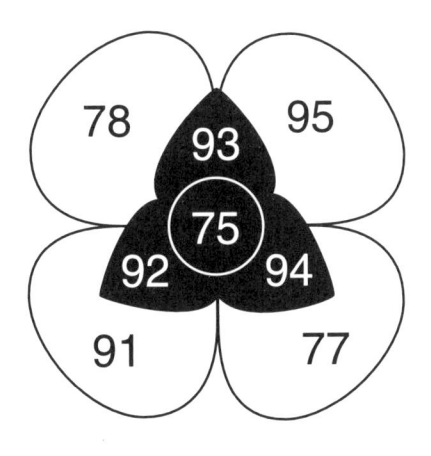

Logo de l'Ile-de-France

Présentés somme les pétales d'une fleur, les huit départements forment le logo de l'Ile-de-France :

75 Paris
92 Hauts-de-Seine
93 Seine-Saint-Denis
94 Val-de-Marne

91 Essonne
78 Yvelines
95 Val-d'Oise
77 Seine-et-Marne

Les vingt arrondissements de Paris (page 79)

les VIIe et VIIIe arrondissements : Paris politique (le Parlement, les Ministères, la résidence du Président)

le XVIe arrondissement de l'ouest de Paris : Paris riche et bourgeois

les XIXe et XXe arrondissements de l'est de Paris : Paris populaire et ouvrier

le IXe arrondissement : Paris financier (la Bourse)

les XIVe et XVIIIe arrondissements : Paris des arts (Montparnasse, Montmartre)

Les monuments de Paris

[2] **le Louvre :** ancien palais royal devenu un grand musée célèbre

la Grande Arche : située à la Défense, cette arche a été inaugurée pour commémorer le bicentenaire de la Révolution en 1989

la Bibliothèque nationale de France : les quatre tours de cette bibliothèque énorme ont été inaugurées en 1995

[1] **les Astérix... périphérique :** les résidents fiers et courageux de la ville de Paris qui, avec son boulevard périphérique, ressemble au village d'Asterix entouré d'un rempart. Asterix est le chef gaulois héroïque d'albums de bandes dessinées. Lui et ses villageois sont irréductibles (continuent à lutter contre l'adversité).

[2] **Levallois, Nanterre :** villes du département des Hauts-de-Seine

[3] **Paname :** nom populaire de Paris associé à la vie pittoresque et à la gouaille (esprit railleur) du peuple parisien. « Paname » est le titre d'une chanson très connu d'Edith Piaf.

la place du Tertre : située à Montmartre, cette place attire des foules de touristes

le poulbot : gosse folklorique de Montmartre créé par le dessinateur Francisque Poulbot (1879–1946) ; cf., le gamin de Paris railleur, Gavroche, personnage des *Misérables*

les Halles : ancien quartier du marché alimentaire de Paris, au cœur de la ville

Hôtel du Nord (1938) : film de Marcel Carné dans lequel Arletty joue le rôle d'une femme du peuple

la Ville lumière : nom donné à Paris en raison de ses illuminations mais aussi grâce aux idées et aux créations de ses intellectuels et artistes qui « éclairent » le monde

[4] **le RER :** le Réseau express régional ; des lignes de trains rapides qui relient Paris à la région parisienne ; un nouveau réseau encore plus rapide s'appelle « Eole ». Sur le plan de la capitale ces lignes sont rouges.

[5] **le premier tour de la présidentielle :** on vote deux fois (le premier tour et le deuxième tour) pour élire le Président. Jean-Marie Le Pen, candidat d'extrême-droite, et Arlette Laguiller, candidate d'extrême-gauche, ont été battus au premier tour des élections présidentielles de 1995. Jacques Chirac, maire de Paris de 1977 à 1995, a été élu Président au deuxième tour.

Paris-land : expression inventée qui imite « Disneyland », symbole de l'américanisation des loisirs culturels en France

Mots et expressions

fuir *quitter*

1. la peine *ici,* effort
la toux *cf.,* tousser
le pic *ici,* haut degré
sur quatre roues *en voiture*
l' âme (f.) *ici,* habitant
fiscal *en rapport avec les taxes*
le régime de faveur *situation avantageuse*
décroissant *diminuant*
la taxe d'habitation *taxe annuelle sur le logement*
grimper *ici,* augmenter

2. se rapetisser *devenir plus petit*
le siège social *bureaux de direction d'une entreprise*
filer *partir*
l' immobilier (m.) *immeubles de bureaux et de logements*
exigus *petits*

3. saisi à la gorge *mis en grande difficulté*
foncière *immobilière*
a pris... claques *est parti*
la pacotille *objet qui n'a aucune valeur*
l' hôtel (m.) meublé *hôtel de petits appartements modestes*
lever le camp *quitter un endroit*
se débrancher de *ici,* quitter
les feux (m. pl.) clignotants *petite lumière de signalisation d'une voiture*

4. le babillage *bavardage continuel*
la mégalopole *ici,* région
la salle des pas perdus *salle d'attente*
pulsée *ici,* alimentée
cisaillée *coupée*
l' échangeur (m.) *ici,* réseau
le flux *ici,* foules
le déplacement *voyage*
bariolée *portant des vêtements colorés*
débouler *arriver*
repart sans s'accrocher *ne reste pas*
les actifs (m. pl.) *personnes qui travaillent*
très diplômés *possédant beaucoup de diplômes, de qualifications*

5. issus des familles politiques *appartenant aux partis politiques*
la fronde *opposition*
défiler *marcher en file*
le pavé *trottoir*
muséifiée *transformée en musées et monuments*
la nuitée *durée du séjour dans un hôtel*
le patrimoine *ici,* héritage culturel
pris d'assaut *attaqué*
la braise *restes d'un feu*
canaille *d'une vulgarité spirituelle*
repeupler *redonner vie à*
l' ombre (f.) *fantôme*

DE LA COMPRÉHENSION À L'EXPRESSION

Questions et réponses

1. Quelles catégories d'habitants quittent Paris ? Pourquoi ?
2. Quelle catégorie d'habitants augmente ?
3. Quelle catégorie de gens constitue à Paris une population transitoire importante ?

Faut-il fuir Paris ?

4. Quelles sont les conséquences, citées par le journaliste, des inconvénients suivants de la vie à Paris :
   a. la pollution
   b. les embouteillages
   c. les taxes locales

5. Pourquoi est-ce que le département des Hauts-de-Seine attire les sièges sociaux des entreprises ?

6. Pourquoi est-ce que le départ du peuple artisan et ouvrier a changé le caractère de Paris ?

7. Qu'est-ce qui attire les familles et les retraités vers la banlieue ?

8. Est-ce que Paris reste le cœur aussi vivant qu'avant de la région parisienne ?

9. Comment est-ce que les élections présidentielles de 1995 ont révélé l'évolution du pouvoir politique à Paris ?

10. Qu'est-ce que les manifestations organisées en banlieue révèlent au sujet de la transformation de l'image de Paris ?

11. Quel effet est produit sur l'image de Paris par les touristes qui arrivent en si grand nombre ?

12. Selon le journaliste, est-ce que Paris pourrait retrouver sa personnalité d'autrefois ?

Interprétation des graphiques (pages 71 et 72)

Qu'est-ce que les graphiques révèlent sur

a. la population de Paris ?

b. l'âge des habitants ?

c. l'évolution des catégories socioprofessionnelles : Quelles catégories sont les plus représentées à Paris en 1982 et en 1990 ? Quelle catégorie a augmenté le plus en nombre entre 1982 et 1990 ? Quelle catégorie a diminué le plus ?

d. Est-ce que des entreprises se sont installées à Paris en plus grand nombre ou en plus petit nombre entre 1988 et 1993 ? Dans quels secteurs est-ce que le nombre d'emplois a baissé le plus ? Quelle est la conséquence de cette évolution sur la vie économique de Paris ?

Points de vue

1. **Les images d'une ville.** Qu'est-ce qui donne une personnalité à une ville ? Qu'est-ce qui fait la bonne réputation d'une ville
   a. auprès des habitants ?
   b. auprès des touristes ?

   La qualité de la vie a-t-elle la même importance pour les habitants d'une ville et pour les touristes qui la visitent ? Illustrez vos réponses en donnant des exemples soit de Paris, soit d'une ville de votre pays.

2. Selon le journaliste, Paris a perdu sa vivacité et sa chaleur humaine : « Paris n'est déjà plus vraiment dans Paris. » Pensez-vous que le journaliste exagère ? Quel sentiment domine à la fin de l'article : la nostalgie ? le pessimisme ? l'optimisme ? Pourquoi ?

3. Quelles sont les conséquences positives ou négatives du tourisme pour une ville célèbre ?

4. Pensez-vous qu'une ville doit évoluer comme une culture et ne pas rester inchangée afin de préserver son identité ? Comment une ville célèbre peut-elle devenir une « ville décor » ? Est-ce une bonne chose ? Pourquoi ?

A votre tour

1. Avez-vous envie de visiter Paris ? Pourquoi ? Avez-vous envie de vivre à Paris ? Pourquoi ?

2. En prenant la vie à Paris comme exemple, résumez les inconvénients cités par le journaliste. Quelle en est la conséquence principale ? Par contre, quels sont les attraits de Paris pour les touristes ?

3. Faites le portrait de votre ville selon les thèmes développés par le journaliste dans cet article.

4. Aimeriez-vous mieux vivre au centre de la ville ou en banlieue ? Expliquez pourquoi.

Manières de dire

1. « Paris superlatif avec son Grand Louvre, sa Grande Arche et sa « très grande » Bibliothèque nationale de France... » Décrivez cinq monuments ou quartiers de Paris en utilisant le superlatif.

   Exemples : Le Louvre est le plus grand musée de France.
   Le Louvre est le musée le plus célèbre de France.

2. Le vocabulaire du départ. Retrouvez dans l'article les mots et expressions qui, comme le mot « fuir » du titre, ont le sens de « quitter un endroit » ou « partir ».

Ici et ailleurs

Faites la comparaison de Paris et la capitale ou une grande ville de votre pays.

a. Sur le plan des conditions de vie des habitants : Est-ce que la ville de votre pays est en train de suivre la même évolution démographique que Paris ? Si oui, quelles catégories de résidents partent vivre en banlieue ? Pourquoi ?

b. Sur le plan du tourisme : Qu'est-ce qui attire les touristes dans cette ville ? Quelles ont été les conséquences du tourisme sur cette ville ?

« Il y a une vie après le périph' »

[1] « Pour nous, Parisiens, il était inconcevable de franchir le périphérique pour aller nous installer en banlieue. » Mais, voilà. Quand, il y a six ans, le propriétaire de la petite maison que Régis et Anne-Monique Latimier louent du côté de Bercy, dans le XIIe arrondissement, leur annonce qu'il récupère son bien, ce couple d'architectes d'une trentaine d'années, avec, à l'époque, deux jeunes enfants et des revenus variant en fonction des marchés qu'ils décrochent, doit bien se rendre à l'évidence : pour 4 500 francs par mois — leur ancien loyer — ils ne trouveront rien d'équivalent dans la capitale. Acheter ? Avec l'aide des parents et des banques, c'est possible. Du moins, ils le croyaient. « Grâce aux emprunts, on pouvait tabler sur 1 million de francs. Mais avec 1 million, dans Paris, on n'a rien ou presque », se rappelle Régis, qui n'a pas oublié le minuscule appartement de trois pièces donnant sur les voies de la gare de Lyon qu'on leur avait proposé pour ce prix.

[2] La mort dans l'âme, ils se résignent à émigrer de l'autre côté du périph'. « On avait tous les clichés dans la tête, se souvient Anne-Monique. La peur de l'isolement, l'insécurité, les heures de voiture pour aller travailler. »

LeGoy/Gamma Liaison

78 L'Express

³ Après avoir éliminé la banlieue ouest – trop chère – détesté celle du sud – trop laide – ils se décident pour l'est. Ce sera un pavillon à Fontenay-sous-Bois, de l'autre côté du bois de Vincennes, à une petite demi-heure de RER du centre de Paris. Pas vraiment l'enfer. Bien sûr, au début, leurs connaissances parisiennes se moquent un peu d'eux. « Dîner ? Non. Mais on viendra passer le week-end ! » Six ans plus tard, Anne-Monique et Régis n'ont pas perdu un seul de leurs amis. Ceux-ci viennent régulièrement passer la soirée chez eux, et inversement. « C'est vrai, nous avons la chance de pouvoir travailler à domicile, de ne pas avoir d'horaires fixes et, donc, de ne pas subir les encombrements aux portes de Paris. C'est un gros avantage », reconnaît Régis. Aujourd'hui, ils sont sous le charme. « Même si près de Paris, il y a un petit côté province. Les gens sont plus aimables, moins indifférents. Tout est facile, et proche, pour les activités extrascolaires des enfants », dit Anne-Monique.

⁴ Les deux voitures du couple sont garées sur le trottoir, devant chez eux. En six ans, ils n'ont eu aucun PV ! Mais la venue d'un nouvel enfant va les obliger à déménager à Nogent-sur-Marne. Banlieue, quand tu nous tiens !

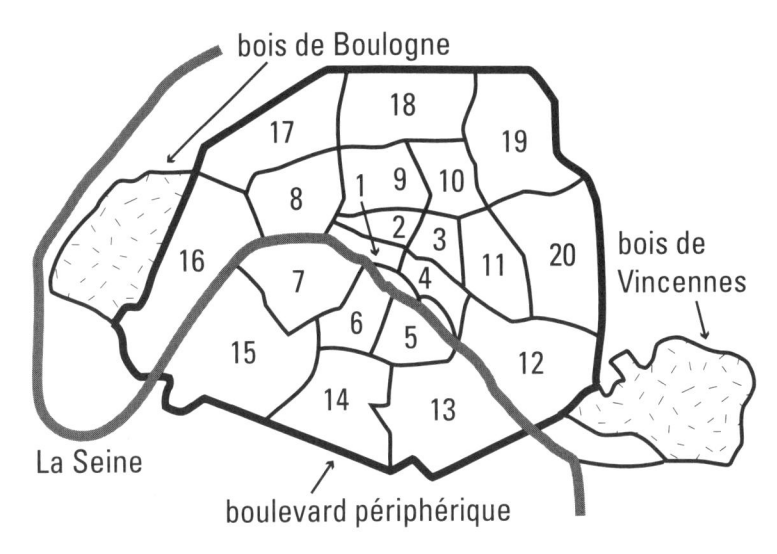

Les grandes gares parisiennes desservent la banlieue.

Bernard Mazières ●

« Il y a une vie après le périph' » 79

AIDE-MÉMOIRE

Connotations socioculturelles

le périph' : (fam.) le boulevard périphérique qui entoure la ville de Paris et qui sépare la ville de la banlieue.

[1] **le XIIe arrondissement** : voir p. 79

[3] **le bois de Vincennes** : forêt de l'est de Paris ; cf., le bois de Boulogne de l'ouest de la ville

le RER : le Réseau express régional ; des lignes de trains rapides qui relient Paris à la région parisienne

un petit côté province : selon les Parisiens, l'animation de la vie à Paris est supérieure à la tranquillité et à l'isolement de la vie en province où l'on s'ennuie. Ce snobisme parisien s'appelle le parisianisme.

[4] **Nogent-sur-Marne** : ville de la banlieue est, plus loin de Paris que Fontenay-sous-Bois

Mots et expressions

[1] **franchir** traverser
récupère son bien reprend la maison
des marchés qu'ils décrochent du travail qu'ils obtiennent
se rendre à l'évidence accepter la réalité
tabler sur rassembler

[3] **le pavillon** maison
l' enfer (m.) *contraire,* le paradis

les connaissances (f. pl.) *ici,* amis
inversement *ici,* les Latimier vont chez leurs amis
l' encombrement (m.) embouteillage

[4] **le PV** procès-verbal ; amende à payer si une voiture est en stationnement interdit
tenir posséder

DE LA COMPRÉHENSION À L'EXPRESSION

Questions et réponses

1. Pourquoi les Latimier ont-ils dû quitter leur maison parisienne ?
2. Ont-ils essayé de trouver un nouveau logement à Paris ?
3. Pourquoi ont-ils quitté Paris pour vivre en banlieue ?
4. Au début, étaient-ils heureux de ce choix ?
5. Quelles idées avaient-ils de la vie en banlieue ?
6. Dans quelle banlieue ont-ils décidé de vivre ? Est-ce que c'était très loin de Paris ?
7. Comment est-ce que l'attitude de leurs amis a évolué quand les Latimier se sont installés en banlieue ?

80 L'Express

8. Pourquoi est-ce que la vie des Latimier est différente de la vie habituelle des habitants de banlieue ?

9. Qu'est-ce qui plaît aux Latimier dans leur vie de banlieue ?

10. Pourquoi vont-ils déménager de nouveau ? Vont-ils retourner habiter à Paris ?

Jeu de Rôles

D'abord faites le portrait de la famille Latimier :

a. profession des parents

b. niveau de vie

c. logement

d. nombre d'enfants

e. vie familiale

Ensuite imaginez le portrait de leurs meilleurs amis, Guy et Corinne Bernard, qui ont un enfant et qui habitent le XIVe arrondissement de Paris :

a. profession des parents

b. niveau de vie

c. logement

d. nombre d'enfants

e. vie familiale

f. loisirs et vie culturelle

Créez et jouez des dialogues entre les Latimier et les Bernard :

a. quand les Latimier doivent quitter leur maison du XIIe arrondissement et cherchent un autre logement à Paris

b. quand les Latimier se résignent à franchir le périphérique et à habiter la banlieue

c. quelques années plus tard, à l'occasion d'un dîner chez les Latimier

d. quand les Latimier annoncent aux Bernard qu'ils vont déménager de nouveau et rester en banlieue

Lettres

1. Vous êtes soit Anne-Monique, soit Régis Latimier. Vous écrivez à un(e) ami(e) qui habite l'étranger. Vous racontez votre vie en banlieue (ses avantages et ses inconvénients).

2. Vous êtes un des enfants Latimier. Vous écrivez à votre correspondant(e) américain(e). Vous lui parlez de votre vie familiale et scolaire et de vos sorties à Paris.

Serions-nous allés trop vite et trop loin dans l'industrialisation de notre alimentation ? Des légumes aux animaux de boucherie, L'Express a remonté les filières.

Ce que nous mangeons vraiment

Comme le nucléaire, l'alimentaire est aujourd'hui une technologie à haut risque. Encore faut-il le considérer comme tel.

1 Dis-moi ce que tu manges, je te dirai ce que tu es... Poulets aux antibiotiques, jambons de porcs stressés, tomates montées sans terre, salades sous gaz, purées de pommes de terre aux sulfites, bœuf miroton aux bêta-agonistes... Ces plats aux noms poétiques composent désormais nos menus les plus classiques. S'il est vrai, comme le suggérait Brillat-Savarin, que les Français ressemblent à leur assiette, il y a de quoi s'interroger sur notre identité.

2 Certes, l'affaire des vaches folles n'a pas provoqué chez nous la panique annoncée : malgré la crise, près d'un Français sur deux se sent toujours la fibre patriotique et consomme chaque semaine son steak frites. Mais elle a contribué à nous révéler une autre France à table : le pays de la bonne bouffe, qui fait d'une étoile au Michelin une affaire nationale, a avalé la révolution agroalimentaire sans le moindre hoquet.

³ Adieu veaux, vaches, cochons, couvées... Actuellement, 7 plats sur 10 sont issus de l'usine. Les plantes et les animaux sont devenus des matières premières, que l'on isole, transforme, recompose et raffine, comme on le fait pour le pétrole. Prenez du soja ou des pois chiches, extrayez-en les protéines, étirez-les en filaments, modelez la texture à la machine, ajoutez des arômes et des colorants, et voilà des petits lardons sans lard pour les quiches, du bœuf sans bœuf pour le bourguignon ou du crabe sans crabe pour l'apéritif. Notre alimentation est entrée dans l'ère du préfabriqué.

⁴ Depuis trente ans, les industriels n'ont ainsi cessé d'« optimiser » leur production et de réduire le temps de fabrication. Après l'agriculture, c'est l'élevage qui est devenu intensif : les poulets abattus à 6 semaines, les veaux à 3 mois... La poule ? On lui coupe le bec, la crête. Parfois, on lui cloue des lunettes... Le résultat est là : les pondeuses produisent plus d'œufs, les vaches plus de lait, les bœufs et les veaux plus de viande (la production de viande a doublé en trente ans). Tout cela pour répondre aux exigences de la modernité : moins cher, plus vite, plus pratique. Et plus sain ?

⁵ Il faut le reconnaître, les aliments d'aujourd'hui sont mieux contrôlés et plus sûrs qu'autrefois. Jamais on ne s'est tant préoccupé de la santé. Les techniques de réfrigération, de congélation, de conservation ont considérablement réduit les risques alimentaires. Certaines usines sont aseptisées comme des blocs opératoires, avec des salles stériles, des sas de sécurité. Et pourtant...

Le réveil du bon sens

⁶ Pourtant, de nouvelles menaces apparaissent. Nous consommons des animaux malades : anémiés, stressés, bourrés d'antibiotiques, mutilés, herbivores rendus carnivores, et parfois cannibales (oui, c'est le cas de certaines volailles sujettes à de vraies crises hystériques) ; nous avalons des plantes forcées, irradiées, bientôt génétiquement manipulées. Que sait-on vraiment de leurs effets à long terme sur notre santé ? Ne risque-t-on pas, en brisant les barrières entre les espèces, de voir la nature se rebeller ?

⁷ Autre nouveauté : chaque mets est un assemblage si complexe qu'il devient difficile de connaître l'origine de ses composants. Notre alimentation est sans frontières. Elle s'est standardisée, uniformisée, mondialisée. Donc, fragilisée : il suffit d'un virus pour décimer les récoltes de toute une région ; d'une maladie nouvelle pour menacer un secteur industriel entier, et le consommateur, au bout de la chaîne...

⁸ Est-on allé trop vite, trop loin ? Comme le nucléaire, l'alimentaire est désormais une technologie à haut risque. Encore faudrait-il le considérer comme tel. Innover dans la transparence et dans l'information ; multiplier les indications de provenance ; revoir les instances de contrôle (les responsabilités sont actuellement éclatées entre quatre ministères en France, entre plusieurs directions à Bruxelles). Il faudrait aussi des consommateurs plus actifs, plus conscients...

⁹ Aujourd'hui, les labels, qui promeuvent le poulet fermier, les œufs de poule de plein air ou les veaux élevés « sous la mère » (heureuses bêtes !), recueillent un succès croissant. Et voilà que les scientifiques recherchent les arômes perdus et traquent les saveurs d'antan. Le réveil du bon sens ? On le sait, le bonheur n'est plus dans le pré, on ne reviendra pas de sitôt à l'artisanat. Mais peut-être saura-t-on concilier industrie et gastronomie ? Et, comme le proposait Brillat-Savarin — toujours lui — réapprendre non seulement à se nourrir, mais aussi à (bien) manger ?

Dominique Simonnet ●

Ce que nous mangeons vraiment

AIDE-MÉMOIRE

Vocabulaire thématique

la gastronomie ; la tradition gastronomique ; les amateurs de gastronomie ; un(e) gastronome

la cuisine française ; la tradition culinaire

l'alimentation (f.) ; la nourriture

l'alimentation standardisée / industrielle

l'industrie (f.) ; un industriel ; l'industrie agroalimentaire

l'agriculture (f.) ; un agriculteur ; le secteur agricole

produire ; la production ; un produit

fabriquer ; la fabrication de substituts alimentaires

les animaux de boucherie ; les hormones de croissance

la volaille ; le poulet de batterie traité aux antibiotiques

les légumes ; les traitements aux pesticides

la réfrigération ; la congélation ; des produits surgelés

le repas ; le déjeuner ; le dîner

le menu classique : une entrée ; un plat principal ; un dessert

un plat ; une assiette ; un mets

goûter ; le goût

savourer ; la saveur ; un plat savoureux

Connotations socioculturelles

[1] **Anthelme Brillat-Savarin (1755–1826)** : gastronome français célèbre, auteur de la *Physiologie du goût* (1826)

[2] **l'affaire des vaches folles** : en 1996 la maladie des vaches folles s'est répandue depuis l'Angleterre à travers l'Union européenne en raison de l'utilisation de farines animales pour nourrir des animaux de boucherie. Cette maladie mortelle a été attrapée par des gens qui ont mangé du bœuf. Le transfert d'une maladie mortelle de l'animal à l'homme par les techniques industrielles d'alimentation a effrayé le public qui a diminué sa consommation de bœuf.

une étoile au Michelin : la compagnie de pneus Michelin publie un guide où les meilleurs restaurants sont classés selon une, deux ou trois étoiles. La publication annuelle de ce classement suscite beaucoup de débats car la réputation gastronomique des restaurants chez le public en dépend.

[8] **Bruxelles** : la Commission des Communautés européennes qui se trouve à Bruxelles est responsable de l'administration de l'Union européenne

[9] **« Le bonheur est dans le pré »** : selon ce poème de Jacques Prévert (1900–1977), il faut vite attraper le bonheur simple qui existe près de vous

Mots et expressions

1. **le sulfite** sel de l'acide sulfureux

    le bœuf miroton plat traditionnel de ragoût de viande

    le bêta-agoniste substance qui gonfle la masse musculaire des bœufs

    il y a de quoi il faudrait

2. **se sent... patriotique** garde les habitudes françaises

    la bouffe (fam.) nourriture, cuisine

    avaler *ici,* accepter

    l' agroalimentaire (m.) industrie de transformation des produits agricoles

    le hoquet *ici,* problème

3. **couver** *ici,* élever avec affection

    être issus de sortir de

    la matière première produit destiné à être transformé

    les pois chiches (m. pl.) pois secs de couleur jaune

    extraire enlever

    le filament fil très mince

    le lardon petit morceau de lard pour accommoder un plat

    l' apéritif (m.) boisson servie avant le repas et parfois accompagnée de petits canapés faits avec du crabe, etc.

4. **abattre** tuer

    clouer (fam.) mettre

    la pondeuse poule qui pond des œufs

    l' exigence (f.) besoin

    sain(e) cf., la santé

5. **aseptisées** stérilisées contre les maladies

    le sas double porte

6. **anémiés** les veaux sont anémiés pour produire de la viande très blanche

    sujet(tes) à qui peuvent être victimes de

    avaler manger

    irradiées exposées à des radiations

    briser casser

7. **le mets** plat

    décimer détruire rapidement

8. **dans la transparence** sans rien cacher

    la provenance origine

    éclatées dispersées

9. **promouvoir** faire de la publicité pour

    recueillir avoir

    traquer rechercher

    d'antan du temps passé

    de sitôt prochainement

    concilier mettre en accord

DE LA COMPRÉHENSION À L'EXPRESSION

Questions et réponses

1. Qu'est-ce qui caractérise les « plats » cités au premier paragraphe ?

2. Est-ce que le nom des « plats » cités figure vraiment dans les menus français classiques ? Pourquoi ?

3. Quelle est l'image gastronomique traditionnelle de la France ?

4. Quelle révolution a changé ce que les Français mangent ?

5. Quel exemple démontre que l'« alimentation est entrée dans l'ère du préfabriqué » ?

6. Pourquoi est-ce que les industriels ont fixé comme objectif de produire « moins cher » et « plus vite » ?

7. Comment est-ce que les industriels rendent leurs produits plus sains ?

8. Qui sont les victimes de ces pratiques ?

9. Pourquoi est-ce que les conséquences d'« un virus » ou d'« une maladie nouvelle » pourraient être si graves ?

10. Quelles solutions sont proposées pour diminuer les risques de la technologie alimentaire ?

11. Qu'est-ce qui indique chez les consommateurs et chez les scientifiques que les gens ont encore envie de bien manger ?

Points de vue

1. **La France à table.** Quelle est l'image traditionnelle de la gastronomie française ? Pourquoi ? Quelle révolution est en train de changer cette image ? Pourquoi ?

2. Est-il possible dans la société actuelle de faire l'équilibre entre les traditions gastronomiques du passé, selon lesquelles le consommateur demande des aliments de qualité, et l'alimentation préfabriquée qui devient un phénomène international ? Justifiez votre opinion en donnant des exemples précis.

3. « Comme le nucléaire » la technologie alimentaire est aujourd'hui « une technologie à haut risque ». Cette comparaison vous parait-elle justifiée ou exagérée ? Donnez vos raisons.

4. Les plaisirs des yeux, les plaisirs des oreilles, les plaisirs du goût. Est-ce que ces plaisirs sont comparables ? Est-ce qu'ils sont menacés de la même façon par l'évolution technologique ? Expliquez pourquoi.

A votre tour

1. Quelle image avez-vous de la cuisine française ? Donnez des exemples précis.

2. Racontez vos souvenirs d'un repas que vous avez particulièrement apprécié. C'était à quelle occasion ? Quel était le menu ? Comment était l'ambiance ?

3. Vous vous inquiétez des risques associés aux nouvelles techniques de production industrielle de l'alimentation. Préparez une campagne (slogans, publicités, tracts, etc.) pour alerter les consommateurs sur ces risques.

4. Quelles précautions pourrait-on prendre pour protéger la santé des animaux et la santé des consommateurs dans la chaîne de production des aliments ? Faut-il interdire les manipulations de la nature ?

Manières de dire

1. *La préposition* **à**. Remarquez l'utilisation de la préposition **à** dans les noms de plats, par exemple une tarte aux pommes, une glace à la vanille. Ensuite relisez le premier paragraphe en observant comment cette construction est utilisée pour inventer de nouveaux plats.

2. *L'impératif.* Dans des recettes de cuisine, les verbes sont très souvent à l'impératif. Relisez au troisième paragraphe la recette des « petits lardons sans lard » : « Prenez du soja... colorants ». Imaginez la recette d'un autre aliment préfabriqué ou d'un plat traditionnel.

Ici et ailleurs

Quelles sont les habitudes alimentaires dans votre pays ? Quels sont les plats traditionnels ? Mange-t-on plutôt des produits naturels ou des produits fabriqués industriellement ? Pourquoi ? Quelle attitude a-t-on dans votre pays envers la gastronomie ? Quelle proportion de la population serait d'accord avec le proverbe « Il faut manger pour vivre et non vivre pour manger » ?

« Il faut civiliser le nouveau monde du travail »

Pour Bernard Perret, la précarité et l'éclatement des statuts, la désarticulation du Code du travail sont en train de saper les fondements de la citoyenneté sociale. Il propose donc de redonner au travail un socle juridique cohérent

[1] **L'EXPRESS : La crise sévit depuis vingt ans et la classe politique ne cesse de pronostiquer le retour imminent de l'expansion, qui aurait simplement fait une fugue. Vous dites au contraire que cette croissance façon Trente Glorieuses est révolue, qu'il faut en faire son deuil.**

BERNARD PERRET : La croissance ralentit, du moins dans nos vieux pays, et cela va durer. Or passer de 5 % de croissance à moins de 2 %, avec une alternance de petites reprises et de récessions, ce n'est pas seulement s'enrichir moins vite, c'est surtout rendre plus difficile l'ajustement entre l'offre et la demande d'emploi. Entre les deux, l'angle mort de la précarité et du chômage ne cesse de s'élargir. Et l'emploi « normal », régi par un contrat à durée indéterminée, qui était la règle, tend à devenir un privilège.

[2] **– Vous ne cédez pas à la déprime ambiante ?**
– La crise est la conséquence de mutations évidentes et irréversibles. L'intensification de la concurrence internationale oblige les entreprises à serrer leurs coûts et à être plus flexibles. Et on ne peut plus compter sur l'Etat pour organiser la relance en augmentant des dépenses publiques. Mais le plus important, c'est l'épuisement d'un modèle de consommation dont le moteur était l'équipement des ménages en biens durables, tels que la voiture ou la machine à laver. Nous sommes à l'heure actuelle sur des marchés de renouvellement, et l'arrivée du multimédia n'y changera rien. Les besoins d'avenir sont du côté des services, mais ceux-ci ne génèrent pas la même dynamique. Le chômage de masse est devenu un phénomène structurel : la meilleure preuve, c'est que l'entreprise France, quatrième exportateur mondial, se porte plutôt bien. Les performances économiques vont de pair avec la destruction des liens sociaux.

[3] **– Un diagnostic indicible parce que trop désespérant ?**
– Non. Je dirais plutôt que ce constat implique un tel renouvellement de la pensée politique que beaucoup de nos responsables préfèrent la dénégation. Comprenez bien que c'est l'idée même que nous nous faisons du progrès qui est en cause. La croissance forte autorisait une traduction socio-économique de l'idéal émancipateur de la philosophie des Lumières. Chacun pouvait espérer améliorer son statut social, suivre une carrière ascendante, et penser que ses enfants feraient de même. Le travail salarié était régi par des normes communes, valables aussi bien pour le cadre que pour l'ouvrier. Et le conflit de classe constituait paradoxalement un puissant mécanisme d'intégration pour les plus faibles. Aujourd'hui, la précarité et

> Les Français commencent à travailler de plus en plus tard
Taux d'activité des moins de 25 ans
57 % (1962) — 49,5 % (1975) — 30 % (1995)

> Ils prennent leur retraite de plus en plus tôt
% des actifs qui ont quitté leur travail entre 55 et 64 ans
43 % (1962) — 51 % (1975) — 64 % (1995)

« Penser qu'il suffirait de travailler moins pour vaincre le chômage, c'est simpliste. Je préfère distinguer l'aménagement du temps de travail du partage de l'emploi. »

l'éclatement des statuts, la désarticulation du Code du travail sont en train de saper les fondements de la citoyenneté sociale. Mine de rien, c'est le contrat social lui-même qui est remis en question. Ne nous y trompons pas, après le travail, ce sera au tour du civisme et de la démocratie de trembler sur leurs bases.

4 — **A moins que l'on ne cherche à maîtriser cette mutation.**
— Au lieu de s'adapter de manière défensive aux changements économiques, il faut chercher à les inscrire dans une perspective positive. Passer de la dérégulation honteuse à la reconstruction. Quoi qu'il arrive, la mobilité, la flexibilité et la polyvalence feront partie du paysage, mais il est possible que ces évolutions soient anticipées, préparées et négociées. Les individus peuvent y trouver leur compte, à certaines conditions. Si l'on veut civiliser ce nouveau monde du travail, la première chose à faire est de lui redonner un socle juridique cohérent.

5 — **Mais encore ?**
— Prenez le contrat d'activité que met en avant le rapport de la commission Boissonnat. Il esquisse la figure de ce nouveau salarié : pluriactif, passant sans rupture du travail à la formation, du temps plein au temps partiel, au service de plusieurs employeurs privés ou publics. Cela reste à préciser, mais on voit bien l'idée : sortir du bricolage actuel, générateur de confusion, d'insécurité et d'iniquité, réintégrer dans un nouveau droit commun les situations atypiques ou précaires telles que les stages de formation, les emplois d'insertion et l'intérim, qui n'ont cessé de se multiplier ces dernières années. Réévaluer le statut juridique de ces personnes, c'est aussi, ne l'oublions pas, leur donner de nouveaux moyens pour se défendre collectivement et lutter contre les abus.

6 — **Vous appelez donc à définir les normes générales d'un nouveau droit social commun à tous. Pour les applications concrètes, vous estimez qu'il convient de laisser une grande marge de liberté aux partenaires sociaux, région par région, entreprise par entreprise...**
— Tout à fait. Nous avons besoin de règles et d'orientations générales, mais il faut pouvoir les adapter par la négociation à des situations concrètes très diversifiées. C'est l'essentiel si l'on veut avancer sur le dossier de l'aménagement du temps de travail. Je ne crois pas qu'il faille imposer une nouvelle durée hebdomadaire, semaine de quatre jours ou autre.

7 — **A entendre certains prophètes de la réduction du temps de travail, tout pourrait s'arranger par une seule loi qui imposerait les 32 heures...**
— Penser qu'il suffirait de travailler moins pour vaincre le chômage, c'est simpliste. Je préfère pour ma part distinguer la question de l'aménagement du temps de travail de celle du partage de l'emploi. S'il faut réduire les horaires, c'est au moins autant pour permettre aux gens de trouver un meilleur équilibre de vie que pour augmenter le nombre des emplois. Sans oublier la possibilité ainsi offerte de se rendre utile autrement qu'en travaillant. Les besoins sociaux sont illimités, mais tous ne trouveront pas de réponse dans l'extension indéfinie de l'économie monétaire et du travail salarié. Il n'est d'ailleurs pas sain de s'en remettre toujours davantage à des professionnels pour accomplir des tâches que chacun devrait assumer dans son environnement rapproché : assistance aux personnes âgées, soutien scolaire, animation culturelle et sportive, etc. Quant au partage de l'emploi, c'est d'abord une question de statut et de rémunération. Cela saute aux yeux quand on voit des jeunes en contrat emploi-solidarité qui font le même travail qu'un fonctionnaire. L'une des voies pour concilier le partage et l'amélioration de la qualité de la vie serait de réagencer le cycle de la vie active. La séquence classique études — carrière professionnelle — retraite ne fonctionne plus. On travaille

toujours plus tard, et on est mis à l'écart de plus en plus tôt. Je suis convaincu qu'il y a là une immense opportunité. Pourquoi ne pas instituer une seconde vie active, plus autonome, qui commencerait avant 55 ans et se prolongerait au-delà de 65 ans, en élargissant le cadre étroit de la préretraite progressive ? On imagine sans peine les services utiles à la collectivité qui pourraient ainsi se développer. De la même manière, pour les jeunes, l'allongement des études peut être couplé avec une intégration progressive au monde de l'entreprise. Mais aussi avec des temps d'initiation à la vie sociale. A cet égard, l'idée de service civique me semble aller dans le bon sens.

8 – **La crise du travail salarié, ce n'est pas seulement une calamité ?**

– C'est une épreuve. Mais n'idéalisons pas la condition salariale : nombre de socialistes exigeaient son abolition jusqu'au début du XXe siècle ! Serait-ce un idéal indépassable que d'être mobilisé huit heures par jour et sommé de pointer matin et soir ? Nous sortons peu à peu du travail subordonné, subi comme une pure contrainte, pour entrer dans un univers de responsabilité personnelle envers l'employeur, mais aussi envers les collègues, les clients. Et surtout, la vie ne sera plus organisée autour du seul travail. Les droits aux loisirs, à l'épanouissement individuel, à la formation, à la redécouverte d'autrui, auquel on peut rendre des services sans nécessairement les monnayer, ne relèvent plus de la fiction. Il ne tient qu'à nous que cette évolution ne soit pas subie, mais assumée comme une chance.

Guillaume Malaurie ●

AIDE-MÉMOIRE

Vocabulaire thématique

Le monde du travail

faire des études ; entrer dans la vie active ; faire un stage de formation ; bénéficier d'un emploi d'insertion ; faire de l'intérim / faire un travail intérimaire ; trouver un emploi permanent

l'offre et la demande d'emploi

un emploi stable / un travail à temps plein / un contrat de travail à durée indéterminée

un emploi précaire (la précarité) / un « petit boulot » / un travail à temps partiel / un contrat de travail à durée déterminée

le travail salarié / rémunéré ; le travail bénévole

le chômage ; être au chômage ; un chômeur / une chômeuse

l'employeur ; l'employé(e) ; le (la) fonctionnaire

les collègues de travail ; les travailleurs

un patron / une patronne ; un(e) cadre ; un ouvrier / une ouvrière

---

Connotations socioculturelles

le Code du travail : ensemble des lois et décrets qui réglementent les conditions du travail

[1] **la croissance façon Trente glorieuses** : pendant les trente années depuis la fin de la Deuxième Guerre mondiale jusqu'en 1975, la France a connu une période de croissance économique permanente

le contrat de travail : en France, quand on commence un travail, on signe un contrat où sont indiquées les conditions d'emploi. A tous les niveaux, la signature d'un contrat de travail entre l'employeur et l'employé est obligatoire, même pour les petits travaux à mi-temps.

² **le rôle de l'Etat :** en France, l'Etat joue un rôle important dans la planification économique par l'intermédiaire du grand nombre d'entreprises nationalisées. Dans des pays comme les Etats-Unis, où existe une économie libérale, l'intervention de l'Etat est moins grande car on laisse les forces du marché fonctionner librement.

³ **la philosophie des Lumières :** le XVIIIe siècle français est appelé le siècle des Lumières en raison des nouvelles idées disséminées par des philosophes comme Voltaire (1694–1778), Diderot (1713–1784) et Rousseau (1712–1778), auteur du *Contrat social*

⁶ **les partenaires sociaux :** chaque année l'Etat convoque les représentants des employeurs et ceux des syndicats pour discuter les salaires des travailleurs et les conditions de l'emploi

⁷ **les jeunes en contrat emploi-solidarité :** afin de diminuer le chômage, l'Etat donne une aide financière aux employeurs qui donnent aux gens qui sont au chômage depuis plus de deux ans un travail d'au moins vingt heures par semaine

la vie active : la vie du travail ; la « population active » désigne tous les gens ayant une activité professionnelle et aussi ceux qui cherchent un emploi

---

Mots et expressions

la **précarité** vie sans un emploi stable
l' **éclatement** (m.) dispersion
le **statut** loi, convention
saper détruire
la **citoyenneté** cf., un citoyen / une citoyenne
le **socle** base

¹ la **crise** *ici*, crise économique
sévir exister
pronostiquer prédire
la **fugue** escapade
révolue finie
en faire son deuil l'enterrer
régir réglementer

² la **déprime** sentiment dépressif
ambiante courante
la **mutation** changement
serrer diminuer
la **relance** reprise économique
le **ménage** *ici*, famille
aller de pair avec accompagner

³ **indicible** qu'on ne peut pas exprimer
le **constat** observation
préfèrent la dénégation préfèrent le nier
des normes (f. pl.) **communes** les mêmes règles
le **civisme** sentiment civique

⁴ **y trouver leur compte** en profiter

⁵ le **bricolage** *ici*, série de solutions temporaires
les **emplois** (m. pl.) **d'insertion** emplois créés pour donner du travail aux chômeurs
les **abus** (m. pl.) *ici*, exploitation par des employeurs malhonnêtes

⁶ l' **aménagement** (m.) modification

⁷ **je préfère... distinguer** moi, je préfère séparer
s'en remettre à donner la responsabilité à
réagencer réorganiser
mis à l'écart mis à la retraite
le **cadre** *ici*, limite
la **préretraite** retraite commencée avant l'âge fixé par la loi

la collectivité ensemble de la société

8 **l' épreuve** (f.) période difficile

indépassable *ici*, parfait

sommé de pointer obligé de signaler sa présence

l' épanouissement (m.) réalisation de son potentiel

monnayer faire payer

relever de appartenir à

il ne tient qu'à nous cela ne dépend que de nous

DE LA COMPRÉHENSION À L'EXPRESSION

Questions et réponses

1. Qu'est-ce qui est arrivé à la croissance économique dans les vieux pays comme la France ?
2. Quelles en ont été les conséquences pour la situation du travail ?
3. Comment est-ce que l'évolution de la consommation des ménages et la croissance du secteur des services ont contribué au chômage ?
4. Pourquoi est-ce que l'idée du progrès a été au cœur des transformations sociales jusqu'à la crise économique ?
5. Quels effets ont été produits sur les liens sociaux par la fin du plein emploi ?
6. Comment pourrait-on faire face de manière positive aux changements actuels des conditions de l'emploi ?
7. Qu'est-ce qui va caractériser le nouveau salarié ?
8. Quels seraient les avantages de réduire les heures du travail hebdomadaire ?
9. Pourquoi est-ce que la solution de partager un emploi entre plusieurs travailleurs comporte des risques ?
10. Comment est-ce que Bernard Perret propose de modifier le cycle traditionnel de la vie active ? Pourquoi ?
11. Dans quelles conditions est-ce que le travail salarié peut cesser d'être une contrainte ?

Interprétation du graphique (page 88)

1. Qu'est-ce qui montre que les Français commencent à travailler de plus en plus tard ? Citez plusieurs raisons de cette évolution.
2. Qu'est-ce qui montre que les Français prennent leur retraite de plus en plus tôt ? Citez plusieurs raisons de cette évolution.

Points de vue

1. Quels sont les avantages et les inconvénients d'un emploi stable par rapport à un emploi précaire ? Est-ce que la société a suffisamment d'estime pour les emplois précaires ? Pourquoi ?
2. Est-ce que les chances des hommes et des femmes sont égales devant la stabilité et la précarité du travail ? Justifiez votre opinion.
3. Quelles pourraient être les conséquences pour l'individu et pour la société si la vie n'était plus organisée autour du seul travail ?
4. Proposez des initiatives de l'Etat et des initiatives privées qui pourraient préserver la solidarité sociale malgré le chômage élevé.

A votre tour

1. Quand et comment allez-vous chercher du travail ? Quel type d'emploi désirez-vous ?
2. Quelles sont les catégories de gens les plus touchées par le chômage ? Qu'est-ce qu'il faudrait faire pour améliorer cette situation ?
3. Imaginez la vie du « nouveau salarié ».
4. A votre avis, pourquoi serait-il nécessaire aujourd'hui de modifier les règles traditionnelles du travail ?
5. Vous avez la possibilité de vous rendre utile à la société autrement qu'en travaillant. Dans quel secteur des besoins sociaux allez-vous choisir de participer ?

Manières de dire

1. *Au lieu de* + infinitif..., *il faut...*

   [4] « Au lieu de s'adapter de manière défensive aux changements économiques, il faut... »

   D'après ce modèle, construisez trois phrases qui expriment des propositions pour diminuer le chômage.

2. *Infinitif..., c'est...*

   [7] « Penser qu'il suffirait de travailler moins pour vaincre le chômage, c'est simpliste. »

   D'après ce modèle, construisez trois phrases qui expriment une réaction positive ou négative aux trois propositions que vous venez d'écrire.

Ici et ailleurs

1. Comparez l'évolution du nouveau monde du travail en France et dans votre pays en ce qui concerne la précarité et le chômage. Quelles sont les difficultés que rencontrent les jeunes sur le marché du travail ? Quelles solutions sont proposées ?
2. Les rapports entre la vie active et le reste de la vie sont-ils en train d'évoluer chez vous ?

TRADITIONS ET NOUVELLES ORIENTATIONS

Français, quelles sont vos racines ?
Occitans et Provençaux
page 95

La France pas tranquille
Education, intégration des immigrés, exclusion, banlieues :
la cohésion sociale éclate et les Français dépriment.
page 104

Heureux... malgré tout
page 113

Europe : il suffit de dire oui
page 117

L'Europe contre la France ?
page 122

L'avènement de l'Etat virtuel
Avec la fin de la guerre froide et l'interdépendance
croissante des économies, les attributs de la puissance ont
changé. Demain, c'est toute l'action publique qui s'en
trouvera bouleversée.
page 127

94 L'Express

Français, quelles sont vos racines ? Occitans et Provençaux

Sud des troubadours contre Nord des rois : Provence et Occitanie n'ont pas rallié la France dans l'enthousiasme. La vivacité de l'Eglise réformée et celle du régionalisme attestent, aujourd'hui encore, cette volonté de différence.

Les oliviers du Midi.

1. L'originalité du Midi languedocien et provençal ne date pas d'hier. L'agriculture néolithique fut importée du Levant, voilà huit mille années, sur les côtes du golfe du Lion, par des voies méditerranéennes. Elle avait quinze siècles d'avance sur l'agriculture du Bassin parisien, venue des Balkans par la région danubienne et rhénane. Passent les millénaire. Vers 600 avant Jésus-Christ, le Sud profite encore, en priorité, des acquisitions de l'hellénisme : à cette époque, des marins en provenance de Rhodes fondent une colonie grecque à Marseille. L'extrême Sud français, de Fréjus à Narbonne, bénéficie un peu plus tard des premières conquêtes romaines, bien avant Jules César. A partir de 120 avant l'ère chrétienne prend forme, sous l'autorité d'un certain Domitius, la province

Saint-Tropez

L'amphithéâtre romain d'Orange.

romaine Narbonnaise entre Alpes et Pyrénées ; le pont du Gard, la Maison carrée de Nîmes, enfin, les Antiques de Saint-Rémy-de-Provence sont là pour témoigner d'une « latinisation » en profondeur, par rapport à laquelle les Gaulois mal peignés, les « Gaulois chevelus » de l'actuelle France du Nord, firent longtemps figure d'attardés. Par la suite, l'effondrement de l'emprise de la Ville éternelle, du fait des invasions barbares, va produire, ou reproduire, d'autres caractères singuliers : la domination franque de Clovis, en effet, ne concerne point l'extrême sud de la Gaule, qui affirme ainsi son particularisme. Au VIIIe siècle, dans de mauvaises conditions il est vrai, le Languedoc (qu'on appelle alors Septimanie) et la Provence forment même des entités autonomes, voire indépendantes.

2 L'innovation politique n'est pas en reste : la notion de « trêve de Dieu », aïeule du pacifisme moderne, va trouver l'une de ses origines dans le Midi médiéval, quitte à diffuser ultérieurement dans toute l'Europe. Carence quand même : le pays d'oc n'a pas su se donner une race indigène de « Capétiens » ou une dynastie du même genre, garante, par hypothèse, d'un authentique self-gouvernement régional, et qui eût été dans ce cas l'homologue de l'illustre famille parisienne, celle-là même qui, à partir de l'Ile-de-France, saura fabriquer une nation, et même un Hexagone, à travers vingt rois successifs. La vraie créativité de la Provence et du Languedoc sans rivages (incluant pour le coup l'Aveyron et, plus encore, le Limousin) serait à chercher du côté des poètes-troubadours du XIIe siècle, inventeurs de nouvelles variétés d'amour-passion.

3 Le destin à venir des deux provinces ne dépend pourtant qu'assez peu de l'invention poétique. Les puissances de ce temps-là (soit les Plantagenêts anglo-aquitains, illustrés par la reine Aliénor, les comtes de Toulouse et les souverains de Catalogne ou d'Aragon) se disputent les abords des régions d'oc, riveraines de la Méditerranée. Un quatrième larron met tout le monde d'accord : c'est le roi de France. Il prend prétexte de l'« hérésie » albigeoise ou cathare, au XIIIe siècle, pour s'installer, au terme d'une rude croisade, à Béziers, Carcassonne, Narbonne, Toulouse, en compagnie de Simon de Montfort... Quant à la Provence, une simple affaire d'héritage territorial lui vaut, en 1481, l'étreinte irrésistible et pacifique de la monarchie des Valois. Le Comtat Venaissin, alias Vaucluse, atteindra la Révolution française pour passer de main papale en République une et indivisible.

4 Il ne faut pas peindre en rose, certes, le rattachement de Languedoc et Provence à notre « francité » nationale. Malgré tout, si incontestables que soient certains faits d'oppression, la royauté des bords de Seine (Moyen Age) ou des bords de Loire (XVe-XVIe siècle) n'était point arrivée les mains vides aux rives de Garonne ou de Rhône. Elle fournissait aux villageois locaux certaines assurances de justice, et des tribunaux maintes fois équitables. Elle légitimait, au profit de la bourgeoisie, les institutions communales, si vivantes dans le Midi. Elle offrait aux nobles des carrières dans l'armée, et aux clercs des protections contre l'hérésie, encore elle ! De grandes institutions (Etats de Languedoc, parlement de Toulouse) sont nées sur place, à la fin du Moyen Age, comme expressions, bon gré mal gré, de l'élite régionale, faisant contrepoids au centralisme capétien, lui-même infantile encore. Enfin, la pénétration méridionale du langage français, en concurrence avec le provençal ou l'occitan, n'est pas essentiellement due à un viol des consciences. La langue de Villon et de Ronsard s'avance en réalité sur les ailes de l'imprimerie, implantée dans notre « Sud » sous la Renaissance. Ce n'est pas Simon de Montfort, chef des croisés anti-Cathares, c'est, paradoxalement, plutôt Gutenberg qui, post mortem, va franciser Provence et Languedoc ! On ne

peut qu'admirer, dans cette conjoncture, les grandes réalisations des années 1450-1650 dans ces provinces : mécénat du bon roi René à Aix-en-Provence et des agents des papes en Avignon, puis du gai savoir et des jeux Floraux à Toulouse ; libre possession du sol, qui limite, beaucoup plus qu'au nord, l'influence (oppressive) des seigneurs : self-gouvernement des communes et des assemblées provinciales ; disparition (à double tranchant, certes) des grands lignages seigneuriaux du Midi (Albret, Foix, Armagnac) – et cela au bénéfice également des magnats, « parachutés » sur place, mais originaires du Nord ou de l'Ouest (Montmorency, Rohan...). Extraordinaire puissance, enfin, à bien des égards émancipatrice, de la Réforme protestante, même si, en aucun cas, on ne doit sous-estimer la floraison des arts, consubstantielle à ce qui reste de l'Eglise catholique. Un « reste » considérable...

5 L'influence de la Réforme, à vrai dire, fut majeure. Le croissant de lune ou croissant fertile huguenot, dont la courbe va de La Rochelle à Genève en passant par Montauban et Nîmes, écorne puissamment les Cévennes, devenues forteresses des idées de Calvin comme de ses partisans. D'où des luttes sanglantes, Nîmes ayant même connu au XVIe siècle une petite Saint-Barthélemy à l'envers, la Michelade, contre les catholiques cette fois. La République des protestants, alliée aux catholiques modérés, appelée « des Provinces-Unies du Midi », a fonctionné quelque temps au cours de la décennie 1580. Elle englobait presque tout le Languedoc ; excepté Toulouse, devenue ligueuse et ultra-papiste. Bouleversement religieux, donc ; mais aussi créativité littéraire. En Aquitaine, on recense, dès le XVIe siècle, de grands écrivains purement francophones : Montaigne, La Boétie, Brantôme... Plus à l'est, en revanche, un brillant théâtre en langue provençale, qui restera complètement inconnu de nos historiens des littératures françaises, s'épanouit à Aix, Avignon, Béziers entre 1580 et 1650. Comédies d'oc, bourgeoises et populaires, amusantes à souhait. Peut-être même ont-elles inspiré Molière, lors de son passage à Pézenas ? On les jouait sur la place publique, au moment du carnaval.

6 Les XVIIe et XVIIIe siècles souffrent malgré tout d'un certain retard du Midi sur le Nord : l'alphabétisation, par exemple, est moins poussée en Lozère (languedocienne) qu'en Ile-de-France ou en Normandie. Malgré ces inconvénients, le colbertisme se révèle fécond, au sud du Massif central comme à l'ouest des Alpes : les belles réalisations viennent des sommets de la technocratie financière (canal du Midi désenclavant Sète et Toulouse) ; elles surgissent aussi de la « base » des petits patrons du textile : draperie carcassonnaise exportant, via Marseille, jusqu'au Moyen-Orient. La révocation de l'édit de Nantes assombrit, sans aucun doute, les dernières décennies du XVIIe siècle et le commencement de l'époque des Lumières. Bâville, intendant de Montpellier, passe désormais pour l'un des grands vilains de l'histoire méridionale, diabolisé au même titre que notre vieille connaissance Simon de Montfort, né quelques siècles auparavant.

La cathédrale d'Albi

7 La Révolution française prend les provinces d'oc à contre-pied ; elle ruine le commerce d'exportation, en particulier à Marseille et dans les zones textiles. Elle va provoquer, par esprit de vengeance, une Terreur blanche de la part du petit peuple catholique, souvent sans travail et surexcité, au détriment de la gauche protestante et nîmoise, dont divers éléments sont massacrés en 1815. La « gauche d'oc » n'a pourtant pas dit son dernier mot, bien au contraire. Progressivement, au XIXe siècle, les idées révolutionnaires et démocratiques pénètrent, comme à retardement : on en voit l'effet lors des soulèvements « rouges » de 1851 en Vaucluse et dans le Var,

Français, quelles sont vos racines ? Occitans et Provençaux 97

tournés contre Louis Napoléon Bonaparte au nom de l'idéal républicain.

[8] La République émerge, en somme, au terme du parcours. Elle donne leur chance, de 1870 à 1995, aux « quatre cavaliers » de l'Occitanie méridionale : on remarque, en effet, l'essor puis le maintien d'une gauche longtemps hégémonique ; elle fit la différence nationale, l'an 1981, en faveur de Mitterrand. Il y a survivance, néanmoins, d'une droite des montagnes (Lozère, Alpes du Sud), et même d'une extrême droite littorale, celle-ci formidablement regonflée depuis peu, sous l'égide du Front national. Notons encore la persistance d'un régionalisme occitan, d'un félibrige en particulier, sous les anciens auspices de Frédéric Mistral. Enfin, constatons un rééquilibrage économique au profit des zones méridionales, longtemps sous-développées, mais devenues de nos jours la « sun belt » française : celle-ci polarise les investissements touristiques, scientifiques, technologiques. En termes plus galants, elle donne au Midi sa ceinture dorée : elle n'exclut en aucun cas la bonne renommée.

Emmanuel Le Roy Ladurie ●

AIDE-MÉMOIRE

Vocabulaire thématique

La France du Sud

la mer : la Méditerranée (méditerranéen[ne]) ; le golfe du Lion

les fleuves : le Rhône ; la Garonne

les montagnes : les Alpes ; les Pyrénées ; les Cévennes ; le Massif central

les régions et les provinces : le Midi (le sud de la France) ; la Provence (provençal[e]) ; l'Occitanie (occitan[e]) ; le Languedoc (languedocien[ne]) ; l'Aveyron ; le Limousin ; l'Aquitaine ; le Vaucluse ; la Lozère

les villes : Marseille ; Fréjus ; Narbonne ; Toulouse ; Albi ; Béziers ; Carcassonne ; La Rochelle ; Montauban ; Nîmes ; Aix-en-Provence ; Avignon ; Pézenas ; Sète ; Montpellier

La France du Nord

les fleuves : la Seine ; la Loire

les régions et les provinces : le Bassin parisien ; l'Ile-de-France ; la Normandie

---

Connotations socioculturelles

Quelques repères historiques

l'époque néolithique : (il y a huit mille années)

VIe siècle avant Jésus-Christ : fondation d'une colonie grecque à Marseille

IIe siècle avant Jésus-Christ : fondation de la province de la Narbonnaise par les Romains

Ier siècle avant Jésus-Christ : conquête de la Gaule par les Romains ; campagne militaire de Jules César en Gaule (58–51 avant Jésus-Christ) ; défaite du chef gaulois Vercingétorix (52 avant Jésus-Christ)

Ve siècle après Jésus-Christ : fin de l'occupation de la Gaule par les Romains ; en 496, baptême de Clovis, roi des Francs (481–511) ; la Gaule devient la France.

Xe siècle : en 987, Hugues Capet proclamé roi ; début de la dynastie des rois capétiens (987–1328). A cette époque, le domaine réel du pouvoir du roi se limitait à la région autour de Paris, l'Ile-de-France. A travers les siècles suivants, les rois vont agrandir leur domaine territorial et centraliser progressivement le pouvoir entre leurs mains.

XIᵉ–XIIIᵉ siècles : le Moyen Age (l'époque médiévale) ; dans la France féodale de cette époque les seigneurs puissants rivalisent avec le roi

XIVᵉ siècle : en 1328, Philippe VI proclamé roi; début de la dynastie des Valois (1328–1589)

XVᵉ–XVIᵉ siècles : la Renaissance ; les rois de France font construire des châteaux en Touraine, sur les bords de la Loire

XVIᵉ siècle : début de la Réforme qui donne naissance aux Eglises protestantes

1562–1589 : guerres de religion

1572 : la Saint-Barthélemy (massacre des protestants à Paris)

1598 : proclamation par le roi Henri IV de l'édit de Nantes qui officiellement reconnaît l'Eglise réformée

1685 : révocation par le roi Louis XIV de l'édit de Nantes

XVIIIᵉ siècle : époque des Lumières

1789 : la Révolution française

1792 : proclamation de la Première République

1792–1794 : la Terreur (le roi Louis XVI et les ennemis de la Révolution sont guillotinés)

XIXᵉ siècle : de 1852 à 1870, pendant le Second Empire, Louis Napoléon Bonaparte (Napoléon III) est empereur

1870–1940 : la Troisième République

depuis 1958 : la Cinquième République

1981 : élection du premier Président de gauche, François Mitterrand

1995 : élection de Jacques Chirac

La langue d'oïl et la langue d'oc

A l'origine, la Loire sépare la France en deux. Au nord du fleuve, on parle la langue d'oïl qui devient le français moderne. Au sud, on parle la langue d'oc d'où est né le provençal et qui est progressivement remplacée par le français moderne.

La religion

l'Eglise catholique ; le catholicisme ; les catholiques

l'Eglise réformée ; le protestantisme ; les protestants / les huguenots / les calvinistes

XIVᵉ siècle : début de la Réforme

1562–1589 : guerres de religion entre catholiques et protestants

1572 : la Saint-Barthélemy (massacre des protestants à Paris)

1598 : proclamation par le roi Henri IV de l'édit de Nantes qui reconnaît officiellement l'Eglise réformée

1685 : révocation par le roi Louis XIV de l'édit de Nantes ; la persécution des protestants recommence

[1] **le Levant** : le Moyen-Orient

danubienne et rhénane : du Danube (fleuve de l'Europe centrale) et du Rhénan (en Allemagne)

Rhodes : île grecque

la Ville éternelle : Rome

Clovis Iᵉʳ (465–511) : roi des Francs (481–511) et premier des rois catholiques de la France

[2] **l'Hexagone** (m.) nom donné à la France en raison de sa forme hexagonale

[3] **les Plantagenêt** : la famille des rois d'Angleterre de 1154 à 1485

Aliénor d'Aquitaine (1122–1204) : après avoir épousé en 1137 le roi de France, elle s'est remariée avec Henri Plantagenêt, roi d'Angleterre qui a régné ainsi sur l'Aquitaine, région sud-ouest de la France.

la Catalogne et l'Aragon : régions d'Espagne

l'« hérésie » albigeoise ou cathare : en 1209, le pape a ordonné une croisade (menée par Simon de Montfort) contre cette secte très répandue dans le Languedoc ; cette guerre, désastreuse pour le Midi et terminée par le traité de Paris (1229), a détruit la secte cathare.

Simon de Montfort (1150–1218) : seigneur français, chef de la croisade contre les Albigeois

le Comtat Venaissin : cette partie du Vaucluse a appartenu, avec la ville d'Avignon, aux papes de 1274 à 1791

[4] **François Villon (1431–1463) ; Pierre de Ronsard (1524–1585) :** poètes français célèbres

Gutenberg (1394–1468) : inventeur allemand de l'imprimerie

René Ier le Bon (1409–1480) : comte de Provence et roi de Naples, il s'est retiré à Aix-en-Provence et a encouragé les gens de lettres et les artistes

les papes d'Avignon : à l'occasion du grand schisme d'Occident les papes ont résidé en Avignon (1378–1417)

[5] **Jean Calvin (1509–1564) :** Français dont les idées ont inspiré l'Eglise réformée et le protestantisme

ligueuse et ultra-papiste : influencée par la Ligue catholique et très favorable au Pape

Molière (1622–1673) : auteur de comédies célèbres et directeur d'une troupe de comédiens ambulants qui s'est installée à Pézenas, ville du Midi

[6] **le colbertisme :** politique économique du surintendant des Finances de Louis XIV, Jean-Baptiste Colbert (1619–1683)

le canal du Midi : canal de navigation construit de 1666 à 1681 et qui relie par la Garonne l'Atlantique à la Méditerranée

Nicolas Bâville (1648–1724) : il a mené une campagne de répression des protestants après la révocation de l'édit de Nantes en 1685

[7] **la Terreur blanche :** les excès commis par les royalistes du Midi après l'abdication de Napoléon en 1815

[8] **les « quatre cavaliers » :** chefs politiques républicains nés dans le Midi et destinés à la gloire nationale, comme Léon Gambetta qui a proclamé la Troisième République le 4 septembre 1870

le Front national : parti politique d'extrême-droite qui a recruté une proportion croissante de Français depuis le début des années 1980

Frédéric Mistral (1830–1914) : auteur célèbre qui a écrit en langue provençale

---

Mots et expressions

rallier se rattacher à

attester démontrer

[1] **l' hellénisme** (m.) civilisation grecque

peignés coiffés

chevelus ayant beaucoup de cheveux

firent figure d'attardés donnèrent l'impression d'être moins évolués

l' effondrement (m.) chute

[2] **en reste** en arrière

la trêve pause pendant un combat

l' aïeule (f.) *ici*, ancêtre

la carence manque

eût été aurait été

l' homologue (m.) équivalent

sans rivages *ici*, qui ne sont pas au bord de la mer

[3] **les abords** (m. pl.) *ici*, frontières

riveraines proches

le larron *ici*, individu astucieux

au terme de à la fin de

l' étreinte (f.) *ici*, possession

passer de main papale en être donné par le Pape à la

[4] **la francité** culture française ; cf., franciser

maintes fois très souvent

communales cf., la commune (division administrative du territoire)

le clerc intellectuel, savant

le viol *ici*, violation, transgression

le mécénat aide financière

à double tranchant avec du bon et du mauvais

le magnat *ici*, représentant puissant du roi

« parachutés » sur place expédiés dans ces régions par le pouvoir central

à bien des égards sous beaucoup d'angles

consubstantielle à en parallèle avec

5 **écorner** amputer

francophones *ici*, utilisant la langue française et non la langue provençale

purement francophones utilisant la langue française seulement

s'épanouir se développer avec beaucoup de succès

6 **l' alphabétisation** (f.) capacité de lire et d'écrire

désenclaver sortir de son isolement

diabolisé au même titre transformé en diable pour les mêmes raisons

7 **prendre à contre-pied** surprendre ; aller plus vite

de la part du par le

à retardement avec du retard

le soulèvement révolte

8 **au terme du parcours** à la fin du chemin

l' essor (m.) développement

hégémonique extrêmement puissante

littorale *ici*, sur la côte méditerranéenne

regonflée augmentée

le félibrige mouvement pour restituer à la langue provençale sa place comme langue littéraire

la renommée réputation

DE LA COMPRÉHENSION À L'EXPRESSION

Questions et réponses

1. Citez un événement important de la vie méridionale correspondant aux périodes suivantes :

   a. l'époque néolithique

   b. vers 600 avant Jésus-Christ

   c. à partir de 120 avant Jésus-Christ

   d. après le départ des Romains

   e. au VIIIe siècle

   f. au XIIe siècle

   g. au XIIIe siècle

   h. en 1481

   i. pendant la Renaissance

   j. entre 1450 et 1650

   k. entre 1580 et 1650

   l. à la fin du XVIIe siècle

   m. pendant la Révolution française

   n. au XIXe siècle

   o. pendant la période actuelle

2. Quels monuments devenus aujourd'hui des sites touristiques rappellent la colonisation romaine du Midi ?

3. Comment est-ce que l'absence d'une dynastie similaire à celle des rois capétiens du nord de la France a désavantagé le Midi ?

4. Quelle a été la conséquence de l'« hérésie » cathare pour l'avenir du Languedoc ?

5. Qu'est-ce que l'annexion du Midi par les rois de France a apporté à la partie sud du pays ?

6. Qu'est-ce qui a contribué à la domination de la langue provençale par la langue française ?

7. Pourquoi est-ce que les seigneurs ont exercé moins d'influence dans le Midi à l'époque médiévale ?

8. Pourquoi est-ce que la Réforme a provoqué un bouleversement religieux dans le Midi ?

9. Quelles ont été les conséquences de la Révolution sur la vie économique du Midi ?

10. Est-ce que la vie politique du Midi depuis la Révolution a été plus marquée par la gauche que par la droite ? Donnez des exemples.

11. Pourquoi appelle-t-on aujourd'hui les zones méridionales la « sun belt » française ?

Points de vue

1. Jusqu'à la Révolution, quelles étaient les sources de l'originalité du Midi de la France par rapport au Nord ? Citez un exemple.

    a. historique

    b. politique

    c. institutionnel

    d. religieux

    e. linguistique

    f. littéraire

2. Depuis la Révolution, est-ce que le Midi a gardé son originalité par rapport au Nord ? Justifiez votre opinion.

3. Parmi les événements qui ont donné au Midi son identité particulière, lesquels pourraient être considérés les plus importants ? Expliquez pourquoi.

4. Un pays a souvent un côté de son histoire qu'il préférerait oublier. Y a-t-il un côté qu'il serait préférable d'oublier dans l'histoire des rapports entre le Nord et le Midi de la France ? Discutez.

A votre tour

1. Vous êtes guide touristique. Préparez un itinéraire pour visiter le Midi. Dites pourquoi vous avez choisi certains endroits.

2. Vous êtes journaliste. Faites un reportage sur un événement ou un personnage qui vous intéresse particulièrement dans l'histoire du Midi.

3. Est-ce que l'originalité du Midi vous semble très attachante ? Aimeriez-vous vivre dans cette partie de la France ? Pourquoi ?

4. Faites le récit historique d'une région de votre pays qui a connu une histoire particulière.

Manières de dire

Les adjectifs. Retrouvez dans le texte les adjectifs correspondant aux noms et aux substantifs suivants :

a. la France ; la Gaule

b. le Languedoc ; le Midi ; l'Occitanie ; la Provence

c. Albi ; Carcassonne ; Paris ; Nîmes ; Rome

d. la nation ; la région ; le territoire

e. la démocratie ; la République ; la révolution

f. la chrétienté ; le catholicisme ; le protestantisme ; la religion

Ici et ailleurs

Est-ce que l'histoire d'une partie de votre pays est aussi longue et aussi riche en événements de tout genre que celle du Midi de la France ? Y a-t-il des régions qui ont gardé une identité très marquée par leur histoire ? Quels sont les événements et les personnages les plus importants de l'histoire de votre pays ?

Dans certaines banlieues, on démolit les tours de cités H.L.M. devenues trop inhumaines.

La France pas tranquille

Education, intégration des immigrés, exclusion, banlieues : la cohésion sociale éclate et les Français dépriment.

[1] C'était – s'en souvent-on ? – un plaisant village qui, en 1981, symbolisait la France sur l'affiche du candidat Mitterrand. Le futur président rêvait, alors, d'une société fidèle à cette image, forte et tranquille, unie autour de ses clochers. Il faudrait aujourd'hui réviser le cliché : la France de 1995 se dit angoissée et fragile, en pleine crise d'identité. Exclusions, chômage, insécurité, perte des repères, fuite des valeurs, croissance des disparités, mal de vivre... La liste des symptômes, cent fois répétée, décrit une vraie pathologie collective : la France est déprimée.

[2] Pourtant, tous les analystes en conviennent, les années Mitterrand ont normalisé l'économie, adapté l'appareil productif, aligné le pays sur la réalité du marché. Les Français ont un niveau de vie moyen qui supporte bien la comparaison avec celui de leurs voisins, ils sont convenablement éduqués, équipés, protégés... Mais c'est le contrat social qui est entamé.

[3] Le président Mitterrand n'y peut certes pas grand-chose, si ses deux septennats ont coïncidé avec la fin non de l'Histoire, mais d'une société, celle que l'on qualifiait d'in-

François Mitterrand, président de la République (1981–1995)

Jacques Chirac, président de la République (1995–

dustrielle et qui croyait encore au salut par le progrès. La mondialisation des échanges et de la communication a bouleversé les emplois, malmené l'identité collective et tiraillé le tissu social, au point parfois de le déchirer. Est-ce étonnant si, dans le grand brassage mondial, les Français éprouvent quelques difficultés à concilier leurs identités multiples et à s'inventer un projet ?

4 En quatorze ans, la France s'est profondément modifiée. Elle a vieilli, sa natalité n'a cessé de baisser, et la famille, déjà réduite à sa taille « nucléaire », a éclaté en particules élémentaires : foyers à parent unique (1 sur 8), célibataires avec enfants (1 naissance sur 3 hors mariage), couples à durée de vie limitée, et beaucoup de solitaires... Les autres ingrédients de la cohésion sociale ont également manqué : la pratique religieuse, l'adhésion aux partis politiques et aux syndicats ont régressé. Les Français ont perdu la foi. Ils ont redécouvert la peur — celle du sida, considéré comme le premier des dangers qui menacent la société — et enterré leurs illusions et leurs vieux prêts-à-penser. La France se retrouve en mal de repères.

5 Face à ces forces divergentes, il fallait une vraie détermination pour retrouver la cohésion et redonner confiance. Le président de tous les Français l'a-t-il suffisamment affirmée ? Plusieurs mesures, prises pour la plupart au début du premier septennat, ont cherché à consolider le ciment social : la retraite à 60 ans, la cinquième semaine de congés payés, les 39 heures, et plus tard l'institution du RMI. Autant d' « acquis » qui furent accompagnés de nouvelles libertés : la suppression de la Cour de sûreté de l'Etat, le remboursement de l'avortement par la Sécurité sociale, l'autorisation des radios libres et, bien sûr, l'abolition de la peine de mort. Mais peu à peu, dès 1983, la volonté élyséenne s'est changée en prudence, puis en passivité.

6 L'éducation, lieu de socialisation par excellence, en offre une illustration. « Aucune pression ne fera reculer l'Etat », lance le président, en 1984, pour défendre le projet de loi Savary. « La marche des sociétés a pris du retard, estimera-t-il en 1993. On ne peut laisser les choses aller... » Entre les deux déclarations, il y a tout le poids de la résignation, baptisée « réalisme » par commodité. Et des années d'atermoiements qui ont fourvoyé la question éducative dans des querelles idéologiques : public contre privé, puis « égalité » contre « sélection », thèmes qui feront chuter un gouvernement de gauche et un ministre de droite.

7 En quatorze ans, pourtant, nombre de mesures ont été prises, des postes créés, le statut des enseignants a été revalorisé, l'enseignement de masse engagé. Près d'un lycéen sur deux est désormais bachelier.

La France pas tranquille

Mais le vrai défi n'a pas été relevé : comment concilier cette démocratisation avec la formation des cadres ? Faute de réponse, la sélection, hantise des socialistes, est devenue sauvage, et l'Université se transforme en antichambre du chômage. Jolie contre-productivité : l'idéologie de l'égalitarisme a augmenté les inégalités. Le chantier de l'éducation reste ouvert.

8 La question de l'immigration a souffert d'une dérive similaire. Après avoir abandonné sa grande proposition démagogique, « le droit de vote des étrangers » de 1981, le mitterrandisme s'est là aussi plongé dans la bataille idéologique (le droit de séjour des étrangers, par exemple, fut l'objet d'une jolie batterie de réformes et de contre-réformes de la cohabitation), tanguant entre les concepts contradictoires du « droit à la différence » et de l' « intégration », valse-hésitation qui s'est reproduite avec les affaires de foulard islamique. Ainsi a-t-on laissé au Front national le soin de porter le débat sur les flux migratoires et d'exploiter le sujet. Pourtant, là encore, le bilan n'est pas navrant : la population immigrée s'est stabilisée, l'immigration clandestine a été jugulée et l'assimilation se fait, bon an mal an. Mais le malaise subsiste dans les esprits. Une intégration réussie exigeait une identité nationale forte. Celle-ci a été affaiblie par trop de dogmatisme.

9 La question des banlieues n'a pas non plus été considérée à sa vraie dimension. Après un premier septennat timide, il était proposé, en guise de solution, de « réparer les ascenseurs ». Il faudra l'embrasement de Vaulx-en-Velin pour qu'en décembre 1990 François Mitterrand prenne des mesures fermes en faveur des quartiers sinistrés, et nomme un ministre de la Ville. Des lois sur l'habitat social, sur la solidarité financière entre communes, sur la ville suivront. Tardivement.

10 Là encore, la dérive des banlieues a été freinée, et la situation urbaine n'a pas atteint le paroxysme américain. Mais le mal persiste en profondeur. Selon un sondage récent, 89 % des Français jugent leur pays divisé. Partout on s'alarme de l'ampleur du fossé qui se creuse entre deux France, celle

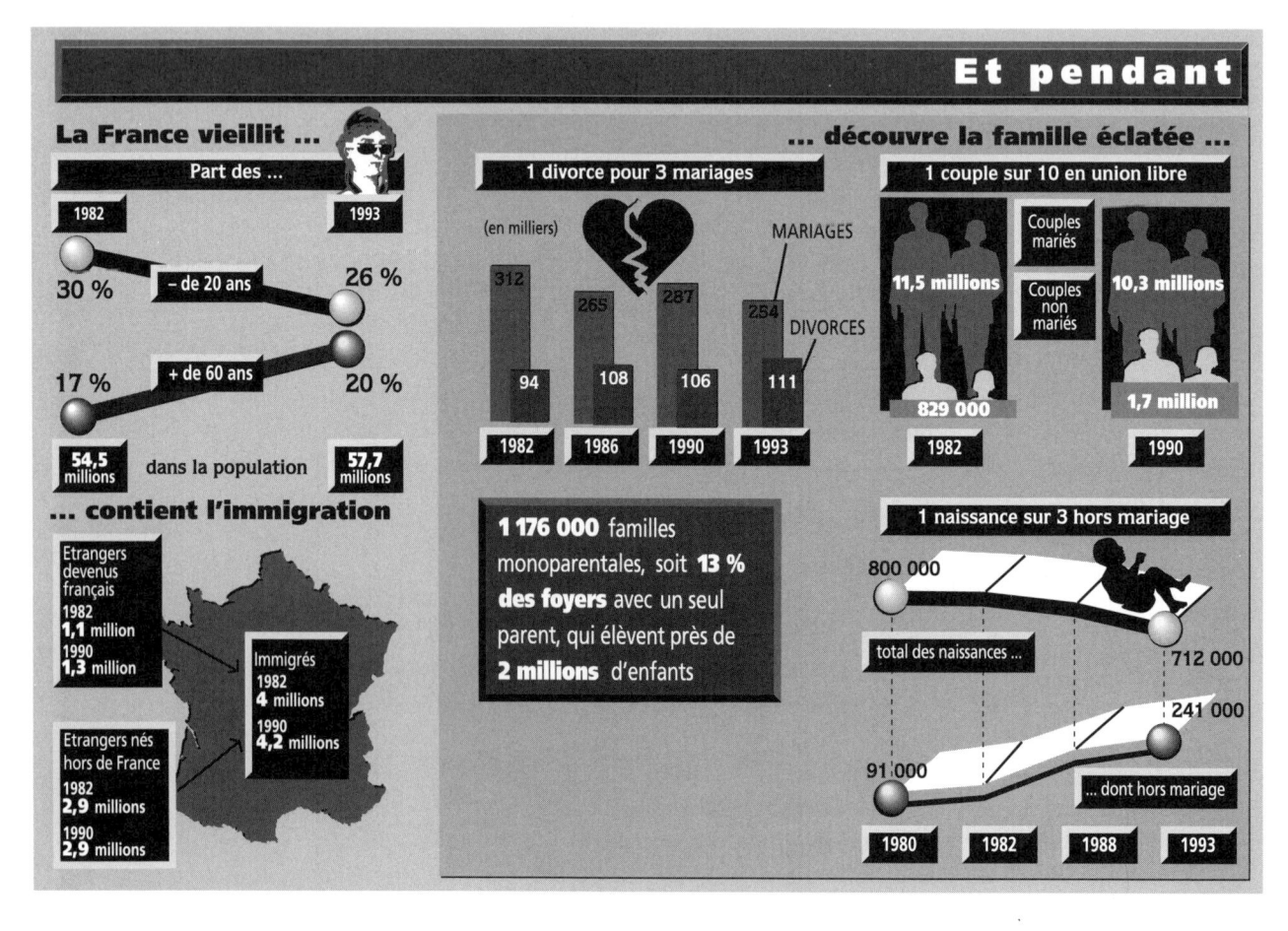

106 L'Express

des actifs et celle des exclus, celle qui s'en sort et celle qui s'enfonce et reste sur le bord du chemin, dans le désert rural, dans l'insécurité des banlieues, dans les friches du travail : 5 millions de Français vivent au-dessous du seuil de pauvreté. Une partie de la population s'est lentement détachée de la communauté, dérivant vers des zones hors la loi, exclue de l'emploi, des revenus, des soins, et parfois du logement. « Il y a trop d'exclusion en France », a constaté, amer, le locataire de l'Elysée.

[11] Certes, le chef de l'Etat a donné de la voix pour améliorer la vie des Français, il a pris position pour la sécurité routière, pour l'environnement, il a parlé branché, soutenu les initiatives de solidarité, permis la réflexion sur la bioéthique, approuvé les mesures sur le tabac, l'alcool, l'hôpital... Mais la désagrégation sociale est toujours là, en germe. François Mitterrand n'en est pas le seul comptable. Mais il était le mieux placé pour maintenir les liens. Tout s'est passé comme si, au fil des années, celui qui voulait « chang-er la vie » avait renoncé à son rôle d'acteur, pour n'être plus que le spectateur du changement. Comme s'il avait éprouvé une perte progressive du désir de gouverner. L'apathie élyséenne a gagné les Français, qui se complaisent dans une image noire et déformée d'eux-mêmes. Non, le corps social ne va pas si mal. Mais c'est l'âme qui est malade.

[12] Les années Mitterrand ont ainsi révélé une incapacité manifeste du pouvoir à ressouder la société et à lui donner confiance. Cette impuissance est-elle le fait d'un homme ou celui de sa fonction ? Il faudra peut-être aussi en chercher les racines au plus profond des institutions. Pour soigner la déprime hexagonale, le successeur de François Mitterrand devra en tout cas rompre avec le plus lourd héritage de ces années paradoxales, ce fatalisme chronique qui ronge les Français, pour les aider à vivre à leur nouvelle échelle, celle du village mondial, sans esprit de chapelle ni de clocher.

Dominique Simonnet ●

AIDE-MÉMOIRE

Vocabulaire thématique

le monde ; le village mondial

la mondialisation des échanges

un débat / une querelle / une bataille idéologique

la pauvreté ; vivre au-dessous du seuil de pauvreté

les deux France ; un pays divisé

le fossé entre les actifs et les exclus

la désagrégation sociale

le contrat social ; la cohésion sociale

consolider le ciment social

maintenir les liens sociaux

ressouder la société

l'identité collective

les immigrés ; la population immigrée

l'immigration régulière ; l'immigration clandestine

l'intégration (f.) / l'assimilation (f.)

Connotations socioculturelles

la France pas tranquille : l'affiche électorale de François Mitterrand portait le slogan « La France tranquille ». La photo montrant un village dominé par le clocher de son église ancienne évoquait la sérénité de la France traditionnelle.

l'exclusion : ce mot décrit les gens très pauvres, ou sans ressources, comme les sans domicile fixe

les banlieues : la croissance rapide de la population urbaine depuis les années 1950 a incité la construction de « cités » (ensembles de tours) dans la banlieue des grandes villes. La plupart des résidents des cités sont aujourd'hui des immigrés dont beaucoup sont au chômage.

[2] **les années Mitterrand (1981–1995) :** en 1981, premier socialiste élu Président de la France depuis la création de la Cinquième République en 1958 par le général de Gaulle, François Mitterrand a été réélu en 1988 pour un deuxième septennat.

[5] **le Président de tous les Français :** le Président est élu pour sept ans (un septennat) au suffrage universel et représente tous les Français.

les congés payés : vacances annuelles payées par l'employeur et auxquelles tous les travailleurs ont droit

les 39 heures : le nombre d'heures de travail par semaine

le RMI : le Revenu minimum d'insertion, créé en 1988, est une allocation payée par le gouvernement aux chômeurs pour les aider à retrouver du travail.

la Sécurité sociale : créée en 1945 pour protéger les Français contre les risques financiers de la maladie et des accidents du travail

les radios libres : les stations de radio privées

élyséenne : la résidence officielle du Président est le palais de l'Elysée à Paris

[6] **le projet de loi Savary :** cette proposition socialiste d'intégrer les écoles privées dans l'organisation laïque de l'éducation française a provoqué des manifestations massives en faveur de l'enseignement privé

un gouvernement de gauche et un ministre de droite : allusion aux manifestations nombreuses contre les réformes de l'éducation nationale proposées par le gouvernement socialiste (1981–1986) et par le gouvernement de droite (1986–1988)

⁷ **la sélection** : tous les étudiants possédant le baccalauréat peuvent s'inscrire à l'Université, c'est-à-dire qu'il n'y a pas de sélection. Cela explique pourquoi beaucoup d'étudiants ratent leurs études universitaires et se retrouvent au chômage.

⁸ **le mitterrandisme** : le programme politique du Président Mitterrand

la cohabitation : on appelle « cohabitation » les deux périodes de 1986 à 1988 et de 1993 à 1995 avec un Président socialiste et un gouvernement de droite

le foulard islamique : un indice visible de la montée de l'intégrisme chez les immigrés musulmans en France a été le port du voile par les femmes musulmanes. En 1989, des élèves musulmanes ont commencé à porter le foulard en classe. Cet acte a été interprété par les Français comme une attaque contre les valeurs laïques traditionnelles de l'école et de la République.

le Front national : la popularité de ce parti d'extrême-droite présidé par Jean-Marie Le Pen a augmenté pendant la présidence de François Mitterrand. En 1981 le F.N. n'a reçu que 0.35 % des suffrages exprimés. En 1995, Le Pen a obtenu 15 % des suffrages au premier tour des élections présidentielles.

⁹ **Vaulx-en-Vélin** : à Vaulx-en-Vélin, dans la banlieue de Lyon, des émeutes violentes ont opposé les jeunes immigrés des cités et les forces de l'ordre

les communes : sur le plan administratif, la France est divisée en 36,000 communes

¹⁰ **le locataire de l'Elysée** : François Mitterrand

¹² **le successeur de François Mitterrand** : en 1995, Jacques Chirac a été élu Président de la France

---

Mots et expressions

déprimer souffrir d'une dépression

¹ **fidèle à** semblable à
le cliché photo
le repère référence stable
la fuite perte
la disparité inégalité

² **convenir** être d'accord
l' appareil (m.) **productif** c'est-à-dire de l'économie française
supporter bien la comparaison se comparer favorablement
entamé diminué

³ **le salut** action de sauver
malmener faire du mal à
tirailler tirer dans tous les sens
le brassage mélange
concilier faire le rapport entre

le projet *ici*, grand dessein

⁴ **réduite à sa taille « nucléaire »** limitée aux parents et à leur(s) enfant(s) (sans les grands-parents, oncles, tantes et cousins)
le foyer famille
à durée de vie limitée qui divorcent
l' adhésion (f.) affiliation
la foi *ici,* leurs croyances
enterrer abandonner
les prêts-à-penser (m. pl.) idées préconçues
en mal de sans

⁵ **la mesure** décision
les « acquis » (m. pl.) avantages sociaux
l' avortement (m.) interruption volontaire de grossesse

⁶ **reculer** aller en arrière
lancer annoncer

La France pas tranquille **109**

la **marche** progrès
la **commodité** facilité
l' **atermoiement** (m.) indécision
fourvoyer orienter faussement
chuter tomber

7 les **postes** (m. pl.) **créés** augmentation du nombre d'enseignants
engagé *ici*, commencé
le **bachelier** personne qui a obtenu le baccalauréat
le **vrai défi... relevé** le problème n'a pas été résolu
la **démocratisation** c'est-à-dire l'enseignement de masse
le **cadre** personne qui a la responsabilité de diriger un groupe de travailleurs
la **hantise** (f.) obsession
l' **antichambre** (f.) salle d'attente
le **chantier** *ici*, travail de réforme

8 la **dérive** déviation
la **batterie** ensemble
tanguer osciller
la **valse-hésitation** série de décisions contradictoires
le **flux** mouvement
le **bilan** résultat final
juguler arrêter

9 **en guise de** comme

« **réparer les ascenseurs** » réparer ce qui était cassé dans les immeubles et repeindre
l' **embrasement** (m.) *ici*, émeute
sinistrés dégradés, ravagés
tardivement en retard

10 **freiner** *ici*, ralentir
l' **ampleur** (f.) dimension
le **fossé** *ici*, division
les **actifs** (m. pl.) personnes qui ont du travail
s'en sortir survivre
s'enfoncer sombrer
la **friche** *ici*, marge
le **seuil** limite
les **soins** (m. pl.) soins médicaux

11 **parler branché** utiliser l'argot et le verlan caractéristiques de la langue des jeunes
la **désagrégation** décomposition
en germe *ici*, prête à progresser
le **comptable** responsable
au fil des années d'année en année
se complaire dans être satisfait de

12 **ressouder** réunir, remettre ensemble
hexagonale *ici*, des Français
ronger dévorer
sans esprit... de clocher sans l'intolérance ni la rivalité mesquine associées à la vie du petit village

DE LA COMPRÉHENSION À L'EXPRESSION

Questions et réponses

1. Sur quelle image de la France est-ce que François Mitterrand a attiré l'attention en 1981 ?

2. En 1995, comment cette image a-t-elle évolué ?

3. Selon tous les analystes, qu'est-ce que les années Mitterrand ont apporté de positif à la France ?

4. A quelle période de l'Histoire correspondent les années Mitterrand ?

5. Pendant les années Mitterrand, qu'est-ce qui a caractérisé :

   a. l'âge de la population ?

   b. la famille ?

   c. la cohésion sociale ?

6. Comment peut-on classer les mesures prises entre 1981 et 1983 ?

7. Pour chaque thème suivant, classez dans deux colonnes les changements positifs ou négatifs qui ont eu lieu pendant la présidence de François Mitterrand :

	Les succès	Les critiques qu'on peut faire
L'éducation		
L'immigration		
Les banlieues		
L'exclusion		

8. Dans quels domaines la vie des Français s'est-elle améliorée pendant la présidence de François Mitterrand ?

9. Comment le comportement du Président a-t-il évolué au cours de sa présidence ?

Interprétation du graphique (pages 106 et 107)

Pour chaque thème suivant, donnez un ou plusieurs exemples précis en utilisant les chiffres cités :

a. la France vieillit (le pourcentage des jeunes diminue)

b. la France contient (limite) l'immigration

c. la France découvre la famille éclatée

d. la France découvre la société à deux vitesses

e. la France découvre la société du confort

f. la France découvre la société de l'éducation de masse

g. la France découvre la société du mal de vivre

h. la France découvre la société de l'exclusion

Points de vue

1. En prenant chaque thème de la liste dressée dans **Interprétation du graphique**, faites la comparaison entre la France et votre pays. Quelles conclusions pouvez-vous tirer de cette comparaison ? Votre pays a-t-il suivi depuis le début des années 80 la même évolution sociale que la France ? Quelles sont les similarités et les différences ?

2. La cohésion sociale est-elle très importante ? Quelles sont les conséquences quand elle ne fonctionne plus bien ? Y a-t-il certaines catégories de la population plus concernées que d'autres par la désagrégation sociale ? Est-il possible d'éviter cette décomposition de la société ? Justifiez vos opinions à l'aide d'exemples.

A votre tour

1. Quelles informations données dans le texte et dans le graphique indiquent que la France traversait une crise d'identité ?

2. En même temps, certaines traditions sociales évoluaient plus que d'autres. Lesquelles ? Pourquoi ? Donnez des exemples.

3. A votre avis, quel système est préférable : l'égalitarisme qui permet à tous les étudiants qui le veulent de suivre des cours universitaires ou la sélection qui limite le nombre d'étudiants qui peuvent s'inscrire à l'Université ?

4. D'après le texte, faites le résumé des années Mitterrand.

Manières de dire

La forme passive : **être** + le participe passé

Retrouvez dans le texte les exemples nombreux de verbes utilisés à la forme passive.

Exemples :

[7] « nombre de mesures ont été prises, des postes [ont été] créés, le statut des enseignants a été revalorisé, l'enseignement de masse [a été] engagé »

[9] « La question des banlieues n'a pas... été considérée »

Remplacez là où c'est possible, la forme passive par **on** + le verbe à la forme active.

Exemples :

[7] « on a pris nombre de mesures, on a créé des postes... »

[9] « On n'a pas considéré la question des banlieues »

Ici et ailleurs

Dans ce texte on passe en revue les principaux changements qui ont eu lieu en France pendant la présidence de François Mitterrand (1981–1995). Qui a été le président ou le chef du gouvernement dans votre pays pendant cette période ? Comment la société a-t-elle évolué chez vous depuis cette époque ? Y a-t-il eu de grands changements ?

Heureux... malgré tout

Le sondage

>Diriez-vous que vous êtes heureux d'être français ?

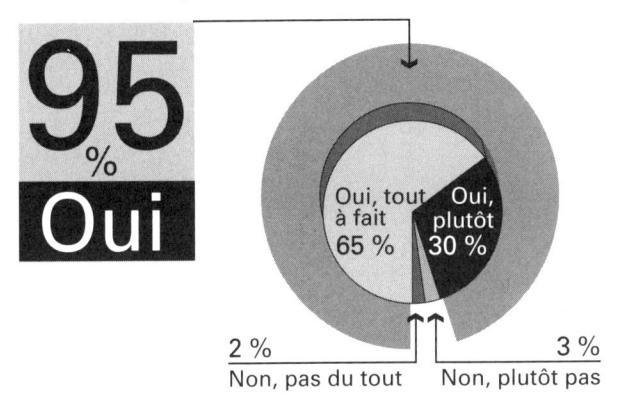

95 % Oui

- Oui, tout à fait : 65 %
- Oui, plutôt : 30 %
- Non, pas du tout : 2 %
- Non, plutôt pas : 3 %

C'est la fête : Carnaval à Nice.

>Les raisons du bonheur

Voici un certain nombre de raisons qui peuvent faire dire que l'on est heureux d'être français. Pour chacune de ces raisons, dites-moi si pour vous, personnellement, c'est une raison importante ou pas importante (1).

▶ **Les grands principes**

	Importante	Pas importante
Les valeurs de la France : la liberté, l'égalité, la fraternité	93	6 %
Le fonctionnement de la démocratie	87	11
Les institutions françaises	85	12
L'histoire, le passé de la France	80	19
Le rayonnement de la France dans le monde	78	21

(1) Question posée à ceux qui se déclarent heureux d'être français (95 %).

▶ **Le bien-être**

	Importante	Pas importante
La beauté de la France : ses paysages, son climat, sa diversité	96 %	4 %
La culture française	94	6
L'art de vivre	88	11
La cuisine française	86	14
La littérature française	85	14
Le niveau de vie en France	84	15
Les traditions françaises	82	17
Les rapports amoureux	65	31
Le tempérament des Français	56	41

> Heureux mais inquiets...

Y a-t-il aujourd'hui en France des choses qui vous font craindre de ne plus vraiment être heureux d'être français ?

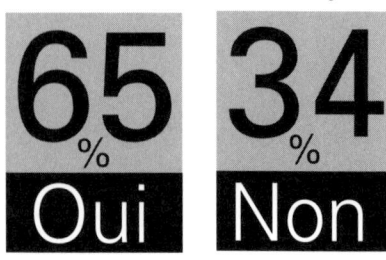

65 % Oui   **34 %** Non

NSP : 1 %

La tranquillité d'un jardin public.

> Pourquoi ?

Parmi les menaces suivantes, quelles sont celles qui vous font le plus craindre de cesser de vous sentir vraiment heureux d'être français ?[1]

La montée du chômage	63 %
La montée de la pauvreté	50
La montée du terrorisme	50
La montée de l'immigration	46
La montée de l'intolérance	41
La montée de l'insécurité	41
Le développement de l'injustice ou des inégalités	40
La perte de certaines valeurs morales	33
La montée de l'égoïsme	32
La dégradation du paysage	26
Le déclin de la France dans le monde	16
Ne se prononcent pas	1

(1) Question posée à ceux qui craignent de cesser de se sentir heureux d'être français (65 %).

> Partir
Seriez-vous prêt à aller vivre dans un autre pays que la France ?

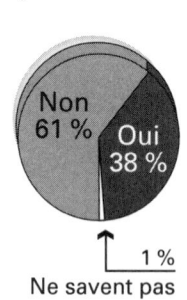

Non 61 % Oui 38 %
1 % Ne savent pas

> Où [1]

Canada 32 %

Etats-Unis	11
Espagne	8
Allemagne	7
Italie	7
...	...
Japon	2

(1) Question posée aux 38 % qui déclarent être prêts à vivre ailleurs.

AIDE-MÉMOIRE

Connotations socioculturelles

« **Liberté, égalité, fraternité** » la devise de la France depuis la Révolution de 1789

DE LA COMPRÉHENSION À L'EXPRESSION

Questions et réponses

> *Diriez-vous que vous êtes heureux d'être français ? / >Les raisons du bonheur*

1. Trouvez-vous que le pourcentage des Français « heureux d'être français » est élevé ? Pourquoi ?
2. Parmi les grands principes, lesquels sont considérés comme les plus importants pour le bonheur ?
3. Quels sont les éléments du bien-être les plus importants pour le bonheur ?
4. Quelle image de la vie en France ces réponses donnent-elles ?

> *Heureux mais inquiets... / >Pourquoi ?*

5. Qu'est-ce que les Français considèrent être la menace la plus grave pour leur bonheur ?
6. Parmi les autres menaces, lesquelles sont considérées les plus graves ?
7. Quelle image de la vie en France ces réponses donnent-elles ?

> *Partir / >Où ?*

8. Quel pourcentage de Français est content de vivre en France ?
9. Quel pourcentage accepterait de s'expatrier ?
10. Quelle conclusion tirez-vous de ces chiffres ?
11. Quel pays attire le plus grand pourcentage de Français qui voudraient s'expatrier ?
12. Quelle raison linguistique pourrait influencer le choix de ce pays ?

Interprétation globale du sondage

1. La France est-elle un pays où l'on peut vivre heureux ? Quelles raisons sont fournies par le sondage ?

2. Faites un portrait des Français d'après le sondage.

3. Comment répondriez-vous vous-même si on vous demandait si la France est un pays où l'on peut vivre heureux ? Justifiez votre réponse.

4. Etes-vous heureux (heureuse) de vivre dans votre pays ou aimeriez-vous aller vivre dans un autre pays ? Dites pourquoi.

A vous de faire votre enquête…

1. Après avoir remplacé les mots « France », « français » et « française » par les mots équivalents de votre pays, faites une enquête auprès de vos camarades de classe en leur posant les questions du sondage. Si possible, posez aussi les mêmes questions à des ami(e)s et à des membres de votre famille pour obtenir des réponses plus diversifiées.

2. Classez, analysez et commentez les réponses.

3. Comparez les résultats de votre enquête et ceux du sondage de *L'Express*. Malgré les conditions différentes de votre enquête, quelles conclusions pouvez-vous tirer de cette comparaison ?

4. De façon générale, pensez-vous que le pourcentage de gens heureux d'être citoyens de votre pays serait de 95 % ? Les raisons de leur bonheur seraient-elles similaires à l'attachement aux grands principes et au bien-être révélé dans le sondage français ? Les menaces contre le bonheur sont-elles les mêmes chez vous et en France ? Quels pays attirent les citoyens de votre pays qui voudraient s'expatrier ?

le regard de Valéry Giscard d'Estaing
Europe : il suffit de dire oui

[1] Deux questions vont dominer la vie politique de notre continent jusqu'à la fin du siècle : notre capacité à retrouver un modèle d'expansion économique créateur d'emplois, et notre aptitude à réussir l'union de l'Europe, entreprise sur les ruines de la dernière guerre et actuellement menacée de dilution. C'est de la seconde question que je vous parlerai aujourd'hui.

[2] Le projet initial, celui des pères fondateurs, était audacieux, mais relativement simple : réunir dans un même ensemble, à vocation fédérative, les pays de l'Europe de l'Ouest, autour du couple franco-allemand enfin réconcilié. L'opinion publique pouvait en mesurer directement les avantages : assurer une paix définitive entre les « ennemis héréditaires », créer un grand marché économique commun pour l'industrie et pour l'agriculture, permettre graduellement aux marchandises, puis aux personnes, de passer librement les frontières.

[3] Cette entreprise, qui nous a occupés pendant quarante ans, de 1950 à 1990, a été un vrai succès, assurant, pour la première fois de façon durable, la paix de notre continent. L'adhésion de nouveaux membres — dont la Grande-Bretagne, qui ne partageait pas les mêmes objectifs — a compliqué la vie de l'ensemble, sans toutefois l'empêcher d'avancer. Chacun des dirigeants européens était convaincu de la nécessité d'achever l'ouvrage avant une hypothétique réunification allemande. Mais les hommes d'Etat européens des années 80 se sont laissé dépasser par l'événement : la chute du mur de Berlin et l'effondrement de l'empire soviétique sont intervenus avant que l'union politique de l'Europe de l'Ouest n'ait trouvé sa formulation.

[4] Une occasion aurait pu être saisie en 1990 : proposer à l'Allemagne de mener de pair sa réunification interne et l'achèvement de l'union politique de l'Europe. Je crois que le chancelier Kohl aurait répondu positivement à une telle initiative. Cette occasion a été manquée. L'Union européenne s'est placée d'elle-même dans la situation où elle se trouve aujourd'hui : elle a accepté de s'étendre à l'ensemble du continent européen, et de compter ainsi de 27 à 30 membres, Etats de tailles, de cultures, d'options diplomatiques et politiques, et de niveaux de développement différents, sans avoir réformé ni consolidé au préalable ses propres institutions.

« Cette entreprise, qui nous a occupés pendant quarante ans, de 1950 à 1990, a été un vrai succès, assurant, pour la première fois, la paix de notre continent. »

[5] D'où deux questions : *comment faire fonctionner cette grande Europe de 27 Etats membres avec des institutions conçues pour intégrer les 6 Etats de la petite Europe ? Et par quels moyens pouvons-nous tenter d'atteindre l'objectif initial : la création d'un ensemble politique suffisamment homogène et intégré* pour faire entendre la voix de l'Europe, à côté de celle des Etats-Unis, dans un monde qui va connaître de vastes ajustements ?

[6] • La réponse à la première question dépendra des résultats de la conférence intergouvernementale prévue par le traité de Maastricht. Son objet est important, mais limité : il s'agit de mettre les institutions européennes à même de fonctionner plus efficacement. Il est évident que dans une Europe à 27 ou à 30 les décisions essentielles devront être prises à la majorité qualifiée, car le maintien de la règle de l'unanimité aboutirait à tout bloquer. Pour

que ces décisions soient acceptables, il est nécessaire que les votes reflètent la pondération de la population des Etats membres. De même, on ne peut pas imaginer qu'une commission de 30 membres ou qu'un Parlement de plus de 1 000 députés puissent travailler dans des conditions satisfaisantes.

7 *Nous devons souhaiter que cette négociation réussisse, mais sachons qu'elle ne pourra aboutir qu'à des résultats modestes* : elle changera peu l'équilibre des institutions européennes — le Conseil, la Commission et le Parlement. Et, surtout, elle ne fera pas progresser l'intégration.

8 Il y a à cela deux motifs auxquels personne n'est en mesure de se soustraire : certains Etats membres refusent d'accepter tout nouveau progrès dans le sens de l'intégration, et, surtout, on constate de manière évidente que *la grande Europe est trop vaste, et trop hétérogène, pour pouvoir, avant longtemps, servir de cadre au progrès de l'intégration européenne.*

9 • *Le passage à la monnaie unique sera l'acte fondateur de la nouvelle Europe.* Ecartons certaines idées fausses : pour passer à la monnaie unique, il n'y a pas besoin de prendre de décision nouvelle, cette décision figure dans le traité de Maastricht. Elle s'appliquera à tous les Etats dont le Conseil vérifiera qu'ils respectent, en 1998, certains critères de bonne gestion, concernant leur déficit budgétaire, leur taux d'inflation et leur niveau d'endettement.

10 L'adoption de la monnaie unique aura un effet d'entraînement plus dynamique encore que celui de la mise en commun du charbon et de l'acier, en 1951 ! La monnaie unique exigera une même politique monétaire et, donc, nécessairement, des politiques économiques durablement parallèles. Les Etats qui assureront ainsi leur solidarité économique seront conduits, très vite, à mettre en commun leurs moyens de défense, et, dans ce sillage, à unifier leurs politiques étrangères.

11 *La mise en place de la monnaie unique va dépendre, en fait, de la décision de deux pays : l'Allemagne et la France.* Sans la France, la monnaie unique serait le deutsche Mark, et sans l'Allemagne la monnaie unique n'aurait pas de crédibilité internationale.

12 Or nous nous trouvons dans une situation surprenante : les Allemands doutent que les Français en soient capables, et les Français craignent que les Allemands n'en veuillent pas !

13 De mes récents entretiens à Bonn, j'ai rapporté une conviction : *si la France est capable de remplir les conditions de passage à cette monnaie unique, il est exclu que l'Allemagne lui dise non.*

14 Ainsi, nous allons tenir dans nos mains la réponse ultime à la grande interrogation sur l'union de l'Europe. Puissions-nous trouver dans nos forces, encore hésitantes, la volonté et la capacité de créer les conditions qui nous permettront de dire : oui !

Valéry Giscard d'Estaing •

AIDE-MÉMOIRE

Vocabulaire thématique

le continent européen ; les pays de l'Europe de l'Ouest

un pays ; une frontière

les hommes d'Etat ; les dirigeants européens

les institutions européennes

un grand marché économique européen ; les marchandises (f. pl.) agricoles / industrielles

l'agriculture (f.) ; l'industrie (f.) ; les services (m. pl.)

la monnaie unique

la politique monétaire / économique / étrangère

la réconciliation franco-allemande

la réunification allemande

négocier ; la négociation des conditions

remplir les conditions

prendre une décision

intégrer ; l'intégration (f.)

mettre en commun les moyens de défense ; la mise en commun des moyens de défense

mettre en place la monnaie unique ; la mise en place de la monnaie unique

atteindre un objectif ; partager les mêmes objectifs

Connotations socioculturelles

Valéry Giscard d'Estaing (né en 1926) : Président de la France de 1974 à 1981 et très favorable à la construction de la nouvelle Europe

[1] **l'union de l'Europe :** depuis la proposition en 1950 de créer la C.E.C.A. (Communauté européenne du charbon et de l'acier), la construction de la nouvelle Europe a évolué de la C.E.E. (Communauté économique européenne, dite Marché commun), réunissant six pays, jusqu'à l'U.E. (Union européenne) qui comprend quinze pays. En voici les étapes :

1957 : par le traité de Rome six pays créent la C.E.E. : l'Allemagne fédérale, la Belgique, la France, l'Italie, le Luxembourg, les Pays-Bas

1958 : installation à Bruxelles de la Commission européenne

1973–1995 : adhésion de neuf nouveaux membres : le Danemark, la Grande-Bretagne et l'Irlande (1973) ; la Grèce (1981) ; l'Espagne et le Portugal (1986) ; l'Autriche, la Finlande et la Suède (1995)

1993 : entrée en vigueur du traité de Maastricht qui crée l'U.E. et prévoit une plus grande intégration monétaire et politique des pays membres. Le référendum en France en 1992 pour ratifier le traité de Maastricht a divisé le pays entre les pro-européens et les anti-européens. Le référendum a été approuvé par 51,5 % des votants seulement.

1997 : une conférence intergouvernementale des quinze pays de l'U.E. décide d'adapter les institutions européennes aux futurs élargissements de l'U.E. en direction des pays de l'Europe de l'Est

[2] **les pères fondateurs de la C.E.E. :** deux Français (Robert Schuman, président du Conseil de l'Europe, et Jean Monnet, président de la C.E.C.A.) et un Belge (Paul-Henri Spaak, président du comité qui a proposé un Marché commun)

le couple franco-allemand : ennemis traditionnels depuis la guerre franco-prusse de 1870, la France et l'Allemagne étaient adversaires pendant les deux Guerres Mondiales (1914–1918 et 1939–1945). La création de la C.E.C.A. et ensuite de la C.E.E. devait assurer, par l'unification économique, la paix entre ces ennemis héréditaires.

[3] **la réunification allemande :** la chute du mur de Berlin en 1989 a permis la réunification de l'Allemagne fédérale et de l'Allemagne de l'est

[7] **les institutions européennes :** les trois institutions principales sont le Conseil européen, composé des chefs d'Etat et de gouvernement des pays de l'U.E. ; la Commission des communautés européennes, installée à Bruxelles ; le Parlement européen, qui siège à Strasbourg

[9] **la monnaie unique :** appelée « l'euro », la monnaie unique qui circulera dans l'U.E. à partir de l'année 1999 renforcera l'intégration financière

[10] **la mise en commun du charbon et de l'acier :** la C.E.C.A.

[13] **Bonn :** capitale de l'Allemagne

Mots et expressions

[1] **la dilution** action de rendre un liquide moins concentré ; *ici*, l'union de l'Europe risque d'être diluée par l'augmentation du nombre d'Etats membres

[2] **la vocation** destinée

[3] **l' adhésion** (f.) action de devenir membre

toutefois quand même

achever cf., achèvement (m.) ; finir
se laisser dépasser être pris de vitesse
³ l' effondrement (m.) écroulement, échec
⁴ mener de pair faire en même temps
manquer rater
la taille dimension
au préalable auparavant
⁶ mettre à même de rendre capable de
l' unanimité (f.) *ici*, majorité unanime
aboutir à arriver à
la pondération importance proportionnelle
de même de la même façon

⁸ être en mesure de pouvoir
se soustraire à quelque chose échapper à quelque chose
hétérogène *contraire*, homogène
le cadre contexte
⁹ la gestion administration
le taux degré
l' endettement (m.) cf., dette (f.)
¹⁰ l' entraînement (m.) mouvement coordonné
mettre en commun partager
¹⁴ dans ce sillage comme conséquence
puissions-nous j'espère que nous pourrons

DE LA COMPRÉHENSION À L'EXPRESSION

Questions et réponses

1. Quelles sont les deux questions qui vont dominer la vie politique de l'Europe ?

2. En quoi consistait le projet des fondateurs de l'Europe ?

3. Quels en étaient les trois avantages ?

4. Qu'est-ce qui a résulté du succès de la construction de l'Europe ?

5. Pourquoi est-ce que la chute du mur de Berlin en 1989 a rendu plus difficile le progrès de la construction européenne ?

6. De quoi serait composée une Europe de 27 à 30 membres ?

7. Quelles sont les deux questions inspirées par l'élargissement de l'Europe ?

8. Quelles sont les trois institutions européennes principales ?

9. Quelles seront les conséquences de l'adoption de la monnaie unique ?

10. De quoi dépend la réponse que les Français et les Allemands donneront sur l'avenir de la monnaie unique et de l'union de l'Europe ?

Points de vue

1. Quelles sont les raisons présentées de façon très méthodique par Valéry Giscard d'Estaing en faveur de l'union de l'Europe ? Montrez que, pour lui, l'union de l'Europe est simple et facile, qu'il n'y a pas d'alternative, et que la seule solution est donc de dire oui.

2. Si vous étiez Français(e), seriez-vous en faveur de l'intégration politique et de la monnaie unique dans l'Union européenne ? Justifiez votre réponse.

3. Quels sont les risques courus pour l'union de l'Europe par l'augmentation du nombre de pays membres de l'U.E. ? Expliquez pourquoi. Y a-t-il des moyens de diminuer ces risques ?

A votre tour

1. Qu'est-ce qui a changé dans la construction de l'Europe depuis le projet initial des pères fondateurs de la C.E.E. ?

2. Etes-vous d'accord que le chômage et l'union de l'Europe sont actuellement les deux questions les plus importantes à résoudre par les Français ? Dites pourquoi.

3. Comment réagiriez-vous si le gouvernement de votre pays proposait de remplacer la monnaie nationale par une nouvelle monnaie commune à plusieurs pays ? Donnez vos raisons.

Manières de dire

L'emploi du subjonctif. La fréquence du subjonctif dans ce texte indique un style soutenu, littéraire. Retrouvez dans le texte un exemple des constructions suivantes :

a. *avant que* + le subjonctif

b. *pour que* + le subjonctif

c. *on ne peut pas imaginer que* + le subjonctif

d. *souhaiter que* + le subjonctif

e. *douter que* + le subjonctif

f. *craindre (avoir peur) que* + le subjonctif

g. *il est exclu que* + le subjonctif

Ensuite utilisez ces constructions dans des phrases de votre choix.

Ici et ailleurs

Quelles sont les relations économiques et politiques entre votre pays et l'Union européenne ? Votre pays fait-il partie d'un groupement économique de pays comme l'ALENA, l'Accord de libre-échange nord américain (NAFTA en anglais) ? Votre pays fait-il partie d'une fédération politique de pays ? Comparez ce groupement économique ou cette fédération et l'Union européenne.

Jacques Chirac et **Helmut Kohl**, chefs d'Etat des deux pays les plus puissants de l'Union européenne.

L'Europe contre la France ?

[1] Et si l'on criait « Pouce ! » comme les enfants qui, au milieu de leurs jeux, ont besoin de s'arrêter parce que quelque chose cloche ? Notre jeu à nous, c'est l'Europe : eh bien, ne faut-il pas réclamer une pause ? Pour parler de la France, Etat-nation séculaire, colbertiste, jacobin, laïque, républicain, modèle envié.

[2] Les règles européennes ne nous ont pas seulement imposé une réalité économique douloureuse. Elles nous ont aussi rendus prisonniers d'une sémantique désastreuse pour l'intelligence, car elle occupe la totalité de notre espace social et mental. Nous n'osons plus penser qu'en termes de parité franc-mark ou euro-dollar, de taux d'intérêt, de réduction des déficits, d'inflation, de chômage, de mondialisation, de marchés financiers. Qui a réussi, et comment, à nous faire oublier que, derrière cette banquise idéologique, c'est peut-être la France qui est en voie de disparition ? La question agresse. Jean-Claude Barreau la pose (1) et y répond en quelque 200 pages patriotiques ; ardentes et excitantes pour l'esprit, puisqu'il prend le seul parti de la politique.

[3] Quiconque a voté en conscience pour le traité de Maastricht sait que, aujourd'hui, le cours des choses est irrémédiable. Voyant s'approcher l'heure traumatisante et si symbolique de l'abandon du franc, nul ne peut éluder sa responsabilité citoyenne dans la mise en route d'un mécanisme implacable. La France n'est pas une culture régionale, semblable à celles qu'elle a elle-même séduites et digérées au fil des siècles pour se constituer. C'est une civilisation à vocation universelle, ce qui suppose un Etat puissant, souverain, donc légitime. Il suffit d'observer le fonctionnement de l'Europe pour comprendre, déjà, que l'Etat français est sérieusement érodé.

[4] C'est l'oligarchie bruxelloise qui édicte nombre des règles régissant notre vie, ce sont les traités internationaux qui s'imposent même aux lois nationales postérieures. Ainsi l'a entériné le Conseil d'Etat, en 1989. Barreau a raison d'incriminer cette institution de cooptés dont la mission paraît être de supprimer les spécificités françaises. L'Europe des nations, concept gaulliste et rassurant pour notre identité, a vécu : nous en éprouvons une angoisse sourde, taraudante. Celle qui se met en place est une Europe fédérale, dont chacune des minorités qui la composent — britannique, allemande, italienne, espagnole, française... — devra accepter les lois et les décisions prises par la majorité. Or « la citoyenneté européenne restera une abstraction, et la démocratie à l'échelle de l'Europe, impossible, tant que les nations composant l'Union n'auront pas disparu », clame Barreau.

⁵ Et voilà précisément vers quel avenir nous engagent nos dirigeants, de gauche ou de droite, avec la même volonté politique que celle que Napoléon ou de Gaulle ont mise à réformer la France, l'un après la Révolution, l'autre à la Libération. A une nuance – capitale – près : la plupart d'entre eux, contrairement à leurs deux glorieux prédécesseurs, « rêvent de prendre congé de la nation française ». Secondés par les forces intérieures de la dislocation étatique : la décentralisation, la crise du civisme, un islam qui n'a toujours pas appris la « discrétion minoritaire », le malthusianisme démographique, les conflits tribaux embryonnaires...

⁶ Mais Barreau escamote la seule perspective optimiste : la civilisation européenne en gestation pourrait avoir plus de grandeur encore que la nôtre. C'est justement tout le pari.

Elisabeth Schemla ●

(1) *La France va-t-elle disparaître ?*, par Jean-Claude Barreau. Grasset, Paris, 1997, 202 p.

Le palais de l'Europe à Strasbourg.

AIDE-MÉMOIRE

Connotations socioculturelles

¹ **l'Europe** : la construction européenne depuis le traité de Rome qui a créé la Communauté économique européenne en 1957 ; (voir **l'union de l'Europe** p. 119)

colbertiste : Jean-Baptiste Colbert (1619–1683), contrôleur des Finances du roi Louis XIV, a encouragé le mercantilisme en installant les manufactures d'Etat. Il a ainsi créé la tradition du rôle dirigeant de l'Etat dans la vie économique de la nation.

jacobin : dans l'Assemblée constituante chargée de préparer la Constitution française après la Révolution de 1789, les Jacobins étaient en faveur du pouvoir centralisé. La centralisation politique et administrative sur Paris, capitale de la nation, reste une caractéristique de l'Etat français d'aujourd'hui.

laïque : la première République résultant de la Révolution de 1789 était laïque ; l'Eglise n'avait plus le droit de participer à l'administration de l'Etat. Depuis 1905, année de la loi séparant définitivement l'Etat et les Eglises, l'Etat doit garder la neutralité entre les opinions religieuses.

républicain : la première République (1792–1794) est née de la Révolution française. La France est une République permanente depuis 1870, sauf pour la période de l'occupation nazie pendant la Seconde Guerre mondiale.

² **une réalité économique douloureuse** : afin de se conformer aux conditions d'entrée dans la monnaie unique (p. 119), le gouvernement français a dû réduire ses déficits budgétaires en diminuant les subventions accordées par l'Etat aux Français

³ **le traité de Maastricht** : voir p. 119, l'année **1993** dans **l'union de l'Europe**

l'abandon du franc : c'est-à-dire l'adoption de la monnaie unique de l'Union européenne

une culture régionale : la France n'est pas régionaliste, elle est centralisatrice. Les rois de France ont peu à peu annexé des régions et centralisé l'administration de l'Etat français.

l'Etat français est sérieusement érodé : l'Etat français a perdu une partie de son autonomie en abandonnant certains pouvoirs à la Commission européenne qui administre l'U.E.

4 **l'oligarchie bruxelloise :** la bureaucratie de la Commission européenne qui se trouve à Bruxelles

le Conseil d'Etat : établie par la Constitution républicaine française, cette institution est chargée de vérifier que les projets de loi proposés par le gouvernement sont conformes à la Constitution

l'Europe des nations, concept gaulliste : le général de Gaulle s'est opposé à une construction européenne qui diminuerait l'indépendance de la France

les décisions prises par la majorité : les décisions prises à la majorité qualifiée et non à l'unanimité

5 **de gauche ou de droite :** appartenant aux partis politiques de gauche ou à ceux de droite

Napoléon Bonaparte (1769–1821) : empereur des Français de 1804 à 1815, il a apporté la stabilité et consolidé les résultats de la Révolution de 1789

Charles de Gaulle (1890–1970) : chef de la Libération en 1944 de la France occupée par les Nazis pendant la Seconde Guerre mondiale, il a été de 1958 à 1969 le premier Président de la Cinquième République

l'islam : cette religion des immigrés nord-africains installés en France est aujourd'hui, par le nombre des pratiquants, la deuxième religion française après le catholicisme et avant le protestantisme. Les musulmans intégristes résistent à l'intégration sociale voulue par les principes républicains.

6 **la grandeur :** pour le général de Gaulle, la grandeur est associée très étroitement à la nation française

---

Mots et expressions

1 **quelque chose cloche** (fam.) quelque chose ne va pas

réclamer demander

séculaire qui existe depuis des siècles

envié *ici,* que d'autres pays désirent

2 **la sémantique** *ici,* discours, façon de parler au sujet de l'Europe

la parité équivalence

le mark monnaie allemande

l' euro (m.) monnaie unique de l'Union européenne

la banquise amas de glaces flottantes dans les régions polaires

en voie de disparition en train de disparaître

agresser *ici,* tourmenter

prend le seul parti de la politique se place seulement sur le plan politique

3 **le cours des choses** évolution des événements

irrémédiable *ici,* irréversible

séduites attirées

digérées annexées

au fil des pendant des

4 **régissant** organisant

entériner décider

incriminer accuser

les cooptés (m. pl.) membres qui ne sont pas élus mais qui sont nommés

les spécificités (f. pl.) caractéristiques spécifiques

a vécu est passée

taraudante perçante

5 **capitale** très importante

prendre congé de dire au revoir à

secondés aidés

la dislocation étatique décomposition de l'Etat

le malthusianisme démographique *ici,* la baisse du nombre moyen d'enfants par famille

tribaux *ici,* entre différents groupes sociaux

embryonnaires qui commencent

6 **escamoter** *ici,* négliger

en gestation en élaboration

justement précisément

le pari enjeu

124 L'Express

DE LA COMPRÉHENSION À L'EXPRESSION

Questions et réponses

1. Qu'est-ce qui caractérise le modèle français de l'Etat-nation ?
2. Quelles idées dominent la discussion de la construction européenne ?
3. Quelle en est la conséquence possible pour la France ?
4. Qu'est-ce qui va résulter du traité de Maastricht en ce qui concerne le franc ?
5. Qu'est-ce qui est nécessaire à la vocation universelle de la civilisation française ?
6. Est-ce que le fonctionnement de l'Europe laisse intact l'Etat français ?
7. Qui est à l'origine des règles qui changent la vie des Français ?
8. Quel concept de l'Europe remplace le concept gaulliste de l'"europe des nations " ?
9. Pourquoi, selon Jean-Claude Barreau, est-ce que la citoyenneté et la démocratie européennes dépendent de la disparition des nations composant l'Union européenne ?
10. Pourquoi est-ce que les dirigeants politiques français en faveur de l'Europe sont comparés à Napoléon et à de Gaulle ?
11. Qu'est-ce qui distingue ces dirigeants de « leurs deux glorieux prédécesseurs » ?
12. Qu'est-ce qui, à l'intérieur de la France, tend actuellement à diminuer l'importance de l'Etat ?
13. Quelle perspective est-ce que Jean-Claude Barreau n'envisage pas pour l'Europe ?

Points de vue

1. Les Français sont divisés entre ceux qui ont voté pour le traité de Maastricht et pour une plus grande intégration de la France dans l'Union européenne et ceux qui ont voté contre le traité pour des raisons nationalistes, c'est-à-dire entre les pro-européens et les anti-européens. Jean-Claude Barreau fait partie des anti-européens. Résumez les accusations adressées dans ce texte contre l'U.E. concernant :

    a. la perte de la spécificité de la France, Etat-nation

    b. le discours de la construction européenne

    c. la culture régionale de l'U.E.

    d. la diminution du rôle de l'Etat français

    e. la Commission européenne de Bruxelles

    f. le concept d'une Europe fédérale

2. Valéry Giscard d'Estaing est pro-européen. Comparez les idées qu'il exprime en faveur de l'Europe dans Europe : *il suffit de dire oui* et celles qui sont exprimées dans *L'Europe contre France*.
Dans quelle mesure est-ce que la « perspective optimiste » exprimée dans le dernier paragraphe de *L'Europe contre la France* pourrait influencer le débat entre les pro-européens et les anti-européens ?

3. Le concept de l'Etat-nation s'est affaibli en Europe depuis le début de la construction européenne. Pourquoi ? Quelles sont les conséquences de l'attachement à la nation pour le patriotisme ? Le patriotisme est-il encore une valeur importante dans le monde actuel ? Justifiez votre réponse.

4. Discutez les caractéristiques spécifiques de la France, « Etat-nation séculaire, colbertiste, jacobin, laïque, républicain », en les comparant aux spécificités de votre pays. Quel modèle est préférable ? Pourquoi ?

A votre tour

1. Si vous étiez Français(e), seriez-vous pro-européen(ne) ou anti-européen(ne) ? Donnez vos raisons.

2. Etes-vous en faveur d'une nation forte ou êtes-vous plutôt internationaliste ? Dites pourquoi.

3. Quels sont les avantages et les inconvénients de l'Union européenne ?

Manières de dire

Quelle est la fonction du mot « Mais » qui commence le dernier paragraphe ? Quels mots et expressions pourraient remplacer « Mais » ici ? Rédigez des phrases dans lesquelles vous utiliserez « mais » (ou un terme équivalent) pour souligner le contraste entre les avantages et les inconvénients de la construction européenne.

Ici et ailleurs

L'Etat joue-t-il un rôle dominant dans la vie des citoyens de votre pays ? L'Etat est-il organisé selon un modèle de centralisation ou de régionalisation ? Qu'est-ce qui compte le plus chez vous : un Etat interventionniste ou l'initiative individuelle et l'esprit d'entreprise de chaque citoyen ?

Avec la fin de la guerre froide et l'interdépendance croissante des économies, les attributs de la puissance ont changé. Demain, c'est toute l'action publique qui s'en trouvera bouleversée.

L'avènement de l'Etat virtuel

[1] A Paris, derrière les murs imposants de l'Ecole militaire, les officiers les plus prometteurs de l'armée apprennent à quoi ressemblera le monde de demain. Dans cette université pas comme les autres, ce n'est pas un intérêt académique qui motive les étudiants : les stagiaires du CID (Collège interarmées de défense, ex-Ecole de guerre) ont pour vocation de commander des troupes sur le terrain. Par goût autant que par nécessité, leur approche est concrète ; les exercices auxquels ils se livrent simulent des situations fictives, supposées se produire d'ici à une quinzaine d'années, quand les capitaines d'aujourd'hui seront devenus généraux.

[2] Du point de vue des militaires, le monde multipolaire issu de la

Les pays développés, comme la France, ont peu à craindre d'une menace militaire classique.

guerre froide s'apparente déjà à un champ de mines : le péril y est diffus et guère prévisible. « Avant l'éclatement du bloc soviétique, les sources de danger étaient connues », explique le lieutenant-colonel Guillet, 40 ans, stagiaire au CID. « Le Pacte de Varsovie était un ensemble homogène sous direction unique, celle de Moscou. A présent, notre vision de l'avenir est brouillée : le danger peut surgir de partout et l'explosion de crises ponctuelles, plus ou moins graves, paraît inévitable. »

[3] De même, dans pratiquement tous les scénarios imaginés au CID — incident nucléaire en Europe centrale, offensive militaire contre des trafiquants de drogue, opération humanitaire dans des régions inondées — l'intervention française prévoit la participation de troupes

alliées. Le discours gaullien sur l'indépendance de la défense trouve ici ses limites : le temps n'est plus où Paris pouvait intervenir seul pour « rétablir l'ordre ».

4   Comment comprendre le monde nouveau ? Samuel Huntington, professeur à l'université Harvard, propose sa grille de lecture : l'époque, selon lui, est au « choc des civilisations ». Elles seraient au nombre de huit : occidentale, confucéenne, japonaise, islamique, hindoue, slave-orthodoxe, latino-américaine, africaine. Au prochain siècle, la politique mondiale serait ainsi dominée par l'affrontement entre la civilisation occidentale et le reste du monde. Peu après sa parution dans une prestigieuse revue américaine, *Foreign Affairs*, la thèse de Huntington a été largement combattue, en particulier par William Pfaff : « Aucune de ces civilisations, assez arbitrairement définies, n'est ou n'a été, en tant que telle, une entité ou un acteur politique, écrit-il. Les nations agissent. Les gouvernements mènent des guerres. Mais les civilisations ne sont pas des unités politiques. » La vision de Huntington est contestable, notamment parce qu'elle ne tient pas compte des divisions au sein du monde islamique. Il n'empêche, sa thèse a connu un succès foudroyant : « Pour ceux qui ont perdu la boussole que représentait la guerre froide, c'est

Il y a quelques années encore, la CIA mesurait la puissance des pays à l'aune de leurs ressources naturelles. Cette vision est dépassée.

une aubaine : ils disposent à nouveau d'une théorie globale », écrit Pascal Boniface dans *La Volonté d'impuissance* (Seuil, 1996).

5   Or il n'y a plus de boussole ! La nature des risques a changé… Grâce à leur avance technologique et aux traités d'alliance, les pays développés, comme la France, ont peu à craindre, désormais, d'une menace militaire classique. En revanche, ils sont la cible de nouvelles formes de violence, telles que la subversion et le terrorisme, parfois endogènes, comme dans l'attentat à l'explosif à Oklahoma City ou ceux au gaz toxique dans le métro de Tokyo. Qui peut exclure l'émergence de groupes, aujourd'hui inconnus, capables d'exercer un chantage aux armes bactériologiques, par exemple ? Par leur puissance financière, les trafiquants de drogue, aussi, disposent d'un pouvoir de déstabilisation sans précédent.

6   Directeur des études à l'Institut des hautes études de défense nationale, Philippe Ratte insiste : « L'avenir est de moins en moins prévisible et nous devons nous résigner à cette idée afin de nous organiser en conséquence. Le travail de prospective consiste non plus à rédiger des scénarios, mais à instaurer une sorte de veille incessante : dans un pays développé comme la France, la défense devra fonctionner à la manière d'un radar, ou d'un système immunologique, qui se déclenche à la première alerte. » Au XXIe siècle, en somme, la défense sera virtuelle.

7   Cette évolution annoncée est révélatrice des nouveaux attributs de la puissance. Pendant la guerre froide, en effet, la puissance d'une nation était évaluée selon le nombre et la portée de ses missiles. Il y a quelques années encore, la CIA mesurait la puissance des pays à l'aune de leurs ressources naturelles : pétrole, fer, charbon, cuivre… Vision dépassée, car certains des Etats les plus prospères, tel le Japon, s'avèrent pauvres en matières premières. Certes, les Etats moins développés, tirant leur richesse des produits de la terre, ambitionnent toujours d'agrandir leur territoire. Pour les pays riches, en

Aux Champs-Elysées : le défilé militaire du 14 juillet

revanche, l'affirmation de la puissance emprunte, de plus en plus souvent, des moyens civils. Il en découle un rôle nouveau pour l'Etat. Ainsi, au département américain du Commerce, il existe une *war room*, où les 100 plus gros projets de contrat sont suivis en permanence.

[8] En France, l'Etat tarde à assumer ces responsabilités nouvelles. Certes, Jacques Chirac, au Japon, s'est fait le représentant commercial de la France SA auprès des investisseurs nippons, comme Helmut Kohl et Bill Clinton avant lui, pour leur pays respectif. Mais Paris persiste à affirmer la souveraineté de sa politique étrangère en se prévalant d'une diplomatie active un peu partout dans le monde et, singulièrement, en Méditerranée et dans ses anciennes colonies africaines, quitte à soutenir des régimes au bord de l'implosion. Pourtant, les notions de « pré carré » et de « zone d'influence » semblent sérieusement menacées : « Les relations franco-africaines sont à la veille d'un grand bouleversement, avertit Jean-Christophe Rufin, directeur de recherche à l'Iris (Institut des relations internationales et stratégiques). Nous n'avons plus les moyens de maintenir une présence militaire importante sur place, ni de poursuivre une politique de coopération qui, de toute façon, a atteint ses limites. »

[9] Cette réflexion à long terme fait cruellement défaut, souligne Philippe Delmas, auteur du *Bel Avenir de la guerre* (Gallimard) : « La France est le seul grand pays où il n'existe pas d'institut de recherche géostratégique qui soit indépendant de l'Etat. A croire que l'Etat serait le seul à pouvoir réfléchir à l'avenir de la nation ! »

[10] Pour Jean-Marie Guéhenno, auteur de *La Fin de la démocratie* (Flammarion), l'Etat ne parvient plus à jouer son rôle de despote éclairé : « Il cherche toujours la pierre philosophale. Mais cela ne marche plus ! Le circuits de décision ont changé : les grandes entreprises ont su diluer les lieux de décision. En France, l'administration devra en faire autant : se mettre en cause, se restructurer, et s'ouvrir enfin sur l'extérieur, à la manière des sociétés industrielles.

[11] « A l'avenir, reprend Guéhenno, le rôle de l'Etat consistera moins à gérer qu'à donner confiance à la communauté humaine. Il devra définir des règles de transparence et assurer la solidarité. Incarner des valeurs, aussi. » Aux XXIe siècle, l'action publique sera-t-elle virtuelle ? « Nous n'y échapperons pas, sauf à sombrer dans un lent déclin. Mais je reste optimiste : la société française en cette fin de siècle, c'est un peu le tiers état en 1789 : ces gens-là s'impatientent ! S'ils ne veulent pas connaître la nuit du 4-Août, nos équivalents contemporains de la noblesse et du clergé auraient intérêt à prendre les devants... »

Marc Epstein ●

AIDE-MÉMOIRE

Vocabulaire thématique

prévoir ; la prévision ; prévisible ; imprévisible

défendre ; la défense

l'armée (f.) ; un militaire ; un officier ; un capitaine ; un général

commander des troupes sur le terrain

une offensive militaire ; un missile

intervenir ; une intervention

la politique étrangère ; une politique de coopération

la diplomatie ; un diplomate

les relations franco-américaines

un pays développé ; une pays en voie de développement

un risque ; un danger ; une crise grave ; une menace militaire

le terrorisme ; un acte de terrorisme ; un(e) terroriste

Connotations socioculturelles

la guerre froide : après la Seconde Guerre mondiale, la longue période de relations hostiles entre les pays occidentaux et le bloc soviétique

[1] **l'Ecole militaire :** construit dans le style du XVIIIe siècle, ce grand édifice a été inauguré en 1760 pour recevoir des élèves officiers. Aujourd'hui il sert à des établissements d'enseignement militaire supérieur.

[2] **le Pacte de Varsovie :** organisation militaire qui a réuni l'U.R.S.S. et les pays soviétiques dans le but de s'opposer à l'OTAN

[3] **le discours gaullien :** l'indépendance de la France était le principe fondamental de la politique étrangère du général de Gaulle, Président de 1958 à 1969. Pour cette raison, il a retiré la France de l'OTAN en 1966.

[7] **la CIA :** service américain de renseignements secrets

[8] **Jacques Chirac :** Président de la France depuis 1995

la France SA : la France Société Anonyme ; les lettres SA s'ajoutent en général au nom d'une entreprise commerciale

Helmut Kohl : Chancelier de l'Allemagne

Bill Clinton : Président des Etats-Unis

[10] **l'administration :** l'administration de l'Etat français, exécutée par des fonctionnaires, est une bureaucratie immense qui pèse sur la vie des citoyens

[11] **le tiers état de 1789 :** afin de trouver une solution à la crise économique, le roi Louis XVI a convoqué en mai 1789 les Etats généraux, composés de trois états. Le premier état représentait la noblesse ; le deuxième état le clergé ; le tiers état tous les autres groupes sociaux. Le tiers état, en s'imposant à la noblesse et au clergé, a provoqué la Révolution française et la fin de la monarchie absolue.

la nuit du 4-Août (1789) : date de l'abolition des privilèges du système féodal ; La Déclaration des droits de l'homme et du citoyen s'est faite le 26 août 1789

Mots et expressions

l' **avènement** (m.) arrivée

l' **attribut** (m.) caractéristique

l' **action** (f.) **publique** rôle de l'Etat ; *contraire*, action privée

bouleverser modifier profondément

[1] **pas comme les autres** différente des universités traditionnelles

le/la stagiaire personne qui suit une formation spéciale

autant que aussi bien que

se livrer se consacrer

[2] **issu de** résultant de

s'apparenter à ressembler à

guère à peine

l' **éclatement** (m.) désintégration

brouillée confuse, peu claire

ponctuelles isolées, limitées

[3] **de même** de la même façon

[4] **la grille de lecture** méthode d'interprétation

la thèse théorie, opinion

combattue critiquée

	au sein de à l'intérieur de		**nippons** japonais
	il n'empêche néanmoins		**se prévaloir de** tirer avantage de
	foudroyant immense		**singulièrement** en particulier
	la boussole instrument d'orientation, compas		**quitte à** au risque de
	l' aubaine (f.) chance inespérée		**l' implosion** (f.) effondrement
5	**désormais** à l'avenir		**le « pré carré »** *ici,* domaine international réservé à la France
	la cible objectif		**à la veille de** au début de
	endogènes sans liens extérieurs		**sur place** *ici,* en Afrique
	le chantage aux armes menace à l'aide d'armes	9	**fait cruellement défaut** manque énormément
6	**la prospective** prévision de situations futures		**indépendant de l'Etat** c'est-à-dire privé
	la veille vigilance	10	**éclairé** intelligent
	se déclencher commencer à fonctionner		**la pierre philosophale** quelque chose d'impossible à trouver
7	**la portée** distance de trajectoire		**l' entreprise** (f.) firme, société
	à l'aune de selon		**diluer** *ici,* disperser
	dépassée démodée		**se mettre en cause** se mettre en question
	s'avérer être	11	**gérer** administrer
	ambitionner avoir comme ambition		**sombrer** se perdre
	emprunter *ici,* s'exprimer par		**prendre les devants** se dépêcher, reprendre l'initiative
	découler résulter		
8	**tarder à** être lent à		

DE LA COMPRÉHENSION À L'EXPRESSION

Questions et réponses

1. Quelle est la profession des stagiaires du CID ?
2. Qu'est-ce qu'ils font dans les cours du CID ?
3. Comment est-ce que la désintégration du bloc soviétique a changé la vision militaire du monde ?
4. Quels scénarios de crises éventuelles sont cités dans le texte ?
5. Qu'est-ce qu'il y a de nouveau dans la façon dont la France envisagerait de résoudre ces crises ?
6. Selon Samuel Huntington, qu'est-ce qui pourrait provoquer un nouveau conflit mondial ?
7. Pourquoi cette opinion a-t-elle été critiquée ?
8. Qu'est-ce qui pourrait expliquer le succès de cette opinion ?
9. Quels nouveaux risques pour la France remplacent la menace militaire classique ?

Points de vue

1. Quels sont aujourd'hui les attributs les plus importants de la puissance d'un pays ? Donnez des exemples.

2. Avec vos camarades de classe, vous êtes stagiaire au CID. Imaginez ensemble des situations fictives de crises qui surgissent dans le monde. Ensuite, par petits groupes, préparez des scénarios pour chaque crise. Enfin, comparez et discutez les scénarios préparés par chaque groupe.

3. Jean-Marie Guéhenno fait la comparaison entre la société française de 1789 et celle d'aujourd'hui. Pourquoi ? Qui sont les équivalents contemporains « de la noblesse et du clergé » et « du tiers état » ? Quel rôle est-ce que le tiers état joue dans la société d'aujourd'hui ? Quel sera son rôle dans la société de demain ?

A votre tour

1. Parmi les exemples cités de nouveaux risques remplaçant la menace militaire classique, lequel serait, selon vous, le plus dangereux ? Pourquoi ?

2. L'activité économique a-t-elle remplacé aujourd'hui la capacité militaire comme source principale de la puissance mondiale d'un pays ? Justifiez votre opinion à l'aide d'exemples précis.

3. Etes-vous pour ou contre la thèse de Samuel Huntington sur le « choc des civilisations ». Pourquoi ?

Manières de dire

1. *Les prépositions.*

   Observez comment les prépositions sont répétées dans les exemples suivants:

   [5] « Grâce **à** leur avance technologique et **aux** traités d'alliance… »

   [6] « Le travail de prospective consiste non plus **à** rédiger…mais **à** instaurer… »

   [11] « Le rôle de l'Etat consistera moins **à** gérer qu'**à** donner confiance… »

   [8] « Nous n'avons plus les moyens **de** maintenir…ni **de** poursuivre… »

   Rédigez une phrase de votre inspiration correspondant à chaque exemple.

Ici et ailleurs

En France, l'Etat est très présent dans la vie quotidienne des citoyens. Même s'ils se plaignent d'un excès de réglementations administratives et d'une bureaucratie lente et trop attachée aux petits détails, les Français s'attendent à ce que l'Etat les aide et les protège. Quelle place occupe l'Etat dans la vie quotidienne de votre pays ? Les citoyens de votre pays sont-ils contents, comme les Français, de laisser à l'Etat toutes les décisions importantes ? Quels mécanismes l'Etat a-t-il mis en place pour préparer l'avenir de votre pays dans le monde ?

CHEMINS DE LA COMMUNICATION

Eloge de la langue française
page 134

Le système Solaar
Claude M'Barali, alias MC Solaar, n'est pas un rappeur banal. Car le Tchadien tchatcheur est aussi un philosophe, fidèle lecteur des dictionnaires. Il le prouve avec un « Prose Combat » courroucé et engagé.
page 137

L'espoir au bout de « La Rue »
Ils sont sans domicile fixe. Leur journal s'intitule « La Rue », « Macadam », « Faim de siècle » ou « Le Réverbère ». Ils le vendent à la criée et touchent un peu d'argent. Parfois, ils écrivent un article pour dire leur vie d'exclus. Une manière de garder leur dignité. Et même le sourire.
page 143

La discrète revanche du poste
page 149

Eloge de la langue française

1. J'ai longtemps cru qu'on avait le choix de sa langue. Alors, je rêvais de parler le russe, le nahuatl, l'égyptien. Je rêvais d'écrire en anglais, la langue la plus poétique, la plus douce, la plus sonore. Pour mieux réaliser ce rêve, j'avais entrepris d'apprendre par cœur le dictionnaire, et je récitais de longues listes de mots.

J. M. G. Le Clézio : « La langue française est mon seul pays, le seul lieu où j'habite. »

2. Puis j'ai compris que je me trompais. On n'a pas le choix de sa langue. La langue française, parce qu'elle était ma langue maternelle, était une fatalité, une absolue nécessité. Cette langue m'avait recouvert, m'avait enveloppé, elle était en moi jusqu'au tréfonds. Cela n'avait rien à voir avec la connaissance d'un dictionnaire, c'était ma langue, c'est-à-dire la chair et le sang, les nerfs, la lymphe, le désir et la mémoire, la colère, l'amour, ce que mes yeux avaient vu premièrement, ce que ma peau avait ressenti, ce que j'avais goûté et mangé, ce que j'avais respiré. Les mots n'étaient pas ceux d'une liste, ils étaient des choses, des êtres vivants. Ils étaient âpres, doux, légers, fugitifs et déroutants, décevants parfois, pièges mielleux, horreur physique, souvent résonnant comme des coques vides, mais aussi dansant, enivrant, les mots du jour, du jouir, de la jubilation — et même jouant avec la mort.

3. C'était la langue française. Ma langue. Ma personne, mon nom, en quelque sorte. Sans le savoir, sans le vouloir, elle me donnait sa beauté, sa douceur. En moi étaient tous les sons retenus depuis la petite enfance, les sons mouillés, les « r » gutturaux, les nasales, les sons qui font bouger les lèvres vers l'avant — et qui permettent aux autres de reconnaître de loin quelqu'un qui parle le français.

4. Pour moi qui suis un îlien, un descendant de Breton émigré à l'île Maurice, quelqu'un d'un bord de mer, qui regarde passer les cargos, qui traîne les pieds sur les ports, quelqu'un qui n'a pas de terre, qui ne s'enracine pas dans un terroir, comme un

Deux des quatre tours de la Bibliothèque nationale de France inaugurée en 1995

homme qui marche le long d'un boulevard et qui ne peut être ni d'un quartier ni d'une ville, mais de tous les quartiers et de toutes les villes — la langue française est mon seul pays, le seul lieu où j'habite. Non pas la langue que j'entends, ni celle qui s'écrit dans les livres, mais la langue qui parle au fond de moi, quelquefois même sans mots, juste un mouvement instinctif, quelque chose qui tremble, qui trouble, qui passe, qui pose des pierres.

5 La langue française, si belle, si souple, si flexible. Encore pleine de cette émouvante maladresse des langues neuves, de cette rugosité des langages de paysans. Multipliant les doublets, les auxiliaires. « Il s'en est allé », « Il pleut », « Quelle heure est-il ? » Et tous ces diminutifs : « soleil », « alouette », « demoiselle ». Le rire et le savoir, éclatants dans ces mots, dans ces tournures, quelque chose de tendre, d'inachevé. Cette très grande précision dans les termes du réel, et ce flou charmant dans l'abstrait, dans l'idée. Cette langue si contraire au latin d'administrateurs et d'avocats, à l'allemand des prêcheurs et à l'anglais, langue d'archers, d'arpenteurs.

J. M. G. Le Clézio ●

AIDE-MÉMOIRE

Connotations socioculturelles

Jean-Marie Le Clézio (né en 1943) : écrivain de mère française et de père anglais, il a connu beaucoup de succès depuis son roman *Le Procès-verbal* (1966)

[1] **le nahuatl :** dialecte parlé par les Aztèques

[4] **un Breton :** habitant de la Bretagne

l'île Maurice : île de l'océan Indien

[5] **un langage de paysans :** la vie rurale a eu une grande importance dans le développement de la France et a donc influencé le vocabulaire et l'évolution du français

Eloge de la langue française

Mots et expressions

² **le tréfonds** partie la plus secrète

âpres durs, rugueux

déroutants déconcertants

le piège appareil pour attraper un animal, un oiseau

mielleux cf., le miel

la coque coquille, enveloppe dure qui couvre le corps d'un mollusque

enivrant qui rend ivre ; exaltant

³ **retenus** gardés

le son mouillé en français *n* est mouillé quand il est précédé de *g* dans des mots comme « agneau »

⁴ **l' îlien** (m.) habitant d'une île

s'enraciner cf., une racine ; développer des racines

⁵ **la maladresse** cf., maladroit(e) ; gaucherie

la rugosité caractéristique d'un objet qui n'est pas lisse

le doublet mot ayant la même étymologie qu'un autre mais qui est entré dans la langue d'une manière différente, par ex. « hôtel » et « hôpital »

la tournure expression

le flou imprécision

le prêcheur prédicateur protestant, personne qui prononce un sermon

l' archer (m.) personne qui tire à l'arc

l' arpenteur (m.) personne dont la profession est de mesurer et de calculer la superficie de terrains

DE LA COMPRÉHENSION À L'EXPRESSION

Questions et réponses

1. Pourquoi Le Clézio a-t-il essayé d'apprendre l'anglais ?

2. Le Clézio continue-t-il à croire qu'on a le choix de sa langue ?

3. Quelle est la différence entre la langue maternelle et une liste de mots ?

4. Qu'est-ce que Le Clézio découvre au sujet des mots ?

5. Pourquoi les sons d'une langue sont-ils importants ?

6. Comment peut-on reconnaître à distance quelqu'un qui parle français ?

7. Si on n'appartient pas à une terre, si on n'a pas d'adresse fixe, à quoi appartient-on ?

8. Qu'est-ce qui donne à la langue française son caractère particulier ?

Points de vue

1. Le Clézio utilise les mots du corps, des émotions et de la beauté pour décrire la langue. Retrouvez les comparaisons dans le texte et discutez-les.

2. Pourquoi Le Clézio écrit-il : « La langue française est mon seul pays, le seul lieu où j'habite » ?

3. Comment notre langue maternelle nous donne-t-elle notre identité culturelle ?

4. Retrouvez dans le texte des exemples qui montrent que, pour Le Clézio, la langue est très physique.

Le système Solaar

Claude M'Barali, alias MC Solaar, n'est pas un rappeur banal. Car le Tchadien tchatcheur est aussi un philosophe, fidèle lecteur des dictionnaires. Il le prouve avec un « Prose Combat » courroucé et engagé.

[1] MC Solaar donne des lettres au rap. Ses textes, imprégnés des univers de Queneau, Apollinaire, Duchamp, Dali, débordent de rimes intimes, d'allitérations pulsions, de sens invertis. Cet as de l'assonance qui a roulé sa bosse dans le Posse 501, sa bande de Villeneuve-Saint-Georges, « une confrérie de la périphérie », ne se réclame pourtant ni de la linguistique ni de la rhétorique. Plutôt de la joute verbale. Littéraire, certes, mais ludique. Car, dans ses titres, l'auteur s'auto-cite : « Solaar l'arbalète », « Laarso » ou, plus fatal, « Solaarsenal équipé de balles vocales ». « C'est mon côté mégalo. » Ce garçon a du recul, donc des principes. Il n'est pas banal.

Le rappeur MC Solaar: « Avec ma bonne tête, à qui ferais-je peur ? »

Gilles Mingasson/Gamma Liaison

[2] Il a suffi de quelques tubes, dont « Bouge de là » et « Caroline », extraits de « Qui sème le vent récolte le tempo », album plébiscité des cours de récré aux universités (370 000 exemplaires arrachés en trois années), pour imposer ce MC (maître de cérémonie). Claude M'Barali, son vrai nom, 25 ans, Tchadien du Val-de-Marne et tchatcheur philosophe, a fait ses classes à la bibliothèque de Beaubourg, flirté avec la fac de langues de Jussieu et compulsé des kilomètres de dictionnaires.

[3] Depuis, Solaar a aussi démocratisé et intellectualisé le rap hexagonal, qu'il exporte à Londres, Dakar, New York ou Moscou. « Voyager m'a appris à casser mes clichés. Et j'aime apprendre », confie-t-il, calme et posé. Avec « Prose Combat », son deuxième opus, l'homme qu'on a souvent rapproché de Gainsbourg en appelle tout de go à « Bonnie and Clyde » avec le titre « Nouveau Western », un rap sur les banlieues ricaines. Mais sa référence reste Georges Perec. « Un maître. Je l'ai découvert en dévorant "La Disparition", un livre entier sans la lettre "e". Cet album, c'est un peu mon "Je me souviens". Parce que mes chansons sont ponctuées de naguère, jadis, à l'époque, autrefois. Que les références abordées me ramènent au passé. Et que des mots la madeleine naît. »

[4] « Prose Combat » s'affirme aussi comme un « Aux armes, etc. », un manifeste lancinant, courroucé et engagé. « Au lieu d'évoquer les petites gens et le mal de vivre, comme auparavant, je préfère généraliser, renvoyer à la crise, au pourquoi de la crise, à l'avant-crise, quand l'enfance coulait cool, dans les cours d'école. Cela me permet de faire la synthèse entre le rap poésie et le rap guerrier. Disons pacifiste et revendicatif. De toute façon, avec ma bonne tête, à qui ferais-je peur ? » MC Solaar garde des airs de gamin. Il parle beaucoup, chantonne, mime, s'arrête, réfléchit. « Je crois que "Prose Combat" est un album d'autovoyeur. Pour écrire, je pique dans ma vie et dans celle de mes amis. »

[5] Comment se met en place ce miracle de la prose ? « En marchant. Les phrases se précipitent. Je gomme, j'efface, je trie, je jette les private jokes, les premiers degrés. Et j'use mes souliers. » Il rigole. Un proverbe — « Rien ne sèche aussi vite qu'une larme » — a déclenché MC Solaar : « La phrase a donné le ton triste à l'album. Après, quand je suis devant la feuille et que viennent les mots, c'est vraiment le flot. » La magie Solaar tient à la fois de Boby Lapointe, de la comptine, de l'association d'idées, de l'inventaire, de la figure de style. Toute une vie. « Non, non. Mes textes, je les conclus en trente minutes, c'est vrai. »

[6] MC ne se voit pas prisonnier du système Solaar. Il se sent prêt à se lancer dans une chanson d'amour classique. On le prend au mot, il l'improvise. « J'y mettrais quand même de l'action, des métaphores. Je plaquerais "caramel", "caravelle", "patchouli". Le gars interpellerait la fille. "Je pense avoir fait beaucoup pour toi, miss / Après l'amour la la la qu'on a vécu / Nos balades sur les étangs proches du 93." Oui, je collerais un numéro de département. » MC Solaarithmétique ne tarit pas sur le rap et ses vertus pédagogiques. Il a travaillé avec un groupe d'enfants et milite contre les antisèches. « C'est plus cool d'apprendre la bataille de Stalingrad en rap. » Un Solaargument de choc.

Gilles Médioni •

AIDE-MÉMOIRE

Vocabulaire thématique

chanter ; chantonner ; un chanteur / une chanteuse

une chanson d'amour ; une chanson rap

le rap ; un rappeur

une chanson ; un tube ; un album

le titre ; l'auteur (m.) ; le compositeur

le texte ; les paroles ; la musique

la prose ; la poésie ; le ton poétique

une référence littéraire

l'association (f.) d'idées ; le jeu de mots

la rime la répétition du même son à la fin de plusieurs mots

l'allitération (f.) la répétition du même son au début de plusieurs mots grâce à une consonne

l'assonance (f.) la répétition du même son grâce à une voyelle

le verlan changer l'ordre des syllabes d'un mot, par ex. « branché » → « chébran », « Solaar » (le nom du chanteur) → « Laarso »

Connotations socioculturelles

MC Solaar : nom adopté de Claude M'Barali, né en 1969 de parents originaires du Tchad ; installé avec sa famille en France depuis l'âge d'un an, il a acquis la nationalité française en 1985. En 1990 il a enregistré son premier single, « Bouge de là » ; en 1991 son premier album, « Qui sème le vent récolte le tempo » (jeu de mots sur le proverbe « Qui sème le vent récolte la tempête ») ; en 1994 son deuxième album, « Prose Combat » ; en 1997 son troisième album « Paradisiaque ».

le Tchad : ancienne colonie française en Afrique ; les habitants s'appellent les Tchadiens

[1] **écrivains s'intéressant aux jeux de langage :** Georges Perec (1936–1982), romancier ; Raymond Queneau (1903–1976), romancier et poète ; Guillaume Apollinaire (1880–1918), poète

peintres surréalistes : Marcel Duchamp (1887–1968) ; Salvador Dali (1904–1989)

chanteurs qui ont composé des chansons caractérisées par des jeux de mots et des associations d'idées humoristiques : Serge Gainsbourg (1928–1991) ; Boby Lapointe (1922–1972)

le Posse 501 : à l'image du rap américain, le Posse est le groupe d'admirateurs qui entourent le chanteur ; 501 est une marque de jean Levi's très à la mode. La mode et la langue adoptées par les jeunes Français de la banlieue sont influencées par la culture populaire américaine.

Villeneuve-Saint-Georges : ville du département du Val-de-Marne, proche de Paris

[2] **Beaubourg :** en plus du musée d'art contemporain, le Centre national d'art et de culture Georges Pompidou à Paris abrite une grande bibliothèque

Jussieu : nom de l'université de Paris VII

[3] **Dakar :** capitale du Sénégal, en Afrique

[4] **« Aux armes, etc. » :** titre d'une chanson de Serge Gainsbourg qui se réfère à l'hymne national « La Marseillaise »

[6] **93 :** numéro du département de la Seine-Saint-Denis, proche de Paris

la bataille de Stalingrad : victoire décisive remportée en 1943 par les Soviétiques sur les Allemands pendant la Seconde Guerre mondiale

Mots et expressions

    tchatcheur (fam.) quelqu'un qui parle beaucoup

    courroucé en colère

    engagé militant

1   **donner des lettres à** donner du prestige littéraire à

    imprégnés de influencés par

    déborder être rempli de

    pulsions *ici*, spontanés

    invertis *ici*, contraires

  l' **as** (m.) expert

    rouler sa bosse (fam.) voyager

  la **bande** (fam.) groupe d'amis

    se réclamer de dépendre de

  la **joute** *ici*, jeu

    ludique *ici*, pour s'amuser

  s' **auto-citer** se citer lui-même

    mégalo (fam.) mégalomane ; orgueilleux et ambitieux

    avoir du recul prendre ses distances afin d'exprimer une opinion objective

2 le **tube** chanson très populaire

    plébiscité approuvé

  la **cour de récré** endroit où les élèves passent la récréation

    arrachés vendus rapidement

    flirter avec (fam.) rester peu de temps dans

  la **fac** (fam.) faculté

    compulser étudier

3   **hexagonal** français

    posé sérieux

  l' **opus** (m.) *ici*, album

    rapprocher de comparer à

    tout de go (fam.) entièrement

    ricaines (fam.) américaines

    ponctuées de parsemées des mots

    que... abordées parce que les références utilisées

    et que... naît et parce que le souvenir (symbolisé par la madeleine de Marcel Proust) est né des mots

4   **lancinant** douloureux

  les **petites gens** (f. pl.) les gens ordinaires

    renvoyer à la crise parler de la crise économique

    couler cool (fam.) se passer agréablement

  la **synthèse** union

    guerrier cf., la guerre ; agressif

    revendicatif militant

    ma bonne tête mon air sympathique

  l' **autovoyeur** (m.) quelqu'un qui se regarde

    piquer (fam.) prendre

5   **gommer** effacer

    trier sélectionner

  les **premiers degrés** (m. pl.) les choses évidentes

    user mes souliers (fam.) travailler beaucoup

    déclencher *ici*, inspirer

  la **feuille** page

  le **flot** abondance

    tenir de appartenir à

  la **comptine** petite chanson d'enfant

  la **figure de style** procédé littéraire comme la métaphore, le jeu de mots, etc.

6   **on... mot** on lui demande de le prouver

    plaquer (fam.) mettre

  la **caravelle** bateau à voiles

  le **patchouli** parfum très fort

  la **balade** (fam.) promenade

  l' **étang** (m.) étendue d'eau

    coller (fam.) ajouter

    ne pas tarir parler sans cesse

    militer contre s'opposer à

  l' **antisèche** (f.) cf., sécher (fam.) [ne pas savoir] ; petit papier préparé par l'élève pour tricher pendant un examen

    cool (fam.) facile et agréable

DE LA COMPRÉHENSION À L'EXPRESSION

Questions et réponses

Vrai ou faux ? Justifiez votre réponse avec une expression du texte. V   F

1. MC Solaar a été inspiré par l'œuvre de personnalités littéraires et artistiques. ❏ ❏
   Expression : _____

2. Dans ses chansons, MC Solaar aime jouer avec les sons et le sens des mots. ❏ ❏
   Expression : _____

3. Le chanteur joue avec son nom dans le titre de quelques chansons. ❏ ❏
   Expression : _____

4. Son premier album n'a pas eu de succès chez les jeunes. ❏ ❏
   Expression : _____

5. Sa famille est originaire du Tchad. ❏ ❏
   Expression : _____

6. Lui et son groupe d'amis habitent dans la banlieue parisienne. ❏ ❏
   Expression : _____

7. Pendant sa jeunesse MC Solaar aimait beaucoup lire des livres et des dictionnaires. ❏ ❏
   Expression : _____

8. Le rap français de MC Solaar n'est pas connu hors de France. ❏ ❏
   Expression : _____

9. Toutes les chansons de son deuxième album sont inspirées par des sujets français. ❏ ❏
   Expression : _____

10. Aucun mot indiquant le passé ne figure dans « Prose Combat ». ❏ ❏
    Expression : _____

11. Pour MC Solaar, le rap doit toujours être agressif. ❏ ❏
    Expression : _____

12. Selon MC Solaar, le rap peut aider les enfants à apprendre leurs leçons à l'école. ❏ ❏
    Expression : _____

Points de vue

1. Le rap a la réputation d'être très agressif et provocateur. Qu'est-ce qui distingue MC Solaar ? Pourquoi n'est-il pas « un rappeur banal » ? Comparez MC Solaar et des chanteurs de rap de votre pays.

2. Quel rôle joue la chanson dans la culture des jeunes ? Pourquoi certaines chansons deviennent-elles des « tubes » ? Quelle est l'importance relative du texte, de la musique et du chanteur ou de la chanteuse dans le succès d'une chanson ?

3. **Sondage.** Demandez à vos camarades de classe de dresser la liste de leurs cinq chansons préférées afin de savoir quelles sont les dix chansons les plus populaires de la classe. Ensuite essayez de distribuer celles-ci, selon leur sujet, leur expression et leur objectif, dans des catégories comme les chansons d'amour, les chansons poétiques, les chansons engagées, etc. Quelles conclusions peut-on tirer de cette liste de chansons sur les raisons de leur succès ?

A votre tour

1. Qu'est-ce qui peut expliquer le succès de MC Solaar ?

2. Le rap a-t-il une image différente chez les jeunes et chez les adultes ? Pourquoi ? Quelle importance a l'apparence physique du rappeur dans cette image ? L'apparence de MC Solaar est-elle typique de cette image ?

3. Faites le portrait de votre chanteur préféré ou de votre chanteuse préférée.

Manières de dire

1. MC Solaar fait rimer la langue française avec le rap. En lisant à haute voix le texte, retrouvez des exemples de rimes, d'allitérations et d'assonances.

2. Observez les titres de chansons dans lesquels Solaar cite son nom (paragraphe 1) ainsi que les noms « Solaarithmétique » et « Solaargument » (paragraphe 6). Dites comment et pourquoi ces mots ont été créés.

3. Analysez les moyens utilisés par MC Solaar pour improviser une chanson d'amour (paragraphe 6).

4. Retrouvez dans le texte les associations d'idées créées par des mots et les jeux de mots.

Ici et ailleurs

Quel rôle joue la langue dans la culture rap de votre pays ? La chanson occupe-t-elle une place particulière dans la culture des jeunes de votre pays ?

L'espoir au bout de « La Rue »

Ils sont sans domicile fixe. Leur journal s'intitule « La Rue », « Macadam », « Faim de siècle » ou « Le Réverbère ». Ils le vendent à la criée et touchent un peu d'argent. Parfois, ils écrivent un article pour dire leur vie d'exclus. Une manière de garder leur dignité. Et même le sourire.

[1] Albert a 39 ans, le regard délavé et des petits bonheurs de naufragé. « C'est la deuxième fois qu'on me donne 20 F pour le journal et qu'on me laisse la monnaie... » Trois heures qu'il est planté là, sous des néons qui lui creusent les joues et lui arrachent les yeux. Métro République, station debout. Albert est SDF. Depuis une semaine, il vend « La Rue », le « magazine contre l'exclusion », 15 F le numéro, dont 7,80 F pour le vendeur. Lui n'a pas attendu les années de crise, ni les 3 millions de chômeurs, pour plonger. Enfance à l'Assistance publique, départ de l'école à 14 ans, quelques « bêtises » en passant : embarquement immédiat pour la zone. Des vingt ans passés à écumer les terrains vagues, les squats et les meublés à deux sous de la Seine-Saint-Denis, il ne garde que le souvenir de petits boulots sans lendemain : gardien, coursier, serveur... Depuis quelques mois, il a trouvé refuge à Saint-Maur, sur les bords de la Marne, dans une péniche délabrée, sans eau ni électricité. C'est en faisant la manche, au métro Nation, et en apercevant un vendeur de « La Rue » que l'idée lui est venue.

[2] Les premiers jours, il s'est posté dans le XVe arrondissement, à la sortie du métro Charles-Michels. Un début : 30 exemplaires de moyenne, en dix heures de boulot. Un peu plus de 200 F pour sa poche. De quoi manger, se payer un café et, surtout, renouveler son stock de journaux pour le lendemain. De quoi survivre. Hier, Albert est passé à la vitesse supérieure. Il a vendu 50 numéros. Il a dégoté un meilleur emplacement : plus proche du dépôt du journal, dans le XIe arrondissement, au cas où il devrait se réapprovisionner en cours de journée. Et, pour mettre tous les atouts dans son jeu, il s'est acheté des chaussures et un pantalon neufs. Maintenant, il attend.

[3] Lorsque les usagers déboulent, Albert cherche d'abord à accrocher un regard. Ça parle pour vous, un regard. Mais ça ne suffit pas encore pour vendre des journaux dans le métro, aux heures de pointe. Alors, il se lance : « Achetez "La Rue", le journal des SDF... » Dix fois, vingt fois, cent fois. La voix, bien posée, fait se crisper les visages. Certains détournent la tête, d'autres accélèrent le pas. Quelques-uns, enfin, lui glissent un encouragement : « C'est bien », « Continuez ! », « Bon courage »... Albert sourit. Les mots lui manquent. « Quand je dis "SDF", je sens bien que ça heurte les gens. Souvent, j'ai envie de présenter le journal d'une façon différente. De raconter autre chose. Mais je suis timide. J'ai peur de m'emmêler les pinceaux. » Une femme s'arrête. Sa petite fille lui tient la main. La cliente type. D'abord parce que c'est une femme et que, selon les statistiques très personnelles d'Albert, mais aussi d'après un

sondage exclusif paru dans « La Rue », les femmes sont les premières à se sentir concernées par le problème de l'exclusion. « C'est une affaire de dignité, dit la dame, si je peux les aider à retrouver le sens du travail... » Pour l'instant, elle achète indifféremment toutes les revues de SDF : « La Rue », « Macadam journal », « Le Réverbère » ou encore « Faim de siècle ». « Ça fait beaucoup », admet-elle. Trop ?

C'est qu'ils sont quatre journaux, désormais, à se partager le pavé. « Macadam », le pionnier, a vu le jour en mai 1993. L'ancêtre et le poids lourd : un tirage de 400 000 exemplaires diffusés en France et en Belgique par près de 700 vendeurs. Un modèle ? Pas forcément. Mais la révélation que la crise peut également engendrer un marché. Dans la foulée, « Macadam » rêve déjà de créer sa propre marque de vêtements. Les autres ont suivi. Avec, pour chacun, une ligne rédactionnelle et des projets bien spécifiques. Journaliste, Anne Kunvari s'est inspirée de « The Big Issue » (le grand problème), l'hebdomadaire des sans-abri londoniens, pour créer « La Rue ». « J'ai découvert ce magazine lors d'un reportage sur l'exclusion, en Angleterre, pour l'émission "Envoyé spécial". L'important, ce n'était pas de créer un journal *pour* mais *avec* les SDF. » Tous les jeudis, des ateliers d'écriture réunissent les sans-abri. Encadrés par deux journalistes professionnels, ils participent à la rédaction du prochain numéro. Pour ses 280 vendeurs, « La Rue » a adopté le statut de colporteur de presse, emprunté aux quotidiens régionaux. L'assurance de rester indépendant tout en bénéficiant d'une couverture sociale. Tiré à 60 000 exemplaires, le mensuel bénéficie déjà d'une forte notoriété. Grâce, notamment, aux journaux télévisés qui ont fait leurs gros titres de son récent sondage : 55 % des Français ont peur de devenir, un jour, des exclus. « La question n'avait jamais été formulée si abruptement, souligne Christian Duplan, le rédacteur en chef. L'institut de sondage était persuadé qu'on allait se planter... » Sondage, mais aussi dessins humoristiques, couverture en quadrichromie, textes travaillés, maquette bien léchée : il n'en a pas fallu davantage pour que « La Rue » soit accusée d'« élitisme », bref, de trahison, dans la dernière livraison du « Réverbère », dont le ton est nettement plus revendicatif. Christian Duplan laisse dire. « Dans la presse, les réussites naissent souvent sur des fractures sociales : les news avec la guerre d'Algérie, "Libération" avec la période post-68. Aujourd'hui, il y a le cancer de l'exclusion. On n'est pas là pour faire du fric. Tous les bénéfices sont réinvestis dans l'insertion. Mais on veut vendre un vrai journal. Pas un prétexte à de la mendicité déguisée. »

Fin de journée au métro République. Albert a vendu 52 exemplaires. Loin des recordmen, qui, dit-on, parviennent à écouler 150 numéros par jour. Depuis 9 heures, ce matin, il ne s'est accordé que deux pauses : un sandwich puis un Coca. « Le métro, dit-il, ça assèche. » Ça vous brise le dos, aussi, et ça vous plombe les jambes. Albert a mal aux yeux. « Au bout d'un moment, je n'arrive plus à lire. Ça se brouille... » Au journal, il a appris qu'il pouvait bénéficier d'une consultation ophtalmologique gratuite. Ou encore que ses revenus ne le priveraient pas de toucher une part du RMI. Qu'il pouvait raconter son histoire lors d'un atelier d'écriture. Et qu'on l'écouterait. Il s'est promis d'y aller. Ce soir-là, tard, en recomptant la vingtaine d'exemplaires qu'il essaierait de vendre durant le week-end, sur le marché de Saint-Maur, une drôle de question l'a effleuré. « Vous croyez que je vais être obligé de payer des impôts ? » Bah ! si ça fait sourire...

Henri Haget ●

AIDE-MÉMOIRE

Vocabulaire thématique

la presse

un journal (des journaux) ; un magazine ; une revue

un quotidien (paraît chaque jour) ; un hebdomadaire (chaque semaine) ; un mensuel (chaque mois)

un numéro / un exemplaire / une livraison

le dernier numéro ; le prochain numéro

500 exemplaires imprimés / un tirage de 500 exemplaires / tiré à 500 exemplaires

la maquette (la présentation générale de la couverture et de la mise en pages)

le titre ; les gros titres (titres en gros caractères présentant les principaux articles)

un article ; un dessin humoristique

un reporter ; un envoyé spécial ; faire un reportage

les journalistes collaborent à la rédaction du journal ; le rédacteur en chef (directeur de la rédaction du journal) ; la ligne (politique) rédactionnelle

distribuer (la distribution) / diffuser (la diffusion)

vendre (la vente) ; un vendeur / une vendeuse

vendre à la criée / crier pour attirer les acheteurs

la télévision

le journal télévisé ; une émission (télévisée)

un SDF (sans domicile fixe) / un sans-abri

un chômeur (une chômeuse)

l'exclusion (f.) sociale ; les exclus (de la société) ; mener une vie d'exclu / vivre en marge de la société

la marginalisation ; les marginalisés

la pauvreté

Connotations socioculturelles

les journaux des SDF : notez que trois des titres évoquent la rue et que « Faim de siècle » joue sur les mots « faim » et « fin »

[1] **l'Assistance publique :** institution pour les enfants abandonnés par leurs parents

la Seine-Saint-Denis : département à la périphérie de la ville de Paris

Saint-Maur : ville de banlieue

la Marne : rivière qui se jette dans la Seine près de Paris

[2] **le XVe arrondissement :** quartier résidentiel de Paris

[4] **la guerre d'Algérie (1954–1962) :** cette guerre a divisé la France entre ceux qui voulaient que l'Algérie reste française et ceux qui étaient en faveur de l'indépendance algérienne. *L'Express* qui était d'abord un journal est devenu le premier newsmagazine français et a pris position en faveur de l'indépendance de l'Algérie.

« Libération » : créé par les étudiants gauchistes qui ont mené la révolte de mai 1968, ce quotidien est aujourd'hui un des principaux journaux du matin

[5] **le RMI :** Revenu minimum d'insertion : subvention payée par le gouvernement pour aider les chômeurs de longue durée à trouver du travail

L'espoir au bout de « La Rue » 145

Mots et expressions

1. **délavé** *ici,* fatigué
   le **naufragé** *ici,* homme sans ressources
   planté (fam.) debout sans bouger
   creuser rendre creuses
   station debout *ici,* jeu de mots sur « station de métro » et « position debout »
   la **crise** crise économique
   plonger tomber dans la pauvreté
   les **« bêtises »** (f. pl.) *ici,* petits actes criminels
   la **zone** à la périphérie d'une ville, quartier caractérisé par la pauvreté et la violence
   écumer les terrains vagues ramasser les objets de valeur sur les terrains inoccupés
   le **squat** bâtiment abandonné où s'installent des personnes sans logement
   les **meublés** (m. pl.) **à deux sous** chambres meublées bon marché
   le **boulot** (fam.) travail
   le **coursier** employé qui fait les courses
   la **péniche** bateau qui transporte des marchandises sur les fleuves
   délabrée mal entretenue
   faire la manche (fam.) mendier

2. **se poster** s'installer
   dégoter (fam.) trouver
   l' **emplacement** (m.) endroit
   se réapprovisionner obtenir des numéros supplémentaires
   mettre... jeu augmenter ses chances de succès

3. **débouler** (fam.) arriver
   accrocher attirer
   aux heures de pointe aux heures d'affluence
   se crisper devenir tendus
   glisser donner
   heurter choquer
   m'emmêler les pinceaux (fam.) tout mélanger

indifféremment sans faire de choix

4. le **pavé** trottoir
   le **poids lourd** *ici,* le plus grand
   forcément nécessairement
   engendrer créer
   dans la foulée suite à son succès
   l' **atelier** (m.) **d'écriture** groupe de personnes qui apprennent ensemble à écrire
   encadrés guidés
   le **colporteur** personne qui transporte des marchandises d'un endroit à l'autre
   la **couverture sociale** protection sociale
   abruptement directement
   se planter (fam.) se tromper, échouer
   en quadrichromie en quatre couleurs
   travaillés bien écrits
   bien léchée (fam.) très soignée
   il n'en a pas fallu davantage cela a été suffisant
   revendicatif agressif
   laisse dire ne répond pas aux accusations
   la **fracture** coupure, division
   le **news** newsmagazine
   le **fric** (fam.) argent
   les **bénéfices** (m. pl.) profits
   l' **insertion** (f.) activités pour redonner du travail aux chômeurs
   la **mendicité** cf., mendier

5. **écouler** vendre
   assécher donner soif
   plomber alourdir
   se brouiller perdre sa clarté
   priver empêcher
   lors de à l'occasion de
   l' **a effleuré** lui est venue à l'esprit

DE LA COMPRÉHENSION À L'EXPRESSION

Questions et réponses

1. Comment Albert gagne-t-il de l'argent ?
2. Comment était la vie d'Albert
   a. pendant sa jeunesse ?
   b. pendant les vingt dernières années ?
3. Dans quel endroit du **XVe** arrondissement Albert a-t-il commencé à travailler ?
4. Qu'est-ce qu'il fait de l'argent qu'il gagne ?
5. Pourquoi a-t-il décidé d'aller travailler dans le **XIe** arrondissement ?
6. Par quels moyens réussit-il à vendre ses journaux ?
7. Quelles sont les réactions des gens qui n'achètent pas le journal ?
8. Quel type de personne achète le plus souvent un journal ? Pourquoi ?
9. Qu'est-ce que le succès de « Macadam » a démontré ?
10. Pourquoi Anne Kunvari a-t-elle créé « La Rue » ?
11. En quoi consiste la différence entre « La Rue » et « Le Réverbère » ?
12. Comment la vie d'Albert a-t-elle changé depuis qu'il travaille pour « La Rue » ?

Points de vue

1. **La presse des SDF.** Qu'est-ce qui distingue cette nouvelle forme de presse des formes traditionnelles de la presse ? Quel rôle joue dans la société cette nouvelle forme de presse ?

2. **Pour ou contre la presse des SDF.** Commentez l'attitude exprimée par la femme qui achète tous les journaux des SDF. Quels sont les autres arguments en faveur de cette presse ? Est-il juste de critiquer cette presse comme « un prétexte à de la mendicité déguisée » ? Pourrait-on adresser à cette presse d'autres critiques ? Justifiez vos réponses.

3. **Atelier d'écriture.** Avec vos camarades de classe préparez un numéro d'un journal de SDF. Choisissez un thème pour le numéro. N'oubliez pas d'y inclure un éditorial, un sondage, des textes, des interviews, des dessins humoristiques, des petites annonces, le courrier des lecteurs, des publicités, etc.

A votre tour

1. Décrivez la journée d'un vendeur de journal de SDF. Pourquoi le métro a-t-il beaucoup d'importance dans cette journée ?
2. Faites le portrait d'Albert. Que révèle l'humour avec lequel il s'exprime à la fin du texte ?
3. La presse des SDF est un moyen d'aider les exclus. Quels sont, selon vous, les meilleurs moyens de lutter contre l'exclusion ?

Manières de dire

1. *Le vocabulaire de la presse.* Révisez le vocabulaire de la presse utilisé dans ce texte.
2. *Les guillemets.* Relevez dans le texte les différents emplois des guillemets soit pour un titre, soit pour une citation. Ensuite indiquez la source de chaque citation.
3. Expliquez le sens de « dit-on » dans : [5] « Loin des recordmen, qui, dit-on, parviennent à écouler 150 numéros par jour. »

Ici et ailleurs

La presse des SDF existe-t-elle dans votre pays ? Est-ce un phénomène important ? Y a-t-il d'autres nouvelles formes de presse dans votre pays ? Ont-elles du succès ?

On l'avait presque oubliée. Pourtant, loin des strass de la télé, la radio conservait ses fidèles et captait un public nouveau. Sans bruit. Compagne du matin ou confidente de la nuit, elle apparaît comme le média le plus choyé par les Français.

La discrète revanche du poste

Guy Durand/Gamma Liaison

Difool et Doc, animateurs de « Lovin' Fun » avec leurs fans.

[1] Chaque jour, 36 millions de Français se branchent sur leur poste. En tête : RTL, Europe 1, France-Inter et NRJ. En un an, les radios ont gagné plus de 1 million d'auditeurs, selon un sondage Médiamétrie. Une prouesse, en ces temps de déprime, qui pourrait bien traduire une nouvelle sensibilité chez nos concitoyens. « C'est le média de crise par excellence ! » s'enthousiasment les responsables des grandes stations. Et de rappeler les événements historiques — guerre d'Algérie, Mai 68 — retransmis en direct par le poste. Car la radio est digne de confiance. Rien à voir avec le petit écran, dont les images peuvent tromper.

[2] « Les ondes, affirment les aficionados, sont comme une voix qui vous parle à l'oreille. Rassurante. » Or l'homme des années 90 est un angoissé. Plongé dans un abîme d'incertitudes, il fait confiance à la radio pour l'aiguiller dans les embouteillages de la vie. D'autant qu'elle le suit comme un chien fidèle, de la salle de bains au p'tit déj', de la voiture au bureau. Négociations du Gatt. Licenciements. Vague de froid. Elle l'informe instantanément. Et de tout. Voilà pourquoi, chaque matin, dans le « 7-9 » — « prime time » radiophonique — l'auditeur se shoote à l'actu. On reconnaît facilement le véritable accro : c'est celui qui zappe du

Grille des programmes rfi radiofrance internationale

du lundi au vendredi
un journal de 10 minutes toutes les demi-heures

00h00 - 00h30	lundi	Magazine de la mer
00h00 - 00h30	mardi au vendredi	Gros Plan
00h30 - 01h00	lundi au vendredi	Information en continu
01h00 - 01h30	lundi	Musique du monde
01h00 - 01h30	mardi au vendredi	À la Une du Monde, Figaro et Libération
01h30 - 02h00	lundi	Médias d'Afrique
01h30 - 02h00	mardi au vendredi	L'Invité société
02h00 - 02h30	lundi	Religions du monde
02h00 - 02h30	mardi au vendredi	Accents d'Europe
02h30 - 03h00	lundi au vendredi	Information en continu
03h00 - 03h30	lundi	Médias du Monde
03h00 - 03h30	mardi au vendredi	Voyage dans le monde

réveil à l'heure du départ des enfants. Ne croyez pas pour autant que l'auditeur contemporain soit réduit à la passivité. Il adore, au contraire, qu'on lui donne la parole. « Allô ! Je suis pour la semaine de 32 heures... » Sur RTL, le fan des « Auditeurs ont la parole » revendique le droit à la démocratie directe — question d'époque. Quitte à se faire piéger, plus tard, par un Lafesse ou à se laisser entraîner dans des blagues de potaches prépubères : un exercice dans lequel Arthur, le chouchou d'Europe 1, excelle tous les après-midi. L'antidote au stress ? La bonne humeur. Pour preuve : « Rien à cirer », l'émission d'humour de France-Inter, qui cartonne à l'heure du déjeuner.

[3] La radio finira-t-elle par avaler tout cru la téloche ? « Ridicule », réplique Jean-François Remonté, réalisateur à France-Inter et auteur des « Années radio » (Gallimard). D'ailleurs, la guerre des titans est close. « Si la radio a résisté à l'irruption des chaînes de télé privées, poursuit-il, c'est parce qu'elle n'occupe pas les mêmes niches horaires. » Une force vitale, donc, qui lui permettra d'affronter les nouvelles images diffusées via le câble ou le satellite. Probablement parce qu'elle est arrivée à maturité, après avoir digéré douze années de capharnaüm sur la bande FM. Ainsi les « petites » musicales sont-elles devenues adultes. Comme NRJ ou Europe 2, qui ont réussi à capter un public. Sans parler de Fun Radio, chère au cœur des étudiants. Entre 20 et 22 heures, tandis que les parents restent plantés devant la télé, leur station, Fun, devient la première radio... nationale. « Allô ! Ma nana m'a larguée... » Doc et Difool, les animateurs de « Lovin' Fun », entrent dans la confidence, et le standard explose. A la rentrée, TF 1 avait récupéré Doc pour une « Leçon d'amour ». Echec. Trop de voyeurisme et pas assez de complicité. C'est ça aussi, la magie de la radio...

Annick Colonna-Césari ●

AIDE-MÉMOIRE

Vocabulaire thématique

Les médias (m. pl.)

le son ; écouter ; l'écoute (f.) de la radio

la radio (la radiodiffusion) ; radiodiffuser (= transmettre par la radio) ; les programmes radiophoniques (= à la radio)

une station (de radio)

les différentes longueurs d'onde de la radiodiffusion : les ondes courtes ; les ondes moyennes ; les grandes ondes

un discours diffusé (transmis) sur les ondes (= à la radio)

une émission ; un animateur / une animatrice / un réalisateur / une réalisatrice

les informations (f. pl.) ; les nouvelles (f. pl.) ; les actualités (f. pl.)

diffuser (transmettre) en direct ; la diffusion

un poste (de radio)

un appareil de radio portable : un transistor radio-cassette ; un baladeur (Walkman) avec radio

un autoradio (dans une voiture)

le public ; un auditeur / une auditrice

l'image (f.) ; regarder

la télévision ; à la télé(vision)

le petit écran (= la télé) ; le grand écran (= le cinéma)

une chaîne (de télévision) publique / privée

le câble ; le satellite

un téléspectateur / une téléspectatrice

une télécommande ; le zapping

Connotations socioculturelles

Les stations de radio en France

les stations du service public : les stations nationales de Radio-France comme France-Inter ou comme France-Info (qui diffuse de l'information en continu) sont financées par l'Etat

les stations nationales commerciales : les stations comme RTL et Europe 1 sont financées par la publicité

les stations de radio privées : les stations financées par la publicité et qui s'adressent à un public spécialisé comme la station musicale NRJ ou comme Europe 2, Fun Radio et Skyrock qui sont les stations préférées des jeunes

[1] **la guerre d'Algérie (1954–1962) :** rappelé au pouvoir en 1958 pour résoudre le conflit algérien, le général de Gaulle a utilisé la radio pour communiquer directement avec les soldats français en Algérie tout comme en 1940, à partir de Londres, il avait utilisé la radio pour appeler les Français à résister à l'occupation allemande

Mai 68 : la crise politique provoquée par la révolte des étudiants et la grève générale en mai 1968

[2] **le Gatt :** General Agreement on Tariffs and Trade (Accord général sur les tarifs douaniers et le commerce)

Lafesse ; Arthur : animateurs d'émissions populaires

[3] **la rentrée :** en septembre, après les grandes vacances d'été

TF 1 : chaîne de télévision nationale et privée

Mots et expressions

la **revanche** *ici*, victoire par rapport à la télévision

le **strass** ce qui brille d'un faux éclat

capter attirer

choyé entouré de tendresse

[1] **se brancher sur leur poste** mettre leur radio

la **prouesse** *ici*, triomphe

la **déprime** (fam.) dépression (en raison de la crise économique)

est digne de confiance mérite la confiance

[2] les **aficionados** (m. pl.) *ici*, personnes qui aiment la radio

l' **abîme** (m.) trou sans fond

aiguiller guider

les **embouteillages** (m. pl.) *ici*, vicissitudes

d'autant que pour la raison que

le **p'tit déj'** (fam.) petit déjeuner

le **licenciement** perte d'emploi

la **vague de froid** températures très basses

« **prime time** » heure de grande écoute

se shooter à comme un drogué, s'injecter de

l' **actu** (f.) (fam.) actualité

l' **accro** (m.) (fam.) personne qui est accrochée (très attachée) à quelque chose

zapper passer rapidement d'une station à l'autre

pour autant pour cela

revendiquer réclamer

quitte à se faire piéger même s'il se fait attraper

la **blague** histoire amusante

le **potache** (fam.) **prépubère** jeune écolier

le **chouchou** chéri

« **Rien à cirer** » (fam.) rien à faire

cartonner être très populaire

[3] **tout cru** sans être cuit du tout

la **téloche** (fam.) télévision

l' **irruption** (f.) *ici*, succès

la **niche horaire** heure spécifique

digérer cf., la digestion ; *ici*, assimiler

le **capharnaüm** *ici*, activité désorganisée

les « **petites** » **musicales** petites stations privées qui diffusent de la musique

plantés assis

la **nana** (fam.) petite amie

larguer (fam.) laisser tomber

le **standard explose** la station reçoit un très grand nombre de coups de téléphone

DE LA COMPRÉHENSION À L'EXPRESSION

Questions et réponses

1. Pourquoi la radio est-elle « le média de crise » ?
2. Quels sont les rapports intimes qui lient les auditeurs à leur poste de radio ?
3. Pourquoi y a-t-il un nombre très élevé d'auditeurs le matin entre 7 heures et 9 heures ?
4. Comment l'auditeur peut-il quitter son rôle passif ?
5. Pourquoi l'humour peut-il contribuer au succès d'une émission ?
6. Qu'est-ce qui permet à la radio de ne pas perdre son public au profit de la télévision ?
7. Pourquoi les petites stations de radio ont-elles eu du succès ?
8. Pour quelles raisons l'émission de radio populaire « Lovin' Fun » n'a-t-elle pas réussi quand elle a été adaptée à la télévision comme « Leçon d'amour » ?

Points de vue

1. **La rivalité entre la radio, la télévision et la presse**. Dressez une liste des caractéristiques de chacune dans un tableau à trois colonnes intitulées :

Radio	Télévision	Presse

Ensuite comparez les avantages qui permettent à chacune d'attirer son public. Donnez des exemples précis.

2. Peut-on avoir confiance dans les médias ? Les informations diffusées par la radio sont-elles plus crédibles que celles diffusées par la télévision ou par la presse ? Quel média accorde plus d'importance au commentaire et à l'analyse dans la transmission d'informations ? Comment les images transmises par la télévision peuvent-elles tromper ?

3. Pourquoi les auditeurs ont-ils envie de prende la parole ? Pourquoi les animateurs (animatrices) de telles émissions peuvent-ils (elles) devenir célèbres ? Est-ce vraiment « la démocratie en direct » ? Illustrez vos résponses en citant des émissions de radio dans votre pays.

4. Préparez avec vos camarades de classe, sur un thème d'actualité, une émission qui donne la parole aux auditeurs.

A votre tour

1. Avez-vous l'habitude d'écouter la radio ? Quand ? Pourquoi ? Quelles sont vos émissions préférées ? Quand choisissez-vous d'écouter la radio plutôt que de regarder la télévision ? Pourquoi ?

2. Si vous étiez animateur (animatrice) de radio, quel type d'émission aimeriez-vous présenter ? Pourquoi ? Proposez le programme d'une émission.

3. De tous les médias, la radio est celui qui permet aux auditeurs d'être partout présents le plus rapidement. Qu'en pensez-vous ?

Manières de dire

Le registre familier. Ce texte est rédigé dans un style moderne, « branché ». Relevez le vocabulaire et les constructions caractéristiques du registre familier de la langue. Notez en particulier les mots empruntés à l'anglais et les phrases très courtes, souvent sans verbe.

Ici et ailleurs

La radio et la télévision sont-elles rivales dans votre pays ? Préfère-t-on écouter la radio ou regarder la télévision ? Quand ? Pourquoi ? Quelles sont les stations de radio les plus populaires dans votre pays : les nationales, les régionales ou les locales ? Pourquoi ?

ENTRETIENS

Jean Nouvel : Je bâtis avec les mots
page 156
« Si l'humanité dure encore cinq cent mille ans, ou trois millénaires, je voudrais vivre la dernière année. »

Régine Chopinot : Je danse, donc je vis
page 163
« Dans chaque spectacle, je tente de redonner quelque chose d'essentiel pour moi : la profusion des sens. L'émotion, justement. »

**Marin Karmitz :
Nos images ont une âme**
page 169

**Toni Morrison :
Le Nobel n'a pas le blues**
page 177

Entretiens 155

Entretien réalisé
par Sylvaine Pasquier

Jean Nouvel :

[1] **L'EXPRESS :** *Quel est le défi qui motive le plus un architecte tel que vous : construire l'Institut du monde arabe, la tour la plus élancée du monde ou rénover l'Opéra de Lyon ?*
JEAN NOUVEL : Je préfère travailler dans un contexte existant. Ce peut être un site, une rue, un quartier. Un monument historique où l'on me demanderait de limiter mes interventions. Je m'y plierais volontiers, dans la mesure où cela fait sens par rapport à ce qui est déjà là. L'architecture, c'est l'art d'une réponse à une question donnée : plus cette question est posée précisément, plus elle exige une réponse précise. Il faut sortir de l'idéologie de la table rase, qui était celle de la modernité début de siècle : la création exigerait toutes les libertés et aucune contrainte. Je crois l'inverse. Et je crois aussi que la tâche de l'architecte est de comprendre le monde dans lequel il vit, d'intégrer à son travail certains éléments de la culture ambiante.

[2] *– Mais l'innovation ne suppose-t-elle pas de la dépasser ?*
– Ne vous figurez pas, comme un tas de gens, qu'il suffit d'étudier trois ou quatre mille ans d'histoire de l'architecture pour en déduire l'étape suivante. Soit on participe à l'aventure de l'époque, soit on reste dans les marges. Le Corbusier lui-même avait choisi son camp. Dans un livre désormais célèbre, « Vers une architecture », ils s'intéressait à la ligne des paquebots, aux formes des silos, des objets de l'univers industriel. Cette dimension, il fut le premier à l'intégrer à sa réflexion, même s'il ne s'en est pas toujours servi directement. Pour moi, la grande architecture est toujours témoin de son temps. Il n'y a qu'à regarder Chartres ou la Sainte-Chapelle : là, on voit ce qui passionnait nos ancêtres du XIIIe siècle, leur goût pour la taille et la coupe des matériaux, leur hardiesse à s'élever toujours plus haut, les jeux de la lumière et des vitraux. Mais, au fond, peu importe le moyen. C'est toujours une question de valeurs.

[3] *– Qu'entendez-vous par là ?*
– Pour moi, la modernité est une attitude, pas un mouvement historique. C'est un terme vivant, et qui change. Les paramètres évoluent. Le couple forme-espace, essentiel au temps de Le

156 L'Express

L'Institut du Monde arabe à Paris.

Je bâtis avec les mots

Corbusier, est désormais complètement en perte de vitesse.

[4] – *Au profit de quoi ?*
– Des rapports entre lumière et matière, par exemple. Ou encore de la relation simplicité-complexité, qui caractérise beaucoup d'objets actuels. Elle s'exprime aussi en architecture. Il y a quatre ou cinq décennies, on était ébloui par les moteurs, les structures, on voulait voir toute la tuyauterie d'un bâtiment. Maintenant, on cherche l'objet le plus compact et le plus léger, simple de forme, de maniement, mais complexe dans ses fonctions, miniaturisé à l'extrême et toujours plus performant. Que les avions volent, personne ne s'en étonne plus ; c'était bon avant guerre. A présent, sous l'effet du processus en cours, ils entrent dans une esthétique de la densité, de la tension, du lisse...

[5] – *Qui est aussi la vôtre, avec un goût prononcé pour la lumière. Pourquoi vous fascine-t-elle ?*
– Parce qu'elle permet d'y voir – c'est par l'œil que tout commence. Et toutes les lumières, du jour, de la nuit, y compris la lumière électrique, qui s'est véritablement « allumée » en ce siècle. Je connais mes obsessions. Si les superpositions de trames, les transparences, le verre en font partie, c'est pour créer une lumière. Mais j'ai aussi utilisé le béton, la brique, la tôle ondulée... Je n'ai pas d'a priori. Qu'est-ce que les matériaux ? Un vocabulaire. Il y a des mots qui sont là, d'autres qui apparaissent. Vouloir faire de la littérature en n'utilisant que des mots nouveaux serait absurde. Mieux vaut les intégrer au contexte existant, d'une façon qui fait sens. Je peux très bien travailler avec des blocs de pierre cyclopéens, comme on en utilisait il y a cinq millénaires, et mettre par-dessus un verre de 8 mètres de hauteur sur 3 de largeur – ce qu'on sait faire depuis trois ans. Et dans le même bâtiment.

[6] – *Quelle est votre démarche, quand vous avez un projet à réaliser ?*
– La situation où je me trouve est un peu celle d'un réalisateur qui aurait reçu la commande d'un film sur Louis XIV ou sur la planète en 2050. Selon les cas, il formera autour de lui une équipe différente. De même, selon qu'il s'agit d'un hôpital ou

Jean Nouvel : Je bâtis avec les mots   **157**

d'un aéroport, je m'entoure de familiers de ces installations, afin qu'ils me conseillent dans le bon sens. Toute une réflexion s'élabore avec eux. On me dit souvent, avec juste raison, qu'ici, à l'agence, on travaille avec les mots beaucoup plus qu'avec le dessin. C'est seulement lorsque les choses sont claires dans les mots que l'on peut commencer à dessiner. L'essentiel du travail conceptuel passe par ce processus — la synthèse m'appartenant. Autrement dit, c'est le contraire de l'intuition crayonnante ! Par ailleurs, ce que l'on veut construire, il faut se le représenter aussi bien de jour que de nuit, au petit matin, dans la brume, sous la pluie... et non pas seulement sous une lumière à 45 degrés, comme on le fait dans les écoles d'architecture. Je me préoccupe peut-être plus qu'un autre de ce qui est lié à l'éphémère, au temps, aux impressions différentielles des moments. L'architecture est une matière inerte, qui s'anime en fonction de ces conditions extérieures, en fonction d'un regard humain. Ce qui m'intéresse le plus, par exemple, c'est la façon dont, aujourd'hui, on perçoit la ville — presque toujours en cinétisme. Autrefois, elle était élaborée par rapport aux piétons. A présent, elle l'est aussi en relation avec la voiture. Les autoroutes urbaines, les voies sur les berges de la Seine, par exemple, deviennent des éléments du paysage et créent des points de vue nouveaux qui modifient notre prise de conscience de la ville.

[7] — *La façade incurvée de l'Institut du Monde arabe suppose-t-elle un observateur en mouvement ?*

— La plupart de mes architectures sont composées comme des séquences. Avec l'IMA et l'Opéra de Lyon, je crois que c'est clair. Une perception complète exige un parcours. Il faut bouger autour, à l'intérieur,

« *Si l'humanité dure encore cinq cent mille ans, ou trois millénaires, je voudrais vivre la dernière année.* »

changer de niveau, découvrir les brillances, les zones sombres, des perspectives ouvertes... Lorsqu'un bâtiment est devenu lieu de mémoire, de plaisir ou de culture, on cherchera à le conserver. Je dirai même que plus il est fragile, plus on tentera de le protéger, et plus il se fera aimer. Donc, personne n'est obligé de construire en granit, à la Mussolini, sous prétexte de franchir les siècles. Il vaut mieux entrer dans la pérennité par la voie sensible que par la voie forte.

[8] — *La plupart des grandes villes du monde sont malades. Quel peut être le rôle des architectes ?*

— D'abord, il leur faut admettre que leur métier a changé de nature. Autrefois, quand Michel-Ange dessinait les plans du Capitole, à Rome, ou L'Enfant ceux de Washington, ils avaient encore le sentiment de maîtriser le réel. Aujourd'hui, c'est bien fini. Personne — sinon des facteurs économiques et démographiques — n'est sans doute directement responsable de l'explosion générale des grandes villes. Mais, dans l'affaire, l'urbanisme a subi un échec dont rien n'indique qu'il se relèvera. Par ailleurs, il est impossible de laisser les choses en l'état, pour aller construire ailleurs. Ce serait le meilleur moyen d'aboutir à des monstres, dont certaines villes américaines sont la dramatique préfiguration.

[9] — *Que préconisez-vous ?*

— Cette matière accumulée, nous devons la transformer. Et c'est en cela que l'architecture entre dans son âge adulte, comme d'autres disciplines l'ont fait avant elle. Elle ne saurait prétendre, aujourd'hui, à la création de l'univers urbain. Qu'elle se contente donc d'améliorer ce qui est là, d'ajouter du sens, de la qualité, de l'humanité, de la sensibilité — sachant que ses interventions ne peuvent régler un problème global. Certains – que je ne citerai pas – vous déclarent solennellement : « Maintenant, je veux dessiner une ville. » Du dernier grotesque ! Imaginez un écrivain vous confiant qu'il souhaite écrire une bibliothèque...

[10] *– Comment agir, concrètement ?*

– Il n'y a que trois façons de faire évoluer les villes. La première, la plus classique, c'est d'ajouter une unité à une autre existante. La deuxième consiste à supprimer un élément et, le cas échéant, à lui en substituer un autre. La dernière solution, de loin, à mes yeux, la plus efficace, procède par révélation. Je m'explique : il y a dans toute ville créée par le hasard et le déterminisme géographique une beauté souvent extraordinaire, qui doit être révélée, pour qu'elle prenne sa véritable dimension. Il suffit parfois de modifier quelques petites choses, de compléter, de nettoyer, de changer des affectations pour qu'elle apparaisse à tous. Mais c'est une attitude qui n'est pas couramment admise. Je me souviens d'avoir donné à Beaubourg, sur ce thème, une conférence qui a provoqué des remous. J'ai été accusé d'avoir une position défaitiste, comme si je renonçais...

[11] *– A créer ?*

– Exactement, dans le sens académique du terme ! Ce à quoi je rétorque qu'il n'y a pas d'autonomie disciplinaire de l'architecture. Elle est inscrite dans une civilisation, dans un monde donné.

[12] *– Que faire pour améliorer la situation des banlieues ?*

– Je ne crois pas qu'on la réglera à coups de bulldozer, du moins pas dans tous les cas. Ces lieux, pour sinistrés qu'ils soient, génèrent aussi des liens affectifs, émotionnels qui valent d'être pris en compte. L'essentiel, à mes yeux, est d'agir sur la nature du logement, afin que les gens aient envie de vivre là où ils sont. En leur offrant de l'espace. Souvent, avec deux appartements, il faut en faire un !

[13] *– Quelle est l'époque qui vous intéresse le plus ?*

– Si l'humanité dure encore cinq cent mille ans, ou trois millénaires, je voudrais vivre la dernière année. La seule nostalgie que j'aie, c'est celle du futur auquel je ne participerai pas.

●

AIDE-MÉMOIRE

Vocabulaire thématique

l'architecture (f.) ; un bureau / une agence d'architecture

un(e) architecte ; le métier d'architecte ; une équipe d'architectes

un projet architectural

l'urbanisme (m.) ; un(e) urbaniste ; l'univers urbain

dessiner ; le dessin

construire ; la construction

bâtir ; le bâtiment

les matériaux : la pierre ; la brique ; le béton ; le verre ; la tôle ondulée ; le bois

la hauteur ; la longueur ; la largeur

la forme ; l'espace (m.) ; un espace libre

la lumière du jour ; la lumière de la nuit ; la lumière électrique

Connotations socioculturelles

Jean Nouvel (né en 1945) : architecte de l'Institut du Monde arabe (IMA) sur la rive gauche de la Seine à Paris, il est aujourd'hui l'un des créateurs d'architecture les plus connus en France. Opposé au postmodernisme et à l'historicisme, il est réputé comme architecte de la lumière. Son objectif est d'« ajouter du sens, de la qualité, de l'humanité » au chaos de l'univers urbain.

[2] **Le Corbusier (nom adopté d'Edouard Jeanneret-Gris) (1887–1965)** : d'origine suisse, cet architecte, urbaniste, théoricien et peintre a renouvelé l'architecture française par l'utilisation de volumes simples et l'interpénétration des espaces en fonction de la vie sociale. Ses conceptions exposées d'abord dans *Vers une architecture* (1923) ont été très controversées.

la cathédrale de Chartres : célèbre cathédrale gothique (1194–1260)

la Sainte-Chapelle de Paris : les vitraux de cette chapelle gothique construite par Saint Louis sur l'Ile de la Cité sont renommés

[6] **Louis XIV** : roi de France de 1643 à 1715, il a fait construire le château de Versailles

[7] **Benito Mussolini (1883–1945)** : chef fasciste de l'Italie qui a soutenu Hitler pendant la Seconde Guerre mondiale. Il a favorisé une architecture nationaliste démesurée.

[8] **Michel-Ange (1475–1564)** : célèbre sculpteur, peintre et architecte, il a tracé la place du Capitole, une des sept collines de Rome

Pierre L'Enfant (1754–1825) : cet officier d'armée a tracé les plans de la ville de Washington, capitale des Etats-Unis

[10] **Beaubourg** : musée d'art contemporain à Paris

Mots et expressions

[1] **le défi** *ici*, projet très ambitieux
s'y plier s'y adapter
la table rase après avoir tout démoli, repartir de zéro
la contrainte limite, restriction
ambiante *ici*, actuelle, qui nous entoure

[2] **dépasser** aller plus loin
un tas de beaucoup de
l' étape (f.) *ici*, période
dans les marges sur les côtés
le paquebot grand bateau

la taille cf., tailler (découper)
la hardiesse audacité
le vitrail caractéristique de l'architecture gothique, fenêtre décorative formée de pièces de verre colorées

[3] **en perte de vitesse** en déclin

[4] **la tuyauterie** ensemble de tuyaux
le maniement utilisation

[5] **la trame** disposition en réseaux
l' a priori (m.) idée préconçue

faire sens avoir une signification

cyclopéens immenses

6 **les familiers** (m. pl.) personnes connaissant bien

l' intuition (f.) **crayonnante** intuition inspirée par des dessins au crayon qu'on fait

lié à associé à

en cinétisme influencée par le mouvement

la voie route

la berge rive

7 **incurvée** courbée de dehors en dedans

le parcours *ici,* promenade

le conserver ne pas le démolir

franchir traverser

la pérennité caractère de ce qui dure très longtemps

la voie *ici,* manière

sensible délicate, nuancée

9 **préconiser** suggérer

prétendre aspirer

10 **le cas échéant** si nécessaire

les affectations (f. pl.) *ici,* usage prévu pour des endroits et des bâtiments

les remous (m. pl.) controverse

11 **rétorquer** répondre vivement

12 **régler** résoudre

à coups de bulldozer en les démolissant

sinistrés dégradés, détériorés

DE LA COMPRÉHENSION À L'EXPRESSION

Questions et réponses

1. Pourquoi, rejetant « l'idéologie de la table rase », Jean Nouvel préfère-t-il travailler dans le contexte de ce qui existe déjà ?

2. Selon Jean Nouvel, l'étude de l'histoire de l'architecture peut-elle nous dire comment l'architecture va évoluer aujourd'hui ?

3. Qu'est-ce que l'exemple de Le Corbusier illustre ?

4. Pour Jean Nouvel, qu'est-ce qui caractérise la grande architecture ?

5. Pourquoi Jean Nouvel cite-t-il la cathédrale de Chartres et la Sainte-Chapelle ?

6. Qu'est-ce qui remplace aujourd'hui la primauté des rapports entre la forme et l'espace ?

7. Pourquoi la lumière est-elle si importante pour Jean Nouvel ?

8. Quel rôle jouent pour lui les matériaux ?

9. Pourquoi les mots sont-ils plus importants que le dessin quand Jean Nouvel élabore un projet architectural ?

10. Comment notre perception de la ville a-t-elle évolué ?

11. Quelle est la meilleure perspective pour apprécier une construction de Jean Nouvel ?

12. Qu'est-ce qui a changé dans le métier d'architecte entre l'époque où L'Enfant a dessiné les plans de Washington et l'époque actuelle des grandes villes du monde ?

13. Selon Jean Nouvel, quel est aujourd'hui le travail de l'architecte face aux grandes villes ?

14. Quelles sont les trois façons de faire évoluer les villes ?

15. Comment Jean Nouvel propose-t-il de redonner une certaine qualité de vie aux habitants des cités dégradées des banlieues défavorisées ?

Points de vue

1. Discutez les trois façons proposées par Jean Nouvel pour « faire évoluer les villes ». Donnez des exemples.

2. L'architecte devrait-il s'imposer des contraintes liées à « ce qui est déjà là » ou devrait-il concevoir une construction intemporelle sans rapport avec son contexte ? Justifiez votre opinion à l'aide d'exemples précis.

3. Retrouvez dans l'entretien trois phrases qui expriment la conception qu'a Jean Nouvel de l'architecture et du rôle de l'architecte. Discutez ces idées à l'aide d'exemples précis.

4. Quelles sont les dimensions culturelles de l'architecture ? Si vous deviez concevoir une construction qui symbolise les valeurs de notre époque, comment serait cette construction ?

5. Y a-t-il un quartier de votre ville qui tirerait profit de l'intervention d'un architecte comme Jean Nouvel ? Créez un projet global pour l'ensemble du site.

A votre tour

1. Quel est pour vous le plus beau bâtiment public de votre pays ? Pourquoi ?

2. Comment l'architecture influence-t-elle votre vie quotidienne ? Quel serait sur le plan architectural votre logement idéal ou votre cadre de vie idéal ?

3. Quand un bâtiment devient-il « lieu de mémoire, de plaisir ou de culture » ? Faut-il le conserver ? Pourquoi ?

4. Dans cet entretien, Jean Nouvel donne beaucoup d'importance aux mots et fait des comparaisons avec les livres, la littérature et le cinéma. A votre avis, ces comparaisons sont-elles justifiées ? Y a-t-il des comparaisons à faire avec d'autres formes d'expression artistique ? Dites pourquoi.

Ici et ailleurs

Y a-t-il des styles d'architecture caractéristiques de votre pays ? Que pensez-vous de l'architecture contemporaine chez vous ? Quelle importance accorde-t-on à l'architecture et à l'urbanisme ? Y a-t-il des villes ou des quartiers considérés, sur le plan de l'urbanisme, comme un grand succès ou un échec notoire dans votre pays ?

Régine Chopinot :
Je danse, donc je vis

Entretien réalisé par Simone Dupuis et Dominique Simonnet

¹ L'EXPRESS : *La danse contemporaine possède un public qui lui est acquis et qui remplit les salles. Mais les non-initiés, eux, sont parfois déroutés par certaines créations, comme s'il leur manquait la culture nécessaire pour y accéder. Y a-t-il un mode d'emploi des ballets Chopinot ?*

RÉGINE CHOPINOT : Certainement pas ! Inutile de chercher les clefs, il n'y en a pas. On a tout dit sur la danse contemporaine : qu'elle faisait n'importe quoi, qu'elle était une mode, qu'elle se réduisait à un simple divertissement... Il n'y a qu'une chose, essentielle, à comprendre : elle est, au contraire, animée par une immense volonté de communiquer avec ce partenaire qu'est le public. Ce qui fait le spectacle, ce sont les personnes et ce qu'elles essaient de dire. A la différence du sportif, un danseur est un artiste, c'est-à-dire qu'il se met au service non d'une performance, mais d'une émotion. Nous tentons tout simplement de parler à la sensibilité.

² *– Et cela peut passer par toutes les formes, même les plus abstraites ?*

– Toutes. La technique n'est qu'un moyen, le corps n'est qu'un instrument. La danse classique a trop poussé le formalisme. En réaction, la danse contemporaine a privilégié l'émotion. En fait, il faut chercher à concilier des deux, car c'est le mouvement entre ces pôles qui fait la danse. Il faut danser avec le corps, mais aussi avec le cœur. Si on y parvient, cela se voit sur scène : ce qui touche quand on regarde un danseur, ce n'est pas ce qu'il fait, mais comment il le fait. Comment il affronte les difficultés, comment, devant nous, il trouve un compromis entre ce qu'il est et ce qu'il voudrait être. La pièce se construit ainsi sur un idéal de perfection que l'on n'atteint évidemment jamais. En ce sens, un spectacle chorégraphique est toujours un échec, comparé à l'ambition qu'on lui a donnée. Ce n'est rien d'autre qu'une métaphore de la vie. Voilà pourquoi beaucoup de gens sont émus lorsqu'ils assistent à une représentation, car on leur parle de la question la plus essentielle : comment fait-on pour vivre ? Comment se débrouille-t-on avec la vie ?

[3] – *Ce qui caractérise vos créations, c'est qu'elles portent précisément sur la vie une sorte de regard oblique, décalé.*
– La chose la plus importante pour un artiste, c'est de savoir voir. Et on ne voit pas seulement avec les yeux. Laissez-moi vous raconter une histoire. Pendant les cinq premières années de mon enfance, j'habitais en Algérie un cabanon, au bord de la plage, dans un village de pêcheurs. J'étais une sauvageonne, une sorte de petite olive, toute noire, toute maigre, les cheveux blanchis par le soleil. Tous les soirs, avant le coucher, je partais avec ma grand-mère Hippocampe (je l'appelais ainsi parce qu'elle m'offrait toujours des hippocampes séchés) et nous restions, là, pendant une heure, sans parler. Une heure à regarde l'horizon, pour se préparer au sommeil et au rêve... C'était toujours le même paysage, mais je discernais les infimes changements de couleurs, les nuances du ciel, et je me créais des paquebots, j'imaginais des baleines, je m'inventais des dragons... C'était une initiation extraordinaire à l'imagination. Par ce rituel, ma grand-mère m'a appris à voir. Elle m'a donné une force, une énergie, une sensibilité que j'utilise toujours dans la danse.

[4] – *Comment y êtes-vous arrivée, à cette danse ?*
– Comme beaucoup de gamines, j'ai suivi une activité du jeudi. Cela aurait pu être le piano, ou le ping-pong.. Ce fut la danse. Plus tard, j'ai continué à Lyon, puis à Monte-Carlo, chez le professeur russe Marika Besobrasova. Une femme extraordinaire... Avec elle, on ne dansait pas bêtement. Pour faire travailler la mémoire, elle nous obligeait à connaître des enchaînements d'exercices à la barre. Elle m'a ainsi appris à maîtriser le corps et l'esprit, et à ne pas les opposer.

[5] – *Vous aviez décidé d'être danseuse ?*
– Je voulais plutôt être mannequin. J'adorais couper, tailler et transformer mes habits. Mais je ne savais vraiment faire qu'une seule chose : danser. Aussi, plutôt que de continuer à faire des petits boulots, j'ai tenté le coup. C'était en 1978, les chorégraphes américains comme Merce Cunningham commençaient à être connus. Mais je me suis dit : « Je ne suis pas américaine ! Je veux faire autre chose. » Alors, j'ai monté un premier spectacle, « Jardin de Pierre », avec une douzaine d'amis, un mélange de toutes les cultures, avec de la musique en live. Nous sommes allés le jouer au festival off d'Avignon. Et ça a marché. C'était dix ans après 68 : les valeurs intellectuelles étaient en voie d'épuisement, nous célébrions les grandes retrouvailles avec le corps, nous étions tous animés par une immense énergie. Et puis je suis montée à Paris.

[6] – *Pour donner « Délices », en 1984, au Théâtre de la Ville, ballet sur le thème des grandes histoires d'amour qui fit scandale...*
– Scandaleux ? Mais l'artiste l'est forcément ! J'avais écrit le plus long baiser de l'histoire de la chorégraphie : dix minutes, pendant lesquelles Philippe Decouflé et Michèle Prélonge s'embrassaient en dansant sur le thème d'Orphée et d'Eurydice, et portant, pour la première fois, des costumes de Jean-Paul Gaultier : une veste de la Wehrmacht et un tutu vert-de-gris, avec un pistolet à eau... Certains spectateurs suffoquaient dans la salle... Nous n'avions pas pensé à tout, nous n'avions pas d'interdits... Il y avait aussi une femme corsetée qui pesait 100 kilos et qui dansait mille fois mieux que 20 ballerines réunies. Je voulais seulement montrer qu'elle savait, elle aussi, se mouvoir avec grâce.

[7] – *Et puis « Rossignol », avec des danseurs aériens, « Défilé », sur le thème de la mode, « KOK », qui chorégraphie un match de boxe... Et une Chopinot qui naît au public...*
– Dans chaque spectacle, je tente de redonner quelque chose d'essentiel pour moi : la profusion des sens. L'émotion, justement. Une partie du travail de la création consiste ainsi à renouer avec nos racines profondes, à recouvrer une forme d'énergie intérieure. Un artiste doit rester éveillé, excité par tous ses sens. Il doit sentir, humer, écouter, voir, être disponible de toutes parts. Et faire fonctionner son sixième sens, celui de la proprioception

> « Dans chaque spectacle, je tente de redonner quelque chose d'essentiel pour moi : la profusion des sens. L'émotion, justement. »

dont parle le neurologue Oliver Sacks : la conscience de soi-même, la sensation d'avoir accès à son propre intérieur. Quand un danseur la possède, quand il sent ce qu'il est en train de faire, il diffuse alors une force colossale.

8 – *C'est la leçon de la grand-mère Hippocampe.*
– Oui. Il faut rebaisser le caquet à ce cortex, à notre esprit rationnel qui ne pense qu'à nous interdire de faire des choses.

9 – *Vous parlez beaucoup de recherche. Que cherchez-vous ?*
– Mais l'Homme ! L'être humain ! J'ai encore le temps, je ne suis qu'au début de ma recherche. Je ne me sens vraiment chorégraphe que depuis peu, depuis ma création de « Saint Georges ». C'est sans doute le résultat de ma découverte de l'œuvre de Jurgis Baltrusaïtis, qui a agi sur moi comme un électrochoc : passer de l'ordre au désordre, des règles aux dérèglements... Il y a, dans cette volonté d'aller de l'un à l'autre de ces extrêmes, l'essence même du mouvement, de la danse en quelque sorte.

10 – *Dans votre « Saint Georges », justement, vous avez mené une sorte de recherche ethnographique, en essayant de recréer les gestes immortalisés sur les chapiteaux des églises du Moyen Age.*
– Ce sont des traces tellement fortes, des formes sculptées par plusieurs générations. Je les avais choisies parmi des milliers de formes dessinées par Baltrusaïtis dans ses livres. Quand je les ai vues sculptées dans les églises, j'ai senti qu'elles étaient chargées de quelque chose qui me dépassait. J'ai fait une expérience en deux endroits, avec mes danseurs, à La Rochelle, et avec d'autres interprètes, à Vienne : j'ai demandé à ces deux groupes de se couler dans une forme selon le modèle sculpté. Instinctivement, ils retrouvaient le même mouvement, ils engendraient la même évidence, ils bougeaient exactement de la même manière... C'était extraordinaire. Comme s'ils avaient reçu le message des générations de sculpteurs qui s'étaient succédé sur les frontons des églises.

11 – *Quelque chose de la spécificité humaine, de l'universel...*
– Oui.

12 – *Vous ne pensez pas que le public aurait besoin d'un minimum d'éducation artistique ?*
– Le meilleur moyen de s'éduquer est de voir des chorégraphies. Mais il y a trop peu de représentations de danse, même à Paris. Maintenir, comme je le fais avec le ballet Atlantique, une troupe de 15 danseurs et quatre pièces en même temps est une tâche très lourde. Mais nécessaire si on veut être présent et répondre à ce besoin d'éducation. Il faut aussi que les créations soient irriguées par un contact régulier avec le public. Cela dit, je suis surprise de voir à quel point les jeunes adhèrent à ce que nous faisons. Ils comprennent que nous sommes dans la même sensibilité qu'eux, celle de l'adolescence en fait. Le créateur n'est jamais qu'un éternel adolescent.

13 – *Au contraire des autres artistes, le chorégraphe ne laisse pas de trace tangible : pas de partition, pas de livre, pas de tableau... Juste le souvenir d'un spectacle. Peut-on se résigner ainsi à l'éphémère ?*
– J'aime, au contraire, le caractère éphémère de cet art. Certains créateurs ne supportent même pas les représentations. L'important, pour eux, est d'avoir créé. Moi, je ne regarde jamais les vidéos de mes spectacles, car elles ne peuvent pas les exprimer vraiment. Ce qui m'intéresse plutôt, c'est le passage de relais d'un interprète à l'autre. Il est du devoir d'un danseur de transmettre à d'autres son savoir, de leur enseigner l'itinéraire qu'il a suivi pour une interprétation. Mais j'espère bien laisser des traces dans l'imaginaire des gens, dans leurs neurones. Cette empreinte-là est bien plus forte qu'une cassette, qu'un disque, ou du papier. Je ne suis qu'un tout petit chaînon qui participe à l'évolution de l'homme. Je n'ai pas besoin de plus. Dans des dizaines d'années, quand je serai morte, il y aura peut-être un petit quelque chose de moi dans un ballet. J'y serai. Invisible, mais j'y serai. ●

AIDE-MÉMOIRE

Vocabulaire thématique

la danse classique (le ballet) ; la danse contemporaine

la chorégraphie ; un(e) chorégraphe ; un spectacle chorégraphique

un danseur / une danseuse ; une ballerine

des exercices à la barre ; une répétition

une représentation ; un divertissement

monter (mettre en scène) un spectacle

le public ; les spectateurs

une salle de théâtre ; une salle de spectacles

la scène du théâtre

la musique ; un musicien / une musicienne

Connotations socioculturelles

Régine Chopinot (née en 1952) : danseuse et chorégraphe ; directrice artistique (depuis 1986) du Centre chorégraphique de La Rochelle, devenu (en 1993) le Ballet Atlantique-Régine Chopinot

« Je danse, donc je vis » : ce titre fait allusion à l'affirmation célèbre du philosophe René Descartes (1596–1650) « Je pense, donc je suis »

[3] **l'Algérie (f.) :** pays de l'Afrique du Nord qui, jusqu'à son indépendance en 1962, faisait partie de la France

[4] **une activité du jeudi :** à l'époque, jeudi était le jour de congé scolaire ; les élèves participaient ce jour-là à des activités culturelles ou sportives

[5] **Avignon :** dans cette ville du Midi a lieu chaque été un festival, fondé en 1946, de théâtre, de danse et de musique

dix ans après 68 : en mai 1968 la révolte des étudiants a remis en question les conventions sociales et culturelles qui, selon les gauchistes intellectuels, étouffaient la France

[6] **Orphée et Eurydice :** dans la mythologie grecque, Orphée descend aux enfers pour ramener à la vie sa femme Eurydice

Jean-Paul Gaultier (né en 1952) : vedette avant-gardiste de la haute couture française

la Wehrmacht : armée allemande commandée par Hitler

[10] **les chapiteaux des églises du Moyen Age (476–1453) :** la tête (chapiteau) des colonnes de ces églises était décorée par des sculptures. Le fronton de l'église au-dessus de la porte principale était aussi décoré par des sculptures.

La Rochelle : port de l'Atlantique

Vienne : ville française sur le Rhône

Mots et expressions

1. **les non-initiés** (m. pl.) personnes qui n'ont pas une certaine expérience de la danse
   déroutés désorientés
   le **mode d'emploi** *ici,* instructions, clefs pour comprendre
   tenter essayer

2. **concilier les deux** trouver un accommodement entre les deux
   parvenir arriver, réussir
   toucher émouvoir (p.p. ému)
   se débrouiller avec *ici,* faire face à

3. **décalé** indirect
   la **sauvageonne** jeune fille sauvage
   l' **hippocampe** (m.) poisson marin dont la tête rappelle celle d'un cheval
   infimes très petits
   la **baleine** mammifère marin

5. l' **habit** (m.) vêtement
   le **boulot** (fam.) travail
   tenter le coup (fam.) essayer
   la **musique en live** *contraire,* musique enregistrée

   marcher (fam.) avoir du succès
   en voie d'épuisement en train de perdre leur force
   les **retrouvailles** (f. pl.) *ici,* redécouverte

6. **forcément** par nécessité
   suffoquer *ici,* être scandalisé
   l' **interdit** (m.) cf., interdire

7. **renouer** retrouver le rapport
   humer respirer

8. **rabaisser le caquet** (fam.) faire taire

10. **dépasser** *ici,* aller au-delà de ce qui est possible ou imaginable
    se couler dans *ici,* interpréter

12. **irriguées** *ici,* alimentées

13. **supporter** tolérer
    le **passage de relais** *ici,* transmission d'expérience
    il est du devoir c'est la responsabilité
    le **chaînon** *ici,* élément, lien

DE LA COMPRÉHENSION À L'EXPRESSION

Questions et réponses

1. Selon Régine Chopinot, qu'est-ce qui est essentiel dans la danse contemporaine ?
2. Qu'est-ce qui distingue un sportif d'un danseur ?
3. Pourquoi la danse contemporaine a-t-elle été, à l'origine, une réaction contre la danse classique ?
4. Quels sont les objectifs du danseur dans un spectacle chorégraphique contemporain ?
5. Comment Régine Chopinot a-t-elle appris à « voir » quand elle était très jeune ?
6. Qu'est-ce qu'elle a appris dans les cours de danse du professeur russe ?
7. Pourquoi ne voulait-elle pas s'inspirer de la chorégraphie moderne de Merce Cunningham ?
8. Qu'est-ce qui a caractérisé le premier spectacle de Régine Chopinot ?
9. Pourquoi est-ce que « Délices » a choqué certains spectateurs ?

10. Régine Chopinot accorde-t-elle plus d'importance aux sens qu'à « notre esprit rationnel » ? Pourquoi ?

11. Qu'est-ce que la création de « Saint Georges » a permis à Régine Chopinot de découvrir à propos de l'être humain ?

12. Comment le public peut-il apprendre à mieux apprécier la danse contemporaine ?

13. Quelle attitude Régine Chopinot adopte-t-elle envers le caractère éphémère de l'art de la danse ?

14. Comment envisage-t-elle sa contribution personnelle à l'avenir de la danse ?

Points de vue

1. Qu'est-ce que la danse peut nous apprendre sur la vie et sur l'être humain ?

2. Parmi les arts de la danse, du théâtre, de la musique et de la chanson, lequel aimez-vous le mieux ? Justifiez votre réponse à l'aide d'exemples précis.

3. Pourquoi le public trouve-t-il difficiles à apprécier certaines formes contemporaines de ces arts ? Proposez des moyens de rendre ces formes plus accessibles au public.

4. Qu'est-ce qui est plus important dans une création artistique réussie : la raison ou l'émotion ? Donnez vos raisons.

A votre tour

1. Avez-vous vu sur scène ou à la télévision un ballet classique ou un spectacle de danse contemporaine ? Est-ce que cela vous a plu ? Avez-vous été ému(e) ? Dites pourquoi. Si vous avez vu un ballet classique et un spectacle de danse contemporaine, comparez-les. Lequel avez-vous préféré ? Pourquoi ?

2. A votre avis, pourquoi les jeunes sont-ils attirés par les créations de Régine Chopinot ?

3. Comment la danse essaie-t-elle de parler à la sensibilité des spectateurs ? Quels sont les rapports entre la technique et le corps ?

4. Aimez-vous danser dans des discothèques ? A votre avis, y a-t-il des similitudes entre le plaisir que l'on peut éprouver dans une discothèque et le plaisir donné aux spectateurs par la danse comme art ?

Ici et ailleurs

Quels sont les arts les plus populaires dans votre pays ? Quelles sont les raisons du succès des arts les plus populaires ? Les créations de danse contemporaine attirent-elles un grand public ou un public enthousiaste ? Peut-on comparer les sportifs et les danseurs ? Justifiez vos opinions.

Marin Karmitz : Nos images ont une âme

Entretien réalisé par Dominique Simonnet

[1] L'EXPRESS : *Le cinéma français est menacé de mort, répète-t-on, en voie d'être étouffé par le flot des images américaines. Jusque-là, vous rejetiez toute idée de crise et préfériez miser sur la créativité tricolore. Mais maintenant ?*

MARIN KARMITZ : Il faudrait d'abord éviter le piège du nationalisme dans lequel beaucoup de Français sont en train de tomber. J'ai eu l'occasion de présider une commission sur la politique culturelle, et cela m'a permis de mesurer l'aveuglement des hommes politiques européens dans ce domaine. Ils n'ont pas réalisé qu'un phénomène majeur s'était produit ces dernières années : la mondialisation des systèmes audiovisuels. Ils n'ont pas non plus compris quelle en était la principale conséquence : la maîtrise du contenu des images non plus par ceux qui les créent, mais par ceux qui les diffusent.

[2] *– C'est-à-dire la télévision ?*
– Oui. En 1982, nos salles de cinéma accueillaient quelque

200 millions de spectateurs. Le cinéma français vivait alors à 80 % grâce à ce réseau national. Et puis, à cause notamment de la multiplication des chaînes, le nombre de spectateurs a chuté (116 millions en 1992), le coût des films a augmenté (environ 30 millions de francs aujourd'hui, pour 12 millions en 1986) et un nouveau partenaire s'est imposé: la télévision, désormais le premier financier du cinéma. Actuellement, les salles ne sont plus qu'un faire-valoir pour le petit écran. Nous avons changé de commanditaire.

3 – *Et cela change le contenu des films ?*
– Oui. Pour bénéficier des subsides d'une chaîne, un long-métrage doit être conçu afin de plaire au plus large public possible, il doit se plier aux impératifs du prime time et de l'Audimat et entrer dans des schémas préétablis, ce qui banalise son contenu. Les films qui ne répondent pas à cette standardisation ne trouvent pas preneurs. Ainsi, aucune télévision n'a accepté de s'engager dans la production d'« Au revoir les enfants »: la relation d'un petit enfant juif et d'un petit catholique pendant la guerre ne les intéressait pas... « Une affaire de femmes », de Claude Chabrol, m'a été refusé par TF 1, sous le prétexte que, le public de la chaîne étant surtout masculin, on ne pouvait montrer un film dans lequel un homme dénonce sa femme à la police ! Quant à « Madame Bovary », je me suis vu éconduit par l'un des dirigeants de la 2 parce que ni sa femme ni lui n'aimaient le roman ! Je n'invente rien.

4 – *Vous avez quand même réussi à les produire, ces films !*
– Oui, parce que pendant des années j'ai monté des œuvres de création que les autres refusaient, ce qui m'a permis d'obtenir quelques succès et de prendre d'autres risques. Mais cela est de plus en plus difficile. Sans l'un des trois grands diffuseurs télé, il devient presque impossible de produire. Ce système du commanditaire a certes toujours existé dans l'art: autrefois, la musique, la peinture étaient soutenues par les doges de Venise, les princes de Florence, l'Eglise... Mais les artistes pouvaient changer de principauté ou d'Eglise. La grande nouveauté, aujourd'hui, c'est que le système mondialisé impose partout le même standard d'image. Il n'y a plus qu'un seul prince ! Pour conquérir le marché international, on tente alors de trouver une sorte de médiocrité commune. La création s'appauvrit, remplacée par les artifices de la technologie, et on adopte de plus en plus le fonctionnement idolâtre du petit écran, qui masque l'absence de fond par l'apparence et la forme.

5 – *Et cette standardisation serait orchestrée par les Etats-Unis ?*
– Il n'y a pas d'orchestration consciente, mais les major companies de Hollywood, qui rentabilisaient autrefois leurs productions sur leur marché national, doivent désormais attaquer l'exportation pour équilibrer des budgets de plus en plus élevés. Le cinéma américain est ainsi condamné à être hégémonique. Il y va de sa survie.

Aux Etats-Unis, l'audiovisuel est d'ailleurs le deuxième secteur exportateur en direction de la CEE. On fabrique les films comme des automobiles, avec des usines, des bureaux d'études, des services commerciaux. Le système est 100 % industriel.

[6] *– Mais Hollywood a toujours été une grande machine industrielle !*

– Bien sûr, mais il n'y avait pas cette nécessité impérative de concevoir des images pour qu'elles soient visibles dans le monde entier. Il y avait des trous dans ce gruyère industriel. Les studios pouvaient se permettre d'employer Faulkner et Hemingway comme scénaristes, il en résultait quelques chefs-d'œuvre. Aujourd'hui, c'est fini. Les producteurs indépendants ont été absorbés par les major companies. Celles-ci ne peuvent plus laisser les artisans donner libre cours à leur créativité. L'auteur n'est plus reconnu. Cassavetes est mort, Scorsese a intégré le système, Coppola essaie de survivre... Il y a bien Woody Allen à New York... Mais c'est presque tout. Les Américains nous arrosent maintenant de produits conformes.

[7] *– Quel est ce fameux standard mondial qui vous irrite tant ?*

– C'est celui du téléfilm généralisé. Il suffit de visiter Hollywood pour comprendre pourquoi leurs films peuvent être vus dans le monde entier. Si vous tournez dans n'importe quel autre lieu au monde, vos images seront typées, identifiables ; on pourra les rattacher à une culture, à une mémoire. Ce n'est pas le cas à Hollywood. Là-bas, il n'y a qu'un décor dans un désert, un endroit hors de tout, hors de l'Histoire.

Godard a dit : « Les Etats-Unis, ce n'est pas un pays. »

[8] *– C'est le lieu de l'imaginaire...*

– Plutôt un lieu où on le neutralise ! On y brasse la mémoire des autres, on accapare les idées et on en fait des produits désincarnés. Pis : l'audiovisuel américain est devenu un système de propagande qui, sous les

Isabelle Adjani. Vedette du cinéma français, présidente du Festival de Cannes, 1997.

apparences de la défense des libertés et de la démocratie, est en réalité à l'opposé : soit fondamentalement conservateur, soit au contraire radicalement immoral. Songez à « Terminator », à « L'Arme fatale »... Dans nombre de films à succès, la violence est invraisemblable : on tue, on brûle les personnes, on viole impunément, on bafoue tous les interdits. C'est cela, le nouveau standard industriel adapté au marché mondial ! Ce n'est donc pas seulement une guerre économique que nous devons mener, mais aussi une guerre morale.

[9] *– Diable ! Vous n'avez pourtant pas la réputation d'être un réactionnaire...*

– Justement non. Si nous ne réagissons pas, nous nous retrouverons, en l'an 2000, dans un Moyen Age de l'image, barbare et déshumanisé. Les Américains possèdent déjà 60 % des parts de marché du cinéma en France, 90 % en Allemagne, en Italie, en Angleterre. C'est simple : il n'y a plus ni cinéma allemand, ni cinéma anglais, ni cinéma italien... Ce dernier s'est volatilisé en dix ans ! La France risque de subir le même sort.

10 – *Comment cette offensive américaine s'exerce-t-elle chez nous ?*

– Actuellement, un programmateur qui doit, par exemple, alimenter un réseau de 600 ou 700 salles est obligé de se soumettre aux conditions des compagnies américaines qui font des réservations plusieurs mois à l'avance. Il ne peut pas se permettre de leur dire non, car le cinéma français ne constitue pas pour lui un fournisseur suffisant pour assurer ses rotations. Résultat : les Américains bloquent la quasi-totalité des salles de province, et les films français, fussent-ils populaires, passent derrière. De plus, pour attirer le public, des groupes comme Gaumont-UGC construisent, grâce aux fonds d'aide au cinéma, des salles géantes avec grands écrans, son numérique, etc. Pour projeter quoi ? Des films américains ! Les Français implantent eux-mêmes sur leur territoire des McDonald's cinématographiques !

11 – *Mais, si le public va dans les salles, c'est pour voir de grands spectacles.*

– C'est une idée reçue. Prenez les succès de cette année : « Les Visiteurs », « La Leçon de piano »... Rien de comparable avec « Jurassic Park » ! En fait, on essaie de justifier cette emprise américaine en prétendant que le public ne veut plus que des longs-métrages à très gros budget projetés sur des écrans géants. C'est faux ! Qu'on arrête de prendre le spectateur français pour un crétin ! Il aime les deux, les films à grand spectacle comme les films de création... Ce qu'il veut, c'est qu'on lui offre de la qualité. Et qu'on le respecte ! Jouons plutôt sur la différence entre le cinéma et la télévision. Faisons de vrais films, qui seront ensuite diffusés sur les antennes parce qu'ils auront réussi en salles. Vous savez, les Américains vont au cinéma, malgré la pléthore de chaînes dont ils disposent à domicile. Mais nous, si nous continuons dans cette voie, le cinéma français sera mort avant trois ans.

12 – *Que faudrait-il faire pour l'éviter ?*

– Nous avons un atout que n'ont pas les Américains : l'Etat. Tous les pays européens dans lesquels les pouvoirs publics ne sont pas intervenus ont vu leur cinéma purement et simplement disparaître. L'Etat, en France, aide financièrement les producteurs et les distributeurs grâce à l'argent du fonds de soutien, il équilibre la diffusion en imposant des règles aux chaînes de télévision, il protège le droit des auteurs, il développe maintenant des accords européens. Bref, il joue un véritable rôle de contre-pouvoir et de régulation. Il pourrait intervenir davantage pour fixer une sorte de déontologie parmi les grands groupes dont l'activité principale est l'exploitation des salles de cinéma. Il faudrait également sanctionner l'abus de position dominante et surtout édicter des lois antitrusts adaptées au système culturel. Dans les mois à venir, de grands regroupements se produiront, afin de tenir tête aux majors américaines. Mais on risque alors de créer des monopoles, en autorisant les diffuseurs à être également des producteurs, ce qui menace les indépendants. Je crois que c'est une erreur de vouloir concurrencer les Etats-Unis sur leur terrain. Notre force est dans le pluralisme et la création. C'est cela qu'il nous faut préserver.

13 – *Ne faudrait-il pas développer des superproductions françaises ?*

– En copiant Hollywood ? Il ne faut pas confondre qualité et quantité, comme on le fait actuellement. Aujourd'hui, plus un film coûte cher, plus on en parle. Et, pis, on ne parle que de son coût. Comme si l'importance du budget était une garantie de qualité ! L'argent ne pallie jamais une réflexion sur le contenu, sur la durée de l'image, sur le rythme, sur l'écriture, bref, sur le talent. Aujourd'hui, moins on a de choses à dire, plus on fait des films longs et chers !

14 – *L'industrie du cinéma serait donc en train de tuer l'art du cinéma ?*

– Oui. Il faut tenter de rétablir l'équilibre entre ces deux dimensions. Pour moi, le cinéma est aussi un lieu d'expression et de liberté, un combat permanent pour défendre l'homme contre la barbarie. Depuis Eisenstein et Griffith, il s'est fondé sur des valeurs humanistes. Essayons de lui garder son âme. Dans les films, aujourd'hui, on parle robot, on parle ours, on parle dinosaure. Il faut parler homme. Il faut retrouver la parole, comme l'ont fait Bergman, Bresson, Rossellini, Fellini, Antonioni, Visconti, Cassavetes... Voici ce que l'Europe doit continuer à faire : permettre à ceux qui ont une parole de s'exprimer, ce qui n'est plus possible dans le système hollywoodien ni dans une imitation européenne de ce système.

●

AIDE-MÉMOIRE

Vocabulaire thématique

le cinéma ; le 7e art

un film ; un long-métrage

une image ; la projection d'images sur un grand écran

un film à grand spectacle ; une superproduction

un film à succès ; un film populaire ; un film médiocre ; un échec

un acteur / une actrice ; une vedette

un(e) cinéaste ; un réalisateur / une réalisatrice ; faire / tourner un film

un(e) scénariste ; écrire le scénario d'un film

un producteur ; produire un film

un financier ; financer un film ; le budget d'un film

un distributeur ; diffuser un film

une salle de cinéma ; une salle géante ; une salle multiplexe (un bâtiment contenant plusieurs salles de cinéma)

le public ; les spectateurs

la télévision ; à la télé

le petit écran

un téléfilm

les chaînes de télévision

les téléspectateurs / téléspectatrices

Connotations socioculturelles

Marin Karmitz : est un producteur de cinéma français qui a toujours conçu son métier comme un combat pour les valeurs humaines et la diversité des expressions. Parmi les cinéastes français renommés dont il a produit les films figurent Claude Chabrol, Louis Malle et Alain Resnais.

[1] **tricolore :** français(e) ; on appelle « tricolore » le drapeau français bleu-blanc-rouge

[3] **l'Audimat :** organisme qui évalue le pourcentage des téléspectateurs qui regardent les différentes émissions télévisées

« **Au revoir les enfants** » **(1987) :** film de Louis Malle (1932–1995)

« **Une affaire de femmes** » **(1988) :** film de Claude Chabrol (1930–)

« **Madame Bovary** » **:** film tiré du roman célèbre de Gustave Flaubert (1821–1880)

TF 1, la 2 : chaînes de télévision française

[4] **les doges de Venise :** chefs élus de l'ancienne République de Venise (en Italie)

les princes de Florence : du XIVe siècle au XVIIe siècle, la ville de Florence en Italie a été un grand centre des arts grâce aux commandes faites par la famille des Médicis et par l'Eglise catholique

[5] **la CEE :** la Communauté économique européenne, aujourd'hui l'Union européenne

[6] **William Faulkner (1897-1962), Ernest Hemingway (1899-1961) :** écrivains américains

John Cassavetes, Martin Scorsese, Francis Ford Coppola, Woody Allen : cinéastes américains

[7] **Jean-Luc Godard (né en 1930) :** cinéaste français

[9] **le Moyen Age :** période historique allant du Ve siècle au XVe siècle

[10] **Gaumont-UGC :** société française de production et de distribution de films ; l'industriel français, Léon Gaumont (1863-1946) a été l'un des inventeurs du cinéma parlant (1902) et du cinéma en couleurs (1912)

[12] **l'Etat :** l'Etat français participe activement, sur les plans législatif et financier, à la protection et à la promotion du cinéma français. Au cours de la négociation du Gatt en 1993, la France a fait une campagne réussie en obtenant une « exception culturelle » dans les accords sur le commerce international. Le gouvernement français a pu ainsi décréter des quotas pour les films diffusés sur la télévision française : 40 % de films américains et 60 % d'européens.

[14] **Sergueï Eisenstein (1898-1948), cinéaste russe, et David Griffith (1875-1948),** cinéaste américain : deux grands pionniers des techniques modernes du cinéma

Ingmar Bergman : cinéaste suédois

Robert Bresson : cinéaste français

Roberto Rossellini, Federico Fellini, Michelangelo Antonioni, Luchino Visconti : cinéastes italiens

---

Mots et expressions

[1]
- **en voie de** en train de
- **le flot** grande quantité
- **miser sur** compter sur la réussite de
- **le piège** danger caché
- **l' aveuglement** (m.) manque de discernement
- **la maîtrise** possession
- **diffuser** distribuer

[2]
- **le réseau** circuit
- **la chaîne** chaîne de télévision
- **chuter** tomber
- **désormais** à partir de cette époque
- **le faire-valoir** *ici*, promoteur
- **le commanditaire** financier

[3] **les subsides** (m. pl.) financement

- **se plier à** s'adapter à
- **le schéma** modèle
- **le preneur** *ici*, financier
- **éconduit** refusé

[4]
- **monter** produire
- **le diffuseur télé** chaîne de télévision
- **tenter** essayer
- **idolâtre** qui adore les idoles
- **le fond** sujet, contenu

[5]
- **rentabiliser** rendre profitable
- **hégémonique** dominateur
- **il y va de sa survie** sa survie en dépend

[6]
- **impérative** absolue
- **le gruyère** fromage dans lequel il y a des trous

donner libre cours à libérer complètement
l' auteur (m.) *ici*, réalisateur
arroser inonder
conformes qui reproduisent les mêmes modèles ; standardisés

7 tourner faire un film

8 brasser mélanger
accaparer saisir
désincarnés sans vie
pis plus mal
soit..., soit ou..., ou
impunément sans être puni
bafouer ridiculiser
l' interdit (m.) tabou

9 Diable ! expression de surprise
la part de marché partie du secteur commercial
se volatiliser disparaître

10 se soumettre à accepter
le fournisseur (cf., fournir) ; *ici*, source
fussent-ils même s'ils sont
les fonds (m. pl.) d'aide subventions

11 l' idée (f.) reçue cliché
l' emprise (f.) domination
prétendre affirmer
le crétin idiot
sur les antennes à la télévision
la pléthore très grand nombre

12 l' atout (m.) avantage
le fonds de soutien subvention
la déontologie code de devoirs professionnels
tenir tête résister
concurrencer entrer en compétition avec

13 pallier apporter une solution provisoire à
l' écriture (f.) *ici*, scénario

DE LA COMPRÉHENSION À L'EXPRESSION

Questions et réponses

1. Pourquoi « la mondialisation des systèmes audiovisuels » est-elle « un phénomène majeur » ?

2. Comment les rapports entre la télévision et le cinéma ont-ils évolué ?

3. Selon Marin Karmitz, qu'est-ce qui explique la « médiocrité commune » des films produits pour le marché international ?

4. Selon Marin Karmitz, pourquoi les images de films qui ne sont pas tournés à Hollywood sont-elles « identifiables » ?

5. Selon Marin Karmitz, quelles sont les valeurs morales transmises par les films américains ? Est-il d'accord avec ces valeurs ?

6. Pourquoi est-il devenu plus difficile de programmer des films français dans les salles de cinéma en France ?

7. Selon Marin Karmitz, le public français aime-t-il seulement les films à grand spectacle ?

8. Pourquoi, selon Marin Karmitz, le rôle joué par l'Etat est-il un avantage pour le cinéma français ?

9. Qu'est-ce qui est plus important que le budget d'un film ?

10. Selon Marin Karmitz, qu'est-ce qui doit continuer à donner au cinéma européen son originalité ?

Points de vue

1. **Sondage.** Dressez avec vos camarades de classe une liste des raisons qui les incitent à choisir un film plutôt qu'un autre quand ils (elles) vont au cinéma. Voici un début de liste : les vedettes ; le (la) cinéaste ; le scénario ; la bande sonore ; le budget du film ; le producteur, etc. Demandez ensuite à chaque étudiant(e) de nommer les trois derniers films vus et de dire les raisons de leur choix. Classez enfin les réponses pour découvrir les films les plus populaires et les principales raisons de leur succès auprès du public.

2. Quelles valeurs sociales et morales sont exprimées par le cinéma de votre pays ? Quelle image de votre pays est transmise par le cinéma aux spectateurs étrangers ? Discutez cette image avec vos camarades de classe.

3. Comment protéger le cinéma français contre la domination du cinéma américain ? Selon Marin Karmitz, pourquoi le cinéma français est-il menacé ? Quels moyens de protection sont évoqués dans cet entretien ? Faut-il une plus grande intervention de l'Etat français (subventions, imposition du pourcentage de films américains et de films européens diffusés à la télévision) ou y a-t-il d'autres moyens à prendre ? Pourquoi faut-il protéger le cinéma français ?

A votre tour

1. Préférez-vous aller au cinéma ou regarder un film à la télévision ? Quels films aimez-vous regarder ? S'il s'agit d'un film étranger, préférez-vous le regarder en version originale avec des sous-titres ou en version doublée ? Donnez vos raisons.

2. A votre avis, pourquoi la plupart des cinéastes sont-ils des hommes ? Est-ce souhaitable ? Si vous aviez le choix, iriez-vous voir un film réalisé par une femme ou par un homme ? Justifiez votre opinion.

3. Quel rôle joue la publicité dans l'industrie du cinéma ? Quels sont les différents moyens de faire de la publicité pour un film ? La publicité peut-elle influencer le succès d'un film ? Justifiez vos réponses à l'aide d'exemples.

Ici et ailleurs

Ayant établi sa renommée comme le septième art, le cinéma est devenu aujourd'hui une grosse industrie à l'échelle mondiale. Un cinéma sans frontières est-il souhaitable ou est-il préférable d'encourager le cinéma de chaque pays ? Quelles sont les conséquences pour la culture d'un pays si la plupart des films projetés dans ses cinémas et à la télévision sont d'origine américaine ?

Toni Morrison : Le Nobel n'a pas le blues

Cérémonie d'investiture de Toni Morrison comme Commandeur de l'Ordre des Arts et des Lettres par le Ministre français de la Culture.

Entretien réalisé par Sylvaine Pasquier

L'EXPRESS : *Vous ne vous attendiez guère, semble-t-il, à recevoir le prix Nobel de littérature. A présent, cette distinction implique-t-elle pour vous de nouvelles responsabilités ?*
TONI MORRISON : Pas du tout ! Ce prix, c'est un cadeau qu'on vous offre. Et un cadeau ne vous oblige à rien en retour, sinon, ça n'en est plus un ! [Rire.] Mais, j'avoue, j'essaie plutôt en ce moment de m'accoutumer à l'événement. Sans y être encore tout à fait parvenue. J'ai toujours été engagée dans la société où je vis. Pas sur le mode des défilés et des réunions — je ne suis pas très douée pour ça. Il y a d'autres façons d'agir. Mon travail, j'entends le poursuivre exactement comme je crois devoir le faire. Mais une telle attention internationale, c'est un peu... Je ne peux prononcer une phrase, aujourd'hui, sans qu'elle ait l'air gravée dans le marbre, ou presque. Et je déteste ça.

— *Certains vous envient sans doute cette position...*
— En ce qui me concerne, je tiens par-dessus tout au droit à l'erreur. Je veux avoir la

liberté de me tromper et de faire amende honorable. Je tremble en me disant qu'un jour je vais me surprendre à pontifier... Alors que c'est l'inverse de ce que je suis. Et du métier que j'exerce. Je suis enseignante, vous le savez. Pour moi, cela signifie que je suis constamment en train d'apprendre et de réévaluer mes propres idées. Je me suis toujours refusée à entrer dans un rôle où je me piégerais moi-même.

[3] — *Cherchez-vous à « libérer le langage des entraves de la race », comme le pense l'Académie suédoise ?*

— Cette formulation est exacte, mais je crains qu'elle ne soit mal comprise. Il arrive que le langage serve d'instrument de domination, qu'on l'utilise pour dénigrer autrui, et par des voies beaucoup plus complexes qu'on ne l'imagine. Il existe des signes, des codes, une imagerie, des raccourcis métaphoriques liés à la race, où s'inscrit l'hypothèse d'une infériorité de l'autre, ou de l'anarchie qu'il représente. Et c'est de ces entraves que je voudrais libérer le langage. Le défi n'est pas mince, pour un écrivain africain-américain, a fortiori pour une femme, dans une société entièrement racialisée et sexualisée comme l'est la société américaine. Il faut apprendre à manœuvrer le langage pour y trouver sa propre langue, solide, argumentée, capable de rendre les nuances ou les tournants dramatiques d'un récit, et qui refuse, en même temps, de discréditer l'appartenance à une autre race, à un autre genre, qu'il soit masculin ou féminin. Une langue qui soit véritablement honnête — ou plutôt lucide, sans aveuglement. Je ne veux ni romantiser ni diaboliser qui que ce soit.

[4] — *Vous avez découvert votre vocation assez tard. De quelle façon ?*

— Au début, je me suis mise à écrire pour moi. Comme quelqu'un qui aurait pris une mauvaise habitude. Secrètement, compulsivement, sournoisement. Je ne dis pas que l'écriture est un processus aisé — au contraire.

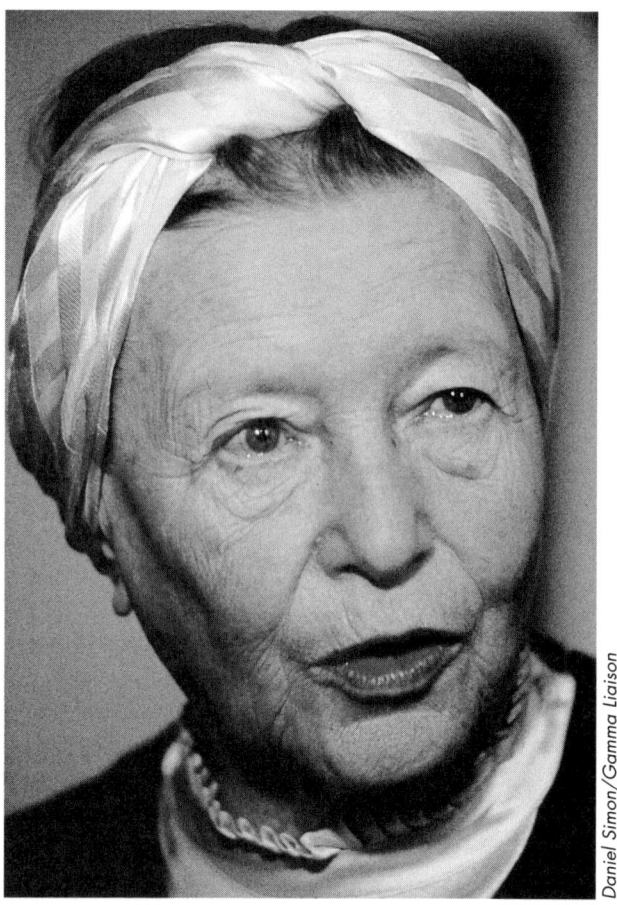

Simone de Beauvoir (1908-1986), auteur du *Deuxième Sexe*, livre qui a inspiré les débuts du mouvement féministe.

Mais j'y trouve un sens et un plaisir que rien d'autre ne pourrait me procurer. D'ailleurs, je n'ai pas le choix : il m'est beaucoup plus pénible de ne pas écrire.

[5] — *L'un de vos romans se situe dans le quartier noir d'une petite ville de l'Ohio, l'Etat où vous êtes née. Vous êtes-vous inspirée de vos années d'enfance, à Lorain ?*

— Je n'ai jamais connu la séparation raciale. Lorain n'était pas une très grande ville, et tout le monde y connaissait la pauvreté, plus ou moins. Il y avait là tant d'émigrants — des Polonais, des Tchécoslovaques, des Italiens, des Mexicains, des Blancs, des Noirs... Des barrières sociales existaient, parce que les gens les apportaient avec eux, mais tous les enfants allaient à l'école ensemble. Il n'y avait d'ailleurs qu'un seul lycée. On me regarde toujours avec un certain étonnement quand je dis que ma meilleure amie, là-bas, avec laquelle j'ai grandi, s'appelait Rose-Marie Magazinni ! Durant le temps que j'y ai passé, Lorain n'avait pas de ghetto noir, et n'en a pas plus aujourd'hui. Je n'y ai donc pas acquis d'idées toutes faites sur le séparatisme. Et, la première fois que je suis allée dans le Sud, j'ai pu, je crois, porter sur cette réalité un regard neuf. C'est-à-dire voir les effets de la séparation raciale, les avantages, les inconvénients et parfois les phénomènes de déclin qu'elle provoque.

6 — *Lorsque l'Association for the Advancement of Colored People a voulu obtenir la censure d'un livre de Mark Twain, pour usage insistant du mot « négro », vous avez pris vos distances. Pourquoi ?*

— Parce qu'on se braquait sur un problème superficiel. Il est beaucoup plus instructif de comprendre le rôle essentiel que joue ce terme péjoratif dans « Les Aventures de Huckleberry Finn ». Et la place qu'y tient l'homme noir. Aux humiliations que lui font subir les deux jeunes Blancs il répond par un amour sans bornes — où l'on peut lire, d'ailleurs, le désir de pardon et d'innocence des Blancs. Son statut d'infériorité fonde la supériorité blanche, impossible à établir sans la présence noire. Mark Twain, comme Melville ou encore Edgar Poe, indépendamment de ses propres options politiques, utilise cette image de l'Autre, asservi, discrédité, pour décrire la liberté blanche et sa nature parasite. C'est à travers les images qu'ils projetaient sur les Noirs — maléfiques et protectrices, rebelles et indulgentes, terrifiantes et désirables — que les Blancs ont pu se définir eux-mêmes. Hawthorne a, de la même façon, instrumentalisé les Indiens. Lorsqu'on aura enlevé des librairies et des bibliothèques ces livres qui passent pour insultants à l'égard d'une catégorie de la population, je me demande ce qu'on y aura gagné. Cette mise à l'index ne supprimera pas le sentiment de l'offense, bien au contraire. Aux Etats-Unis, aujourd'hui, personne n'est plus capable d'analyser quoi que ce soit, mais seulement de se sentir outragé — y compris par l'analyse elle-même. L'attaque contre Mark Twain n'est d'ailleurs pas nouvelle : elle a commencé il y a vingt ans.

7 — *Votre roman « Sula », construit autour de deux femmes, enthousiasma les féministes. Pourquoi, ensuite, vous ont-elles critiquée ?*

— Parce que le livre que j'ai écrit juste après, « La Chanson de Salomon », était centré sur un homme ! L'engouement des féministes pour « Sula » ne tenait, bien souvent, qu'à des raisons parfaitement idéologiques. D'où leur frustration, lorsque je ne me suis pas conformée à ce qu'elles attendaient de moi. C'est assez drôle, finalement. Comme si j'adoptais les façons de voir d'un homme, sous prétexte que je crée un personnage masculin. Et ce roman qui parle d'un homme devrait donc être compris dans la réprobation féministe envers l'humanité mâle. Je n'accepterai jamais que quiconque m'impose une directive pour mon travail. Ni les hommes, ni les femmes, ni les Noirs, ni les Blancs. Si je me soumettais à ces divisions de race et de genre, je ne serais pas un écrivain.

8 — *Comment avez-vous réagi quand des intellectuels noirs américains ont désapprouvé le fait que le Nobel vous soit attribué ?*

— On pouvait les compter sur les doigts : ils étaient deux ! [Rire.] D'ailleurs, plus que les critiques de ces détracteurs, c'est l'attitude des journaux qui m'intéresse, dans cette affaire. Ils n'ont jamais agi ainsi, avec aucun autre lauréat du prix. Ils ne se sont jamais dérangés auparavant pour aller chercher des commentaires défavorables, qu'ils citent largement au long des articles publiés. L'un des deux personnages en question m'a laissé un message, m'expliquant qu'on avait déformé ses propos. L'autre n'est ni critique littéraire ni romancier. Depuis des années, il est discrédité auprès des écrivains africains-américains et auprès des autres. Certaines publications ont un réflexe automatique — exactement comme lorsqu'on reçoit un coup sur le genou — qui les amène à solliciter cet individu qui ne représente personne.

⁹ — *Mais pourquoi s'en prendre à vous ?*
— Objectivement, il est impossible qu'une décision de l'Académie suédoise provoque le consensus universel. Il y a des gens qui n'aiment pas mes livres, ou qui ne m'aiment pas — c'est inévitable et naturel. Je ne m'attends pas qu'il en soit autrement. Mais les journaux qui ont manifesté avec insistance leur désaccord soulignent par là même qu'ils cultivent les facteurs de conflits et de division.

¹⁰ — *La mort, le meurtre, par excès d'amour ou de haine, apparaissent plus d'une fois dans vos romans. Renvoient-ils à la violence historique subie par les Noirs américains ?*
— Je crois que c'est tout à fait clair. Mais l'erreur d'interprétation est possible : ceux qui sont prisonniers d'une image stéréotypée des Noirs, qui les associent à la violence, risquent de la commettre. Dans la réalité, ce sont les mêmes qui vivent en proie à la peur. Il ne faut pas s'étonner qu'ils aspirent à un environnement préservé.

Marguerite Duras (1914–1996), auteur de romans et de films renommés.

¹¹ — *Est-ce parce qu'elle a adopté les stéréotypes du monde des Blancs que l'héroïne de « Tar Baby » ne peut vivre avec un Noir ?*
— Je ne vois aucune fatalité dans cette affaire. Plutôt l'exploration des impasses que crée entre deux êtres qui s'aiment et qui le savent le fait d'être issus de mondes totalement différents. Une relation amoureuse, si elle veut être durable, exige toujours un certain abandon du passé et des conceptions que l'un ou l'autre s'est forgées. Jadine a reçu une excellente éducation ; elle a vécu en Europe. Son, lui, vient d'un milieu rural traditionnel, d'un village de Floride du Nord. Chacun s'accroche à ses valeurs respectives, tant et si bien que l'amour ne peut survivre. Mais il existe une troisième voie, à condition de tirer du passé ce qui peut être utile au présent et de rejeter ce qui ne l'est pas. Je ne l'ai pas imposée au lecteur, je préférerais qu'il en vienne par lui-même à y réfléchir...

¹² — *Et qu'il voie avant tout dans vos personnages des êtres humains fictifs cherchant comment être eux-mêmes ?*
— Exactement, parce que c'est l'aventure la plus problématique que vit chacun d'entre nous. Si vous manquez d'assurance, si vous vous sentez coupable, vous déplacez vos propres angoisses sur autrui, vous vous mettez à craindre ceux qui habitent sur le palier d'en face ou le bloc d'à côté. Et moins vous les connaissez, plus vous en avez peur. Mais l'attitude inverse demande un certain courage intellectuel. Elle signifie aussi que l'on ne cherche pas à dominer l'autre. Aux Etats-Unis, la vie politique, culturelle, économique s'est fondée sur la construction de l'identité blanche. Sur la puissance et les possibilités que celle-ci offre à ceux qui en sont porteurs. En finir avec ce tropisme exigerait que cha-

cun surveille avec attention ses propres comportements. Quant aux Noirs, le piège qui les guette constamment est de se considérer eux-mêmes comme des victimes. Et de vivre ainsi. Les femmes peuvent céder à une tentation analogue. L'identité américaine est associée à la race – blanche – et au mâle, au genre masculin. Quels que soient son pouvoir, son rang, son statut économique, un homme reste un homme, c'est-à-dire qu'il s'arroge la prééminence sur une femme. Privez-le de ce stéréotype, il lui faudra alors devenir un être humain – une entreprise autrement difficile !

[13] – *Comment sortir de ces comportements codés ? Selon vous, ce n'est possible qu' « en affrontant les démons ». Lesquels ?*

– L'échec, la peine qui vient de l'échec, les jugements erronés... A moins d'accepter de commettre des erreurs, et de le savoir, il est impossible de s'échapper. Imaginez que vous êtes membre d'un orchestre de jazz. Vous savez que cette musique est une improvisation constante, que les musiciens sont livrés chacun à eux-mêmes et qu'ils inventent au fur et à mesure ce qu'ils jouent. Soudain, vous faites une faute, ou au moins quelque chose d'inattendu. Pas question de quitter la scène ; vous devez poursuivre. Et utiliser ce qui vient de se passer, exactement comme un athlète, au basket-ball, tire parti d'une maladresse pour un lancer dont il ne se serait pas cru capable. Il en va ainsi de la vie. Il faut accepter d'improviser. •

AIDE-MÉMOIRE

Vocabulaire thématique

le prix Nobel de littérature [attribué chaque année par l'Académie suédoise]
être lauréat(e) du prix Nobel

Connotations socioculturelles

Toni Morrison : née dans une famille modeste (son père était soudeur) en 1931, à Lorain dans l'Ohio, Toni Morrison est écrivain et professeur d'université. Ses romans, inspirés par l'héritage folklorique des Noirs, sont caractérisés par un mélange de réalisme, de mythe et de symbolisme. En 1993 elle reçoit le prix Nobel de littérature. C'est la première fois que ce prix est attribué à un écrivain noir américain.

[6] **Mark Twain (1835–1910) :** écrivain américain connu surtout pour ses romans *The Adventures of Tom Sawyer* et *The Adventures of Huckleberry Finn*

Herman Melville (1819–1891) : écrivain américain, auteur de *Moby Dick*

Edgar Allan Poe (1809–1849) : écrivain américain, auteur de nouvelles dont *The Fall of the House of Usher*

Nathaniel Hawthorne (1804–1864) : écrivain américain, auteur de récits et de romans dont *The Scarlet Letter*

Mots et expressions

    avoir le blues être triste, un peu déprimé(e)

1   **s'accoutumer à** s'habituer à
    parvenir arriver
    être engagée dans participer activement à
    le **défilé** manifestation dans la rue

2   **tenir à** être attaché(e) à
    faire amende honorable s'en excuser publiquement
    où je me piégerais moi-même où je serais victime de moi-même

3   l' **entrave** (f.) limite, contrainte
    dénigrer discréditer
    la **voie** moyen
    le **raccourci** expression en peu de mots
    le **défi n'est pas mince** c'est un objectif difficile à atteindre
    a fortiori encore plus
    l' **aveuglement** (m.) *contraire,* lucidité

4   **se mettre à** commencer à
    sournoisement de façon cachée
    pénible dur

5   l' **idée** (f.) **toute faite** préjugé

6   **se braquer sur** faire obstacle de
    sans bornes *ici,* total
    asservi rendu dépendant
    maléfiques ayant une influence magique dangereuse
    la **mise à l'index** accusation, interdiction

7   l' **engouement** (m.) enthousiasme
    quiconque n'importe quelle personne
    se soumettre à accepter

8   **agir** se comporter
    se déranger quitter ses occupations habituelles
    le **propos** commentaire
    solliciter demander l'avis de

9   **s'en prendre à qqn** critiquer qqn

10   **renvoyer à** faire allusion à
    en proie à tourmentés par

11   **être issus de** appartenir à des
    s'accrocher à ne pas renoncer à
    tant et si bien que avec comme résultat que

12   **qui en sont porteurs** qui portent l'identité blanche
    le **tropisme** schéma
    le **piège** danger caché
    guetter *ici,* attendre
    analogue similaire
    s'arroger s'attribuer
    privez-le de otez-lui
    autrement extrêmement

13   **livrés à eux-mêmes** indépendants
    au fur et à mesure progressivement
    tirer parti de profiter de
    il en va aussi de c'est la même chose pour

DE LA COMPRÉHENSION À L'EXPRESSION

Questions et réponses

1. Comment Toni Morrison réagit-elle devant l'attribution du prix Nobel ?

2. De quelles entraves Toni Morrison veut-elle « libérer le langage » ?

3. Comment Toni Morrison est-elle devenue écrivain ?

4. Quelle différence a-t-elle observé entre la vie qu'elle menait dans sa ville natale et la situation des Noirs dans le Sud ?

5. Quelle interprétation fait Toni Morrison de l'œuvre de Mark Twain ?

6. Pourquoi n'est-elle pas d'accord pour interdire dans les librairies et les bibliothèques les livres qui peuvent offenser les Noirs ?

7. Qu'est-ce que Toni Morrison pense de la critique faite par certaines féministes de *La Chanson de Salomon* ?

8. Comment Toni Morrison juge-t-elle l'attitude adoptée par certains journaux envers elle comme lauréate de prix Nobel ?

9. Quelles personnes risquent de faire une fausse interprétation des romans de Toni Morrison dans lesquels figurent des allusions à la violence historique subie par les Noirs ?

10. Qu'est-ce que les lecteurs de *Tar Baby* peuvent apprendre sur la vie en général ?

11. Selon Toni Morrison, sur quoi se base l'identité blanche aux Etats-Unis ?

12. Quelle en est la conséquence pour les Noirs ?

13. Comment Toni Morrison explique-t-elle les comportements des hommes aux Etats-Unis ?

14. Qu'est-ce que le comportement des musiciens d'un orchestre de jazz peut nous apprendre ?

Points de vue

1. Avec vos camarades de classe, comparez leur image de Toni Morrison avec l'image que se feront d'elle les lecteurs français de cet entretien.

2. Discutez l'analyse que fait Toni Morrison, dans cet entretien, de la société américaine en ce qui concerne l'identité blanche et les Noirs.

3. Discutez la conception qu'a Toni Morrison des rapports entre les hommes et les femmes dans la société américaine.

4. Comment les préjugés et les stéréotypes liés à la race et au genre sont-ils transmis par le langage ? Dressez une liste d'exemples précis. Est-il possible de libérer le langage des préjugés et des stéréotypes par un langage « politiquement correct » ? Est-ce souhaitable ? Est-ce toujours possible ? Discutez.

5. Dressez dans deux colonnes (a) une liste de stéréotypes liés aux Français et qui sont courants dans votre pays, (b) une liste de stéréotypes liés aux habitants de votre pays chez les étrangers. Pourquoi ces stéréotypes existent-ils ? Sont-ils justifiés ? Discutez.

A votre tour

1. « Aux Etats-Unis aujourd'hui, personne n'est plus capable d'analyser quoi que ce soit, mais seulement de se sentir outragé. » Qu'en pensez-vous ?

2. Toni Morrison déclare qu'« il faut accepter d'improviser ». Dans quel contexte propose-t-elle cette règle de vie ? Seriez-vous prêt(e) à vous comporter ainsi ? Pourquoi ?

3. Avez-vous lu un roman de Toni Morrison ? Si oui, faites-en le compte-rendu.

4. Avez-vous lu un roman ou vu un film dont l'action se passe en France ou dans un pays francophone ? Quelle image des habitants du pays donne ce roman ou ce film ? Etes-vous d'accord avec cette image ? Dites pourquoi.

Ici et ailleurs

Dans votre pays, quelle importance accorde-t-on à l'attribution du prix Nobel de littérature à des écrivains étrangers ? Avez-vous entendu parler des écrivains de nationalité française ou ayant écrit en français à qui l'Académie suédoise a attribué le prix Nobel de littérature depuis 1950 : François Mauriac (1952) ; Albert Camus (1957) ; Saint-John Perse (1960) ; Jean-Paul Sartre (1964) ; Samuel Beckett (1969) ; Claude Simon (1985) ? Pourquoi l'attribution du prix Nobel 1993 à l'Américaine Toni Morrison peut-elle intéresser le public français ?

ARTICLES. *Le touriste a changé* (29 août 1996) • *Dessine-moi un billet* (9 décembre 1993) • *Bon courage, mesdames !* (4 novembre 1993) • *Révision des programmes* (29 août 1996) • Consommer moins cher (4 novembre 1993) • *Le B.A.-BA du marchandage* (4 novembre 1993) • *Une Catherine à roulettes* (13 janvier 1994) • *Leïla et les justes causes* (13 janvier 1994) • *Le pouvoir selon Martine* (13 janvier 1994) • *Madame le Président* (5 janvier 1995) • *L'écologiste* (13 mai 1993) • *Le résident secondaire* (13 mai 1993) • *La France où il fait bon vivre* (28 septembre 1995) • *Les femmes jugent leur ville* (6 mars 1997) • *Faut-il fuir Paris ?* (1 février 1996) • *« Il y a une vie après le périph' »* (1 février 1996) • *Ce que nous mangeons vraiment* (18 avril 1996) • *« Il faut civiliser le nouveau monde du travail »* (14 mars 1996) • Français, *quelles sont vos racines ? Occitans et Provençaux* (10 août 1995) • *La France pas tranquille* (5 janvier 1995) • *Heureux... malgré tout* (5 octobre 1995) • *Europe : il suffit de dire oui* (5 octobre 1995) • *L'Europe contre la France ?* (6 février 1997) • *L'avènement de l'Etat virtuel* (2 janvier 1997) • *Eloge de la langue française* (7 octobre 1993) • *Le système Solaar* (10 février 1994) • *L'espoir au bout de « La Rue »* (9 décembre 1993) • *La discrète revanche du poste* (9 décembre 1993) • *Jean Nouvel : Je bâtis avec les mots* (21 octobre 1993) • *Régine Chopinot : Je danse, donc je vis* (11 novembre 1993) • *Marin Karmitz : Nos images ont une âme* (7 octobre 1993) • *Toni Morrison : Le Nobel n'a pas le blues* (25 novembre 1993).

Graphics are furnished by L'Express unless indicated otherwise.

MAP (page vi). Mountain High Maps® Copyright © 1993–1998 Digital Wisdom, Inc.

Note: The publishers have made an effort to contact all copyright holders for permission to use their works. If any other copyright holders present themselves, appropriate acknowledgment will be arranged for in subsequent printings.